J.B. METZLER

eBook inside

Die Zugangsinformationen zum eBook finden Sie am Ende des Buchs.

Andreas Urs Sommer

Nietzsche und die Folgen

2., erweiterte Auflage

J. B. Metzler Verlag

Zum Autor
Andreas Urs Sommer (*1972) lehrt Philosophie an der Universität Freiburg i. B. und leitet die Forschungsstelle Nietzsche-Kommentar der Heidelberger Akademie der Wissenschaften.

Bibliografische Information der Deutschen Nationalbibliothek
Die Deutsche Nationalbibliothek verzeichnet diese Publikation in der Deutschen Nationalbibliografie; detaillierte bibliografische Daten sind im Internet über http://dnb.d-nb.de abrufbar.

ISBN 978-3-476-04889-9
ISBN 978-3-476-04890-5 (eBook)
https://doi.org/10.1007/978-3-476-04890-5

J. B. Metzler ist ein Imprint der eingetragenen Gesellschaft
Springer-Verlag GmbH, DE und ist ein Teil von Springer Nature
Die Anschrift der Gesellschaft ist: Heidelberger Platz 3, 14197 Berlin, Germany

Einbandgestaltung: Finken & Bumiller, Stuttgart (Foto: akg-images)

J. B. Metzler

For there is nothing either good or bad, but thinking makes it so.

William Shakespeare: *The Tragicall Historie of Hamlet, Prince of Denmarke* II 2

In Europa werde Nietzsche jetzt zuviel zitiert, weil er in den zwanzig Jahren davor zuwenig zitiert worden sei. Mehr ist es ja nicht, das Geistesleben, als Zuviel- und Zuwenigzitieren und Zitiertwerden. In Berlin sei neulich ein Kollege, während er Nietzsche zitierte, tot umgefallen.

Martin Walser: *Brandung*. Frankfurt a. M. 1985, S. 10

Inhalt

Nietzsches Welt

1

Ist er nicht der Philosoph mit dem ganz scharfen Profil? Der, hinter dessen Schnauzbart das halbe Gesicht verschwindet? Es scheint jedenfalls, als sei in der Wahrnehmung seiner Nachwelt dieser Schnauzbart immer weiter gewachsen, so dass am Ende der Schnauzbart allein übrig blieb: das markante Schnauzbartgesicht reduziert auf markante, markige Worte, wie das vom Weibe und der Peitsche oder das vom Willen zur Macht und das vom Übermenschen. Friedrich Nietzsche verschwindet hinter seinen Schlagworten und hinter seinem Schnauzbart. Die kursierenden Nietzsche-Bilder haben oft bedenkliche Schlagseiten. Er scheint ein Denker zu sein, der dazu einlädt, dass man ihn vereinseitigt, vielleicht, weil er oft selbst ins Extreme ging – weil er bereit war, an fast jeder Stelle seines Denkens die äußersten Konsequenzen zu ziehen.

Hinter seinem Schnauzbart und hinter seinen Schlagworten hat er sich listig versteckt und ist trotz all der von ihm gezeichneten und über ihn geschriebenen Karikaturen ein Meister des Sich-Entziehens geblieben. Auch, und vielleicht noch mehr, ein Meister der Irritation, ein Virtuose des Übergangs – beispielsweise des Übergangs von letztem Ernst, dem er sich in den ersten Werken verpflichtet wusste, zu abgründig-ausgelas-

A. U. Sommer, *Nietzsche und die Folgen*, https://doi.org/10.1007/978-3-476-04890-5_1

sener Heiterkeit in späteren Schriften. Er ist ein Philosoph, dem die Lust zu unbedingten Festschreibungen mehr und mehr abhandenkam. Ein Philosoph, der sich verschiedenster Stimmen bediente und der einen ganzen Figurenzoo unterhielt, dessen Bewohner sich auf mannigfache Weise zu Gehör bringen. Im Streckbrett der Vereinseitigung verloren ist, wer nur einer dieser Stimmen, einer dieser Figuren – die oft genug »ich« sagen und sich bisweilen gar »Herr Nietzsche« nennen – Glauben schenkt und mit dem ›eigentlichen Nietzsche‹ identifiziert. Nietzsche ist ein Philosoph, der Lehren als intellektuelle und existenzielle Experimente benutzte. Seine Philosophie ist keine Lehre, sondern ein Tun, eine Praxis der denkenden Weltumgestaltung. Umso größer ist das Bedürfnis der Nachwelt, ihn auf Lehren festzulegen – denn sprach er nicht selbst allzu häufig im Befehlston, scheinbar keinen Widerspruch duldend? Hat sich Nietzsche seine ihn festlegenden Interpreten, die nur Schnauzbart und Schlagworte sehen, nicht selbst eingebrockt?

Von Röcken nach Basel: Der frühe Lebens- und Denkweg

Die Welt, in die Friedrich Wilhelm Nietzsche am 15. Oktober 1844 hineingeboren wurde, war eine Welt des bleiernen Ernstes, der provinziellen Bigotterie. Sein Vater Carl Ludwig Nietzsche (1813–1849) war protestantischer Pastor im kleinen Dorf Röcken bei Lützen in der preußischen Provinz Sachsen; seine Mutter Franziska Nietzsche, geborene Oehler (1826–1897) stammte wie der Vater aus einer Pastorenfamilie. Der Erstgeborene erhielt den Namen des verehrten preußischen Königs Friedrich Wilhelms IV., dessen romantisch-restaurative Politik Carl Ludwig Nietzsche aus dem Herzen sprach und dem er seine Pfarrstelle zu verdanken glaubte. Als Student hatte sich der Vater dem theologischen Supranaturalismus und der Erweckungsbewegung zugewandt und vertrat fortan theologisch streng konservative Positionen. Diese Strenge bildete sich im Erziehungs- und Lebensalltag des Pfarrhauses ab, so sehr der Sohn später im Einklang mit der Familientradition dazu neigte, den Vater zu idealisieren. Zwei Jahre nach Friedrich kam die Schwester Elisabeth (1846–1935) zur Welt; 1848 folgte ein Bruder, der allerdings bereits als Zweijähriger starb.

Mit dem Tod des Vaters nach langwierigem Siechtum an einer Krankheit, die man damals als »Gehirnerweichung« bezeichnete, zerbrach die (vermeintliche) dörfliche Idylle. Den kleinen Friedrich dürfte die Untätigkeit Gottes angesichts des väterlichen Elendes und die Wirkungslosigkeit selbst flehentlichster Gebete nachhaltig verstört haben, so dass manche Interpreten hier die Wurzel seines späteren Antichristentums zu erkennen wähnen. Die Mutter war gezwungen, mit ihren Kindern und weiteren weiblichen Verwandten nach Naumburg an der Saale zu ziehen, wo sie in bescheidenen Verhältnissen bis zu ihrem Tod wohnen blieb. Friedrich durchlief, wie er 30 Jahre später schrieb, in der »Sumpfluft der Fünfziger Jahre« die örtlichen Schulen der kleinen Garnisonsstadt, bis er 1858 einen Internatsplatz an der nahe gelegenen, berühmten Landesschule Pforta erhielt. Dort genoss er bis 1864 eine hervorragende Ausbildung, insbesondere in den philologisch-historischen Fächern – eine Ausbildung freilich, die wenig Raum für Ablenkung und Erholung bot und wie das elterliche Herkunftsmilieu vor allem durch eines gekennzeichnet war: durch Strenge und Ernst.

Der Ernst, der in Schulpforta herrschte, war indes anderer Art als der des Eltern- und Mutterhauses: Bestimmte dort eine enge, einschränkende Frömmigkeit mit durchaus theatralischen Zügen den Seelen- und Beziehungshaushalt der Familie, wurde Nietzsche hier das Ideal des selbstlosen, verzichtsbereiten Gelehrten anerzogen. Das für das Kind noch selbstverständliche Rollenideal des Pastors trat hinter das des Wissenschaftlers zurück. Zwar war Schulpforta selbstverständlich eine christliche

Schule, jedoch bekam Nietzsche bereits hier das Handwerkszeug historischer Kritik vermittelt, die auf griechisch-römische Texte ebenso angewandt werden konnte wie auf das Alte und Neue Testament. Trotz aller christlichen Rhetorik bezog die Schule wesentliche Leitvorstellungen nicht aus der Bibel, sondern aus der heidnischen Antike, die das leuchtende kulturelle Vorbild abgab. Die klösterliche Atmosphäre in der ehemaligen Zisterzienserabtei Pforta und der rigoros durchreglementierte Tagesablauf formten die Zöglinge zu disziplinierten, pflichtbewussten preußischen Untertanen mit akademischen Ambitionen. Nietzsche, der bald in den philologischen Fächern herausragte (wohingegen seine schlechten Leistungen in Mathematik ihn beinahe das Reifezeugnis gekostet hätten), fand allerdings auch noch Zeit, seinen ausgeprägten musikalischen und dichterischen Neigungen zu frönen. Es sind zahlreiche Texte aus seiner Schulzeit erhalten, die nicht nur ein starkes Verlangen nach literarischer Selbstthematisierung und philosophischer Selbstreflexion verraten, sondern ebenso eine wachsende Distanz zu den Leitvorstellungen des Christentums.

Dennoch nahm Nietzsche dem Wunsch der Mutter entsprechend 1864 das Studium der Evangelischen Theologie an der Universität Bonn auf, um ihr freilich die Philologie an die Seite zu stellen. Bald gab er die Theologie auf und verweigerte in den Naumburger Osterferien den gemeinsamen Gang mit der Familie zum Abendmahl. Fortan machte er aus seinem Abschied vom Christentum keinen Hehl, obgleich er ihm gegenüber dann in seinem ersten philosophischen Werk »tiefes feindseliges Schweigen« wahren sollte. Diesem Schweigegebot unterwarf er sich auch gegenüber seiner frommen Verwandtschaft, so sehr gerade die Mutter später an den Werken des Sohnes Anstoß nehmen sollte. 1865 folgte Nietzsche dem bedeutenden Philologen Friedrich Ritschl (1806–1876) an die Universität Leipzig, um sich dort unter dessen Obhut zum akademischen Jungstar zu entwickeln. Das von Ritschl mitherausgegebene *Rheinische*

Museum für Philologie bot dem Studenten die Möglichkeit zu ersten fachwissenschaftlichen Publikationen. So erschienen dort die Abhandlungen *Zur Geschichte der Theognideischen Spruchsammlung* (1867) und *De Laertii Diogensis fontibus* (1868/69), in denen Nietzsche sein textkritisches Talent und seine quellenphilologische Expertise unter Beweis stellen konnte. Er schien vorbestimmt zu einer akademischen Karriere, und sein Lehrer Ritschl setzte alles daran, sie ihm zu ermöglichen: Seiner wärmsten Empfehlung war es zu verdanken, dass der noch gar nicht promovierte, geschweige denn habilitierte Nietzsche 1869 auf eine Altphilologie-Professur nach Basel berufen wurde. Eilends verpasste man ihm in Leipzig aufgrund seiner bisherigen wissenschaftlichen Leistungen noch den Doktorhut.

Der Ernst trockener Gelehrsamkeit schien sein Element. »Heiterkeit ist mir fremd«, hieß es schon am 26. Oktober 1865 in einem Brief an Mutter und Schwester. Freilich vermochte die Philologie weder Nietzsches intellektuellen Ehrgeiz noch sein emotionales Sinnbedürfnis auf Dauer zu befriedigen; erst recht nicht, nachdem er in einem Leipziger Antiquariat zufällig auf Arthur Schopenhauers (1788–1860) Hauptwerk *Die Welt als Wille und Vorstellung* gestoßen war. In kürzester Zeit verschlang er jenes Buch, das die Welt als Produkt eines allesbestimmenden, blinden Willens verstand und das Leben als randvoll angefüllt mit Leiden. Schopenhauers Pessimismus wurde Nietzsche zum Vehikel, eine eigene Philosophie zu entwickeln und zu profilieren. Dass dieser Pessimismus zunächst wenig Anlass bot, sich heiter des Lebens zu erfreuen, liegt auf der Hand. Bei Schopenhauer konnte Nietzsche die eigene Grundstimmung jener Jahre philosophisch verdichtet finden: eine illusions- und trostlose Sicht auf die Wirklichkeit, in der kein Gott mehr dafür sorgt, dass am Ende doch alles seine bestmögliche Wendung nimmt. Vielmehr gilt die Welt als unerschöpfliche Quelle der Qual, als die schlechteste aller möglichen Welten – und eine bessere ist nicht zu erwarten. Das einzige langfristig wirksame Mittel, sich aus dem ewigen Kreislauf des Leidens zu befreien und Erlösung im »Nichts« zu finden, ist nach Schopenhauer die Verneinung des Willens, die Askese. Eine zumindest zeitweilige Beruhigung der rastlosen Willensregungen biete die Kunst.

Auch in seinen lebenspraktischen Konsequenzen schien Schopenhauers Vorgabe wie für Nietzsche gemacht, der einerseits ohnehin – sieht man einmal vom Gerücht ab, er habe sich bei einem Bordellbesuch noch in Bonn die Syphilis zugezogen – eine gelehrt-asketische Lebensweise praktizierte und andererseits in der musikalischen Sphäre die Befriedigung seines emotionalen Sinnbedürfnisses zu finden hoffte. Sicher war die melancholische Neigung Nietzsches, an sich zu halten und heroisch Verzicht auf irdische Genüsse zu üben, ihm nicht bloß von außen aufgedrückt – nach kurzer Zeit in einer schlagenden Studentenverbindung war er wieder ausgetreten, missfiel ihm doch das laute, fröhliche und trinkfreudige Verbindungsleben. Dennoch war seine Sehnsucht nach dem prallen Leben ebenso ausgeprägt. Sie konnte sich in einem neben Schopenhauer zweiten, lebensbestimmenden Leipziger Erlebnis Geltung verschaffen, nämlich in der persönlichen Begegnung mit Richard Wagner (1813–1883) im Haus von dessen Schwester und Schwager Brockhaus. Wagners Musik gegenüber hatte sich der junge Philologe zunächst ablehnend gezeigt, um sich dann umso stärker von ihr und ihrem Komponisten vereinnahmen zu lassen, als er ihm leibhaftig gegenüberstand. Wenn Nietzsche dann 1888, längst nach der schmerzhaften Trennung, die Wirkung Wagnerscher Musik mit Alkohol und Opium verglich, sprach er aus Erfahrung: 1868 war er dieser Wirkung völlig erlegen – und auch der Wirkung der Person, die ein so reizvolles Gegengewicht zum trockenen Ernst des Gelehrtentums und zum bitteren Ernst schopenhauerischer Metaphysik zu verkörpern schien: »ganz heiter« mache Wagner, schrieb Nietzsche nach dem allerersten Treffen in Leipzig am 9. November 1868 seinem Studienfreund Erwin Rohde (1845–1898).

Wagner wiederum hoffte, in dem jungen Professor endlich einen Anhänger zu finden, der ihm nicht bloß wie die speichelleckenden Berufswagnerianer nach der Pfeife tanzen würde, sondern ihm als philosophisch-politischer Propagandist auch zu Nachhall in akademischen Kreisen verhülfe. Diese Erwartungen schienen sich zunächst vollauf zu erfüllen: Nietzsche folgte dem Ruf nach Basel, nicht zuletzt um die Gelegenheit zur häufigen Begegnung mit Wagner zu haben, in dessen Haus in Tribschen am Vierwaldstätter See er von da an fast jeden freien Tag verbrachte. In der Brechung des Komponisten erschien Musik nicht länger wie bei Schopenhauer als etwas, was das Drängen des Willens wenigstens zeitweilig ruhigstellt, als vorübergehendes Betäubungsmittel, sondern vielmehr als lebensbestimmende, stimulierende Kraft. Darin fand Nietzsche den großen Ernst der Kunst, die Wagner in seinem Gesamtkunstwerk zu erneuern beanspruchte. Während einiger Jahre gebärdete sich Nietzsche als treuer Jünger dieses Anspruchs. Es schien beinahe, als würde ihm die Rolle des Wagner-Propheten vollauf genügen.

Philosophie soll unmittelbar relevant sein für unser Leben – für die Art und Weise, wie wir es zu führen haben: Diese Einsicht, mit der sich Schopenhauer schroff vom damals dominierend gewordenen Selbstverständnis der Philosophie als universitärem Fach abgrenzte, hat Nietzsche bei seinem Erweckungserlebnis noch nachhaltiger geprägt als die Besonderheiten von Schopenhauers Lehre. Eine unmittelbare Lebensrelevanz der Philosophie einzufordern bedeutete für ihn gerade *nicht*, Schopenhauer beizupflichten und die Verneinung des Willens sowie des Lebens als letzte Losung auszugeben. Nietzsche schwor mit Schopenhauer den im Deutschen Idealismus von Kant bis Hegel verwurzelten Vorstellungen von der Vernünftigkeit des Weltgeschehens und vom allmählichen geschichtlichen Fortschritt zu immer besseren Zuständen ab. Nietzsche war mit Schopenhauer einig, dass das Leben abgründig und von Leiden bestimmt sei. Nur ein Blinder oder ein vom vorherrschenden Optimismus Verblendeter könne ernsthaft glauben, dass es mit dem Leben eigentlich zum Besten bestellt sei und dass es gelebt zu werden verdiene. Mit Schopenhauer und den religionskritischen Geistern seines Jahrhunderts hatte Nietzsche längst die Idee aufgegeben, der Sinn des Lebens zeige sich erst im Nachhinein, im Jenseits, einem himmlischen Fortleben. Doch während für Schopenhauer das Leben als Ausgeburt des Willens nicht wert war, gelebt zu werden, rang Nietzsche von seinen philosophischen Anfängen an darum, das Leben trotz aller Widrigkeiten zu bejahen. Das hinderte ihn nicht daran, in seinen ersten philosophischen Werken noch Schopenhauers Pessimismus und vor allem seine Ästhetik als Standarte ins Feld zu führen. Als Mittel der Wahl, das Leben vor sich selbst und vor seiner todernsten Abgründigkeit zu retten, diente Nietzsche die Kunst. Wagners Kunst mit ihrem Bestreben, alle traditionellen Gattungsgrenzen im Gesamtkunstwerk aufzulösen und mit ihrem totalen Anspruch – auf Welterklärung, auf Weltverklärung, auf Sinnstiftung – schien Nietzsches Erwartung in idealer Weise zu befriedigen. Überdies teilte Wagner trotz Schopenhauer-Lektüre den Impuls heiterer Lebensbejahung. Umso herber fiel später die Enttäuschung aus, als Nietzsche in Wagner den Repräsentanten sorgfältig verhehlter Lebensverneinung, christlicher Selbstdemütigung zu erkennen glaubte.

Als der junge Professor 1869 in Basel ankam, tat sich ihm eine Welt auf, die sich wesentlich von derjenigen der Provinz Sachsen unterschied, aus der er stammte und die zu Preußen gehörte (das ihm die »Entlassung aus dem preußischen Unterthanen-Verbande« attestierte, so dass Nietzsche, da er nie das schweizerische Bürgerrecht erwarb, fortan formal staatenlos war). In der stolzen eidgenössischen Grenzstadt mit der ältesten Universität der Schweiz hatten sich halb republikanische Traditionen erhalten, die statt obrigkeitlichem Dirigismus die bürgerschaftliche Gestaltung des Gemeinwesens pflegten. Und halb hatten sich aristokratische Traditionen Nachhall verschafft, die einigen tonangebenden Familien die politische Dominanz sicherten. Der verheißungsvolle junge Gelehrte wurde zwar zu allen wichtigen Gesellschaftsanlässen eingeladen – erschien er doch als der geradezu ideale Schwiegersohn, der für Blutauffrischung hätte sorgen können –, aber nach anfänglichen Höflichkeitsauftritten entzog er sich mehr und mehr, zumal ihm das anspruchsvolle philologische Lehrprogramm und die bald einsetzende philosophische Schriftstellerei zeitlich wenig Spielraum ließen: Das »aristokratische Pfahlbürgerthum« Basels – so in einem Brief an Ritschl vom 10. Mai 1869 – blieb ihm fremd. Dennoch trat Nietzsche vor allem zu einem Universitätskollegen in näheren Kontakt, der aus einer der vornehmsten Basler Dynastien stammte, zum Kulturhistoriker Jacob Burckhardt (1818–1897). Ihm verdankte er einige geschichtstheoretische Anregungen und ihn verehrte er fortan, ohne dass Burckhardt Nietzsches freundschaftliche Empfindungen in gleicher Weise erwidert hätte. Eine gegenseitige, intensive und lebenslange Freundschaft verband Nietzsche hingegen mit Franz Overbeck (1837–1905), der 1870 aus Jena auf eine Professur für Neues Testament und Kirchengeschichte nach Basel berufen worden war. Mit ihm lebte Nietzsche zunächst zufällig, bald willentlich einige Jahre in einer Hausgemeinschaft. Als sich die beiden kennenlernten, war Overbeck Anhänger einer strengen, »rein historischen Betrachtung« des christlichen Quellenbestandes, einschließlich der Bibel. In der intensiven Gesprächsgemeinschaft fand – umgeben von der für sie beide fremd bleibenden Welt Basels – eine gegenseitige Radikalisierung statt: Overbeck wandelte sich zum Fundamentalkritiker der Theologie, der er das Recht absprach, das Christentum zu repräsentieren, dessen authentische, nämlich radikal weltabgewandte Form er für bereits in der Antike verblichen hielt. Nietzsche wiederum bekam im Austausch mit Overbeck die zersetzende Kraft historischer Kritik dramatisch vor Augen geführt und sollte sie fortan für eigene philosophische Zwecke nutzbar machen.

Aber zunächst begann Nietzsche in Basel als Gelehrter, der es mit der Philologie noch einmal versuchen wollte. Das macht die bemerkenswerte Antrittsvorlesung »Über die Persönlichkeit Homers« von 1869 augenfällig, die Nietzsche unter dem Titel *Homer und die klassische Philologie* als Privatdruck publiziert hat. Darin geht es wesentlich darum, was Philologie ist und was sie sein soll, nämlich keine staubtrockene Verschrobenheit, sondern ein dynamisches Mischwesen, eine Synthese von Wissenschaft und Kunst, »ein Zaubertrank«, »aus den fremdartigsten Säften, Metallen und Knochen zusammen gebraut«. Nietzsche versucht, sein an Schopenhauer profiliertes Verständnis von Philosophie in sein angestammtes Fach zu importieren und die Philologie als Lebensleitungsmacht zu installieren. Dabei verfährt sie zunächst noch recht konventionell, soll sie den Menschen doch »den Spiegel des Klassischen und Ewigmustergültigen entgegen« halten. Der für Nietzsches frühe Schriften charakteristische Gegensatz ist in der Antrittsvorlesung bereits voll ausgeprägt, nämlich der Gegensatz zwischen der tragischen Kultur des frühen Griechentums und der nichtswürdigen, verkommenen Gegenwart, die nicht gefeit sei »vor der Vernichtung durch das furchtbar-schöne Gorgonenhaupt des Klassischen«. Als einem wissenschaftlich-künstlerischen Zwittergebilde ist der Philologie von Anfang an ein produktiver Zwiespalt eingeschrieben: »Das Leben ist werth gelebt zu werden, sagt die Kunst, die schönste Verführerin; das Leben ist werth, erkannt zu werden, sagt die Wissenschaft. Bei dieser Gegenüberstellung ergiebt sich der innere und sich oft so herzzerreissend kundgebende Widerspruch im B e g r i f f und demnach in der durch diesen Begriff geleiteten Thätigkeit der klassischen Philologie.« Die dritte Option, die sich von Schopenhauer her hätte aufdrängen müssen, bleibt unausgesprochen, nämlich, dass das Leben es wert sei, verneint zu werden. Nietzsche hat sich, gegen seinen selbstgewählten philosophischen »Erzieher«, dazu entschlossen, statt der Verneinung die Bejahung des Lebens zu seinem Grundsatzprogramm zu machen – ein Entschluss, dem er bei allen Wandlungen sein ganzes Denkerleben lang treu bleiben wird. Dazu muss gerade die Wissenschaft, die mit ihrem unbedingten Erkenntniswillen das Leben bedrohe, an die Kandare genommen werden.

Am ersten Weihnachtsfeiertag 1869 schickte er *Homer und die klassische Philologie* an Sophie Ritschl, die Frau seines Lehrers, begleitet vom Satz: »Doch fürchte ich mich vor Ihrem Herrn Gemahl, meinem gestrengen Lehrer und Meister und bitte Sie, jene Rede womöglich vor ihm zu secretiren.« Unterschrieben ist der Brief mit »Don Quixote aus Basel«. Auch wenn Nietzsches Drang zu fachphilologischen Arbeiten nicht völlig versiegte, besiegelte er mit seinem 1872 erscheinenden Buch-Erstling *Die Geburt der Tragödie aus dem Geiste der Musik* doch seinen Abschied von der Philologie als strenger Wissenschaft. Wenn noch Philologie, sollte sie kulturerschließend, ja kulturschöpferisch werden. Aber seine Zunftgenossen – allen voran sein Lehrer Ritschl – standen diesem Anspruch rat- und fassungslos gegenüber. Schon am 11. April 1869 hatte Nietzsche den alten Freund Carl von Gersdorff wissen lassen, »zu tief wurzelt schon der philosophische Ernst«, als dass er noch einfach philologischer »›Fachmensch‹« hätte sein wollen. Und im Januar 1871 hatte er sich – erfolglos – um eine freigewordene Philosophie-Professur in Basel beworben: »meine Hauptheilnahme war immer auf Seiten der philosophischen Fragen«, heißt es in seinem Bewerbungsschreiben.

Philosophie in altertumswissenschaftlichem Aufputz bestimmt denn auch die *Geburt der Tragödie*. Darin wird am Beispiel des antiken Griechentums die Überwindung des grundlegenden Gegensatzes zwischen dem Dionysischen und dem Apollinischen vor Augen gestellt, und zwar in den Tragödien des Aischylos (525–456 v. Chr.) und des Sophokles (497/496–406/405 v. Chr.).

Die Begriffspaarung ist gedacht als Versuch, die bestimmenden Kräfte der Wirklichkeit zu erfassen, nämlich das Apollinische als das Begrenzende, Maßsetzende, Gestaltbildende, Ordnende, während das Dionysische auf Grenz-, Maß- und Gestaltvernichtung, auf Auflösung im Ur-Einen drängt. Das Apollinische setzt und schafft Individualität als schönen Schein, während das Dionysische alle Individualität in rauschhaft-ekstatischer Ganzheitserfahrung zersetzt. Musik, auch Lyrik, erscheinen als dionysische, eben dem Rausch und der Entgrenzung verpflichtete Kunstgattungen, während das bildnerische Gestalten in Malerei, Plastik oder Epos dem Reich des Apollinischen angehört. Die besondere Kulturleistung der Griechen im Allgemeinen und der Tragödie im Besonderen liegt nun für Nietzsche darin, die Abgründigkeit des Dionysischen apollinisch verklärt, ihm künstlerische Form gegeben zu haben: »die dionysische Kunst will uns von der ewigen Lust des Daseins überzeugen«, heißt es im 17. Abschnitt der *Geburt der Tragödie*, und weiter: »Wir sind wirklich in kurzen Augenblicken das Urwesen selbst und fühlen dessen unbändige Daseinsgier und Daseinslust; der Kampf, die Qual, die Vernichtung der Erscheinungen dünkt uns jetzt wie nothwendig, bei dem Uebermaass von unzähligen, sich in's Leben drängenden und stossenden Daseinsformen, bei der überschwänglichen Fruchtbarkeit des Weltwillens«.

Jedoch ist nach Nietzsches Dafürhalten die heikle Balance des dionysisch-apollinischen Kunstwerkes rasch zerbrochen: Mit Euripides (ca. 480–406 v. Chr.) habe die Tragödie eine sokratische Wendung genommen; sie sei zerstört worden unter dem Einfluss des Philosophen Sokrates (469–399 v. Chr.), dessen Rationalismus und Dialektik den dionysischen Ur- und Abgrund erfolgreich verdrängt hätten. Hier wird schon deutlich, welche kulturumwertende weltbewegende Kraft Nietzsche der Philosophie zuschreibt – eine Kraft, die er zeitlebens für das eigene Denken erträumt hat.

Trotz ihres Titels beschäftigt sich *Die Geburt der Tragödie* keineswegs ausschließlich mit dem Anfang und dem Ende der attischen Tragödie. Vielmehr stellt Nietzsche die gelungene Synthese des Dionysischen und des Apollinischen in der Tragödie als Modell für die Überwindung der gegenwärtigen, »erkenntnisslüsternen Sokratik« dar. Im Musikdrama Wagners kündige sich diese Überwindung an. Zum einen sucht Nietzsches Schrift nach historischer Erkenntnis und weist zum anderen dem historisch Erkannten Modellcharakter für das kulturelle Handeln in der Gegenwart zu. Die Probleme, die uns heute umtreiben, sind für Nietzsche in der vorsokratisch-griechischen Antike auf maßgebliche Weise bereits gelöst worden.

Die Geburt der Tragödie geht von einem ernsten Krisenbefund aus: Die Welt, mit der sich Nietzsche konfrontiert sieht, befindet sich im Zustand innerer Zersetzung. Aber im Unterschied zu Schopenhauer ist dieser Zustand kein notwendig dauerhafter – für Schopenhauer ist und bleibt die Welt die schlechteste aller möglichen Welten, die, wäre sie nur noch um einen Deut schlechter, aufhören müsste, überhaupt zu sein. Die Zersetzung ist bei Nietzsche das Resultat eines geschichtlichen Prozesses, einer langwierigen kulturellen Desintegration, geschuldet einer einseitigen Vorliebe für das rein Rationale. Die eigentlichen Probleme, die die Menschen umtreiben sollten, sind also nicht politischer und sozialer, sondern kultureller Natur. Damit steht Nietzsche quer zu machtvollen Tendenzen seiner Zeit, etwa des Sozialismus, der Klassengegensätze als Ursache der ebenfalls empfundenen Krise heranzog. Die Einigung Deutschlands zum Kaiserreich unter Bismarcks Preußen und der vorangegangene Sieg über Frankreich bescherte vielen Zeitgenossen das Hochgefühl, die Zeitprobleme seien nicht nur politisch-militärischer Natur, sondern seien eben gerade auch glorreich beseitigt worden. Gegen diesen Sieger-Dünkel polemisierte Nietzsche – der 1870 als freiwilliger, ziviler Krankenpfleger im Deutsch-Französischen Krieg immerhin ein paar Tage Dienst getan hatte – in seiner 1873 veröffentlichten ersten *Unzeitgemässen Betrachtung*.

Der frühe Nietzsche vertrat einen radikalen Kulturalismus: Worauf es eigentlich ankomme, war für ihn weder die Beseitigung gesellschaftlicher Ungerechtigkeit, die Verbesserung ökonomischer Lebensbedingungen noch die Teilhabe möglichst aller Menschen, sondern eine kulturelle Rundumerneuerung, die nur mit großen Individuen wie Wagner zu bewerkstelligen sei.

Kulturalistisch ist auch die Lösung, die die *Geburt der Tragödie* in Abschnitt 5 zur Leidensbewältigung im Angebot hat, nämlich, die ästhetische ›Kosmodizee‹: Sie besagt, dass »nur als aesthetisches Phänomen [...] das Dasein und die Welt ewig gerechtfertigt« seien. Die olympischen Götter »rechtfertigen«, so Abschnitt 3, »das Menschenleben, indem sie es selbst leben – die allein genügende Theodicee«. Diese Götter seien von den Griechen erfunden worden, um das Leiden zu verklären, das die Menschen heimsucht. Auch dem Mythos kommt in Nietzsches philosophischem Erstling eine wichtige Rolle zu, nämlich die, notwendige Illusion zu sein, Schutzwall gegen den unerträglichen Anblick des Tatsächlichen. Die Musik sei, so Abschnitt 16, dazu befähigt, »den Mythus das heisst das bedeutsamste Exempel zu gebären und gerade den tragischen Mythus: den Mythus, der von der dionysischen Erkenntniss in Gleichnissen redet«. Der tragische Mythos umhüllt die erschütternde Einsicht in das grauenvolle Wesen der Welt künstlich mit »schönem Schein«; er ist das »Vehikel dionysischer Weisheit«.

Als zentrale Beispiele bietet *Die Geburt der Tragödie* den *Ödipus* von Sophokles und den *Prometheus* von Aischylos an. Nietzsches »entfesselter Prometheus«, der auch das Titelblatt der Erstausgabe ziert, macht dabei starke Anleihen bei Goethes berühmtem *Prometheus*-Gedicht. In Nietzsches Lesart kommt es weniger auf das an, was die Tragödien des Sophokles und Aischylos in ihrer literarischen Ausgestaltung spezifisch auszeichnet, sondern eher auf den diesen Mythen unterlegten philosophischen Grundgehalt. Während die »Glorie der Passivität« den Ödipus umstrahle, werde bei Prometheus die »Glorie der Activität« besungen. Dem Prometheus-Mythos wohne »für das arische Wesen eben dieselbe charakteristische Bedeutung inne [...], die der Sündenfallmythus für das semitische hat«. Damit wird den »Ariern« die »erhabene Ansicht von der activen Sünde« als Grundlage für die Genese der abendländischen Kultur untergeschoben, wodurch Nietzsche seinen eigenen kulturstiftenden Elan in diese Tradition einschreiben kann. Dass für die »Semiten« nur noch Passivität und Fatalismus übrigbleiben, weil bei ihnen im Paradies die Ureltern unwiderruflich gesündigt und damit das Leid und die Sünde über alle Nachkommen gebracht hätten, ist bezeichnend für die Polarität, in der Nietzsche hier denkt – nicht ohne die antisemitischen Stereotype abzurufen, mit denen ihn die Wagners reichlich versorgt hatten. Seit seinem Pamphlet *Das Judenthum in der Musik* (1850, erweitert 1869) gehörte Antisemitismus zum Markenkern von Richard Wagners Kulturerneuerungsbestrebungen. Der junge Nietzsche scheint nicht gezögert zu haben, die entsprechenden Erwartungen aus Tribschen zu erfüllen.

Erlahmt der Mythos, so geht nach Abschnitt 23 »jede Cultur ihrer gesunden schöpferischen Naturkraft verlustig«. Der mythisch geprägten Kultur gegenüber steht die sokratische Zivilisation, die den Mythos als Richtschnur verraten und an seiner Stelle die Wissenschaft als schwächlichen Ersatz inthronisiert habe. Auf sie soll der Leser nicht bauen, sondern auf »die Wiedergeburt des deutschen Mythus« hoffen. Denn Wissenschaft – namentlich historische Wissenschaft – zersetzt den Mythos und raubt ihm seine lebensgestaltende Macht.

Die erste der vier *Unzeitgemässen Betrachtungen* Nietzsches nahm den vom Christentum abgefallenen Theologen und Schriftsteller David Friedrich Strauß (1808–1874) aufs Korn, gegen den Wagner schon lange eine persönliche Abneigung gehegt hatte. Diese Abneigung wird für Nietzsches Stoffwahl wesentlich verantwortlich gewesen sein, gab sie ihm doch

Gelegenheit, in Tribschen seine Ergebenheit zu demonstrieren und mit Strauß zugleich einen lästigen Konkurrenten um die philosophische Deutungshoheit über die Gegenwart auszubooten. Strauß nun hat in seinem berüchtigten Frühwerk *Das Leben Jesu, kritisch bearbeitet* (1835/36) den Geltungsverlust des Mythos unter den Händen der Wissenschaft ins Werk gesetzt. Der Mythos, um den es ihm ging, war freilich nicht heidnisch-griechisch, sondern christlich. Sein Buch hat im restaurativen Deutschland Skandal gemacht, weil es das Neue Testament insgesamt statt als historische Überlieferung als mythische Überformung überzeitlicher Vernunftwahrheiten verstand. Vierzig Jahre später war bei einem Schopenhauer-Leser wie Nietzsche zwar die Überzeugung verflogen, hinter Mythen stünden Wahrheiten der Vernunft, nicht jedoch der Glaube, echte Mythen verbärgen tiefe Wahrheiten – eben bloß abgründige, schreckliche Wahrheiten, die mit Vernunft nicht zu fassen sind.

Nun arbeitet sich Nietzsches Polemik nicht an Strauß' frühem kritischen Furor ab, sondern an einem 1872 erstmals erschienenen, mehrfach aufgelegten und sehr erfolgreichen Buch. Es trägt den Titel: *Der alte und der neue Glaube.* Darin wird die Frage, ob »wir« noch Christen seien, negativ beantwortet. Die Frage, ob wir noch Religion hätten, wird dahingehend differenziert, »dass wir weder die Vorstellung eines persönlichen Gottes noch die eines Lebens nach dem Tode mehr aufrecht zu erhalten im Stande sind«, dass »wir« jedoch durchaus dem »All« so etwas wie religiöse Verehrung entgegenbringen sollten. Unter der Rubrik »Wie begreifen wir die Welt?« werden die Erkenntnisse der damaligen Astronomie und Evolutionstheorie paraphrasiert – teleologische Auffassungen abweisend, die die Welt auf einen einzigen Weltzweck zulaufen sehen. Der Philosophie wird eine begriffspolizeiliche Aufgabe zugewiesen, nämlich Konzepte wie ›Kraft und Stoff‹ oder ›Wesen und Erscheinung‹ zu klären. Die Antworten auf die vierte und letzte Leitfrage, »wie« nämlich »wir unser Leben« »ordnen« sollen, machen deutlich, dass

Strauß weder sein Herkommen von Hegel leugnen, noch sich mit einer tragischen Einsicht in die Trostlosigkeit des Daseins arrangieren kann: Die Idee des Fortschritts der Gattung verteidigt er tapfer und versucht sie mit den grundstürzenden Einsichten von Charles Darwin zu verbinden. So wird »alles sittliche Handeln des Menschen« als »ein Sichbestimmen des Einzelnen nach der Idee der Gattung« verstanden. Familie und Staat erscheinen als bestimmende Faktoren bei der Herausbildung einer sittlichen Haltung – und gerade den Nationalstaat als notwendige Stufe zwischen Individuum und Menschheit meint Strauß gegen kosmopolitische Bestrebungen verteidigen zu müssen. Der Staat, dem dabei seine uneingeschränkte Verehrung gilt, ist das eben gegründete Deutsche Kaiserreich, das man nicht durch demokratische Zugaben verwässern solle – vielmehr müsse man es schützen vor der sozialistischen Bedrohung. War Strauß als junger Mann ein entschiedener Liberaler gewesen, dem alle Romantiker auf dem Königsthron ein Gräuel waren, hatte er sich inzwischen zum überzeugten Monarchisten gewandelt. Dafür schrieb er nun der klassischen deutschen Literatur und Musik die Kraft zu, nicht nur ästhetisch, sondern auch moralisch zu erbauen.

Nach der Publikation von Strauß' *Altem und neuem Glauben* brach ein Sturm der Entrüstung los, der das ganze politische, religiöse und weltanschauliche Spektrum erfasste. Kirchlich-konservative Kreise empörten sich über die Kaltblütigkeit, mit der Strauß das Christentum zum alten Hut erklärte, der niemandem mehr passe; liberale Kreise verabscheuten die Reichsgläubigkeit, die Strauß zelebrierte. In diesen vielstimmigen Chor der Kritiker stimmte nicht nur Nietzsche ein, sondern auch sein Freund Overbeck, der in seiner Zwillingsschrift zur ersten *Unzeitgemässen Betrachtung* unter dem Titel *Ueber die Christlichkeit unserer heutigen Theologie* die Unvereinbarkeit von moderner Theologie und weltabgewandtem, ursprünglichem Christentum behauptete. Er zog Strauß' jüngstes Werk als Beispiel heran, wie dieser große Kritiker seine einstigen Einsichten einer modischen Ideologie geopfert habe.

Nietzsche wiederum versuchte sich in beißendem Spott; er wollte Strauß als »Bekenner«, als »Schriftsteller« und als »Bildungsphilister« der Lächerlichkeit preisgeben und unterzog den *Alten und neuen Glauben* dazu einer langatmigen Stilkritik. Ein wesentlicher Angriffspunkt ist dabei die Vergötzung des neuen Reiches: In ihm und im Sieg über Frankreich vermochte Nietzsche keinen Beweis für die Überlegenheit der deutschen Nation und ihrer Kultur zu erkennen. Für die Gegenwart und für Strauß als ihrem Repräsentanten sei vielmehr das »chaotische Durcheinander aller Stile« typisch: Bildungsphilisterkultur sei Barbarei. Worauf es eigentlich ankäme, wäre eine neue Einheit des Stils, eine kulturelle Erneuerung – und für sie steht, wie die Leser der *Geburt der Tragödie* wissen, kein anderer als Richard Wagner. Strauß gelinge es nicht, seinen »neuen Glauben« zu einem zusammenhängenden Ganzen zu fügen. Aber schon die Grundtendenz dieses »neuen Glaubens« ist Nietzsche zuwider: ein ruchloser Optimismus.

Der Aufriss macht klar: Strauß und Nietzsche sind beide der Ansicht, dass die bisherigen Antworten auf Sinn- und Orientierungsfragen nicht mehr taugen, füllen die entstandene Lücke aber auf unterschiedliche Weise. Strauß' Hoffnungen ruhen auf dem neuen deutschen Nationalstaat, den er mit einer säkularen Bildungs- und Wissenschaftsreligion veredeln will. Der junge Nietzsche hingegen investiert seine Hoffnungen in das sich in Bayreuth gerade institutionell verfestigende Gesamtkulturerneuerungsprogramm Wagners. Für ihn liegt nicht in der Wissenschaft, deren zerstörerische Kraft er genüsslich gegen den wissenschaftsgläubigen »Bildungsphilister« ausspielt, sondern im Mythos das kulturelle Heil. Die »Schrecken und Entsetzlichkeiten des Daseins«, von denen der 3. Abschnitt der *Geburt der Tragödie* spricht, können mit den vom Christentum angebotenen Mitteln nicht oder nicht mehr bewältigt werden – aber ebenso wenig von der Wissenschaft. Stattdessen empfiehlt der 20. Abschnitt: »Jetzt wagt nur, tragische Menschen zu sein: denn ihr sollt erlöst werden. Ihr sollt den dionysischen Festzug von Indien nach Griechenland geleiten. Rüstet euch zu hartem Streite, aber glaubt an die Wunder eures Gottes!«

In solchen Verheißungen ist die prekäre Balance von Kunst und Wissenschaft, die die Homer-Antrittsvorlesung noch zu halten versucht hat, endgültig aus dem Lot geraten. Nietzsches Philologie ist Philosophie mit religionsstiftender Ambition geworden. Daran hängt auch, worum es im Kern der Auseinandersetzung mit Strauß geht: um Konkurrenzangst.

Aber der eigenen mythenschaffenden und antwortgebenden Kraft mochte der junge Nietzsche doch noch nicht so recht vertrauen – noch immer stellte er sich selbst in den Schatten von Übervätern und die Philosophie in den Schatten großer, sie nährender Weltanschauungen. Die dritte *Unzeitgemässe Betrachtung* widmete er »Schopenhauer als Erzieher« (1874) und die vierte »Richard Wagner in Bayreuth«, letztere pünktlich erschienen zu den ersten dortigen Festspielen 1876. Diese freilich – mit ihrem Großaufgebot an fürstlichen und gekrönten Häuptern, an allem, was in der Welt Rang, Namen und Geld hatte, mit der sichtbaren, widerwärtigen Anbiederung des Komponisten an die herrschenden Verhältnisse – waren für Nietzsche eine herbe Enttäuschung. Sie leitete bald den Bruch mit dem Meister ein, der ohnehin aus der Tribschener Idylle, die auch dem jungen Feuerkopf aus Basel eine Weile lang einen quasi-familiären Kokon geboten hatte, ins deutsche Weltgetriebe zurückgekehrt war. Die *Unzeitgemässen* III und IV waren letzte, scheiternde Versuche, sich mit den Antworten und Mythen anderer zu bescheiden. Auf der Oberfläche huldigten diese Schriften zwar noch dem Antworten- und Mythenkanon der beiden titelgebenden Überväter. Die Übervätersbegeisterung litt jedoch an akuter Auszehrung: Bei Schopenhauer etwa bleibt kaum noch etwas von der metaphysischen Substanz seines Philosophierens übrig.

Was sich hält, ist der philosophische Habitus – der Anspruch der Philosophie, das Leben zu gestalten, statt mit akademischen Kindereien herumzuspielen. Rückblickend sollte Nietzsche über seine beiden letzten *Unzeitgemässen Betrachtungen* sagen, überall dort, wo darin Wagner oder Schopenhauer stehe, hätte eigentlich »ich« oder Nietzsche stehen müssen. Und tatsächlich: Nietzsche bediente sich darin der Überväter als wachsweichen Materials, um sich zum Eigenen durchzuringen. In die Verehrung der Überväter mischten sich früh bereits Spuren ironischer Distanzierung.

Und auch in zwei anderen Schriften aus dieser Zeit zeigt sich Nietzsches Philosophieren im kritischen, selbstkritischen Modus. Zum einen ist da das von Nietzsche selbst nie zur Veröffentlichung freigegebene, 1873 entstandene Manuskript *Ueber Wahrheit und Lüge im aussermoralischen Sinne.* Postum hat dieser Text einige Berühmtheit erlangt, weil er radikale Sprachzweifel artikuliert, Wahrheit nur als Konvention und Begriffe nur als versteinerte Metaphern gelten lassen will: »Was ist also Wahrheit? Ein bewegliches Heer von Metaphern, Metonymien, Anthropomorphismen kurz eine Summe von menschlichen Relationen, die, poetisch und rhetorisch gesteigert, übertragen, geschmückt wurden, und die nach langem Gebrauche einem Volke fest, canonisch und verbindlich dünken: die Wahrheiten sind Illusionen, von denen man vergessen hat, dass sie welche sind, Metaphern, die abgenutzt und sinnlich kraftlos geworden sind, Münzen, die ihr Bild verloren haben und nun als Metall, nicht mehr als Münzen in Betracht kommen.«

Zum andern ist da die 1874 erschienene, zweite der *Unzeitgemässen Betrachtungen:* »Ueber Nutzen und Nachtheil der Historie für das Leben«. Sie polemisiert gegen die Überbewertung des Historischen in der gründerzeitlichen Gegenwart und nimmt stattdessen für die Zukunft Partei. Damit verliert freilich auch Nietzsches eigene emphatische Berufung auf die angeblich normsetzenden, tragischen Griechen an Glaubwürdigkeit oder vielmehr: Sie tritt als das ans Licht, was sie eigentlich ist, nämlich eine Fiktion, eine fiktional zurechtgemachte Vergangenheit zum Gebrauche der Gegenwart und Zukunft. Nietzsche unterscheidet drei Historientypen oder Zurechtmachungen der Geschichte in praktischer Absicht, nämlich die monumentalische, die antiquarische und die kritische Historie. Die monumentalische Historie greift aus der unerschöpflichen Fülle des Materials, aus sämtlichen Vergangenheiten die großen Individuen und die großen Ereignisse heraus, aber nicht einfach nur, um in Bewunderung vor ihnen zu erstarren, sondern um sie als Ansporn für eigene Größe zu nutzen: Wenn Größe einst möglich war, muss sie auch jetzt und in Zukunft möglich sein. Anders hingegen derjenige, der sich der antiquarischen Historie befleißigt: Er betrachtet liebgewordenes Vergangenes als einen Schutzraum, der ihn vor den Stürmen der Zeiten sicherstellt; er spinnt sich ein in ein Netz persönlicher, lokaler Gebundenheiten und gewinnt Handlungsmotivation aus der Zugehörigkeit zu einem Gewesenen und Bestehenden, aus dem er herkommt. Wer antiquarisch an Geschichte herangeht, will bewahren und verstehen. Dem gegenüber steht der kritische Historiker, der sich statt in Verehrung in Anklage und Verurteilung übt: Er will von der Last der Vergangenheit befreien, um für das Handeln gegenwärtig und künftig freie Hand zu haben. Das Richtmaß ist dabei das Leben selbst, das das Joch einer gängelnden Vergangenheit abschütteln soll. Kritische Historie empfindet Vergangenheit als lähmend und will sich ihrer entledigen.

Aber nicht allein die kritische Historie – Freund Overbeck diente dafür als Rollenmodell – soll dem Leben dienen. Alle drei Historientypen, wohldosiert verabreicht, können dies. Und sie stehen quer zum zeitgenössischen Anspruch, die Geschichtsschreibung müsse zeigen, wie es wirklich gewesen sei. Einen solchen Anspruch verdächtigt die zweite *Unzeitgemässe* als illusorisch, weil er sich nicht hinreichend Rechenschaft darüber gibt, welche Interessen hinter dem eigenen Erkennen-Wollen verborgen liegen. Die Betrachtung der Geschichte hatte Jahrhunderte lang unter dem Diktat des christlichen »memento mori« (»denke an das Sterben!«) gestanden, also eingeschärft, sich seiner Vergänglichkeit bewusst zu sein: Denn ist nicht alles Große, Schöne und Bedeutende zugrunde gegangen? Dagegen lautet die Losung im 8. Abschnitt der Historienschrift: »memento vivere« (»denke an das Leben!«) – ein Aufruf, der bislang erst schüchtern und verhalten erklungen sei, stehe Europa doch noch immer im Banne der christlichen Daseinsverdüsterung: »ein tiefes Gefühl von Hoffnungslosigkeit ist übrig geblieben und hat jene historische Färbung angenommen, von der jetzt alle höhere Erziehung und Bildung schwermüthig umdunkelt ist«.

Zwar ist die neue, für das jetzige und künftige Leben Partei ergreifende Geschichtsschreibung durchaus eine ernsthafte Angelegenheit, zumal da, wo sie das Vergangene monumental oder antiquarisch verklärt oder kritisch vernichtet. Eine ironische Historie hat Nietzsche nicht im Angebot. Aber dieser oft erbitterte Ernst – nicht mehr der Ernst der staubblinden Philologie – hat doch eine emanzipatorische Absicht und lässt die hypnotische Wirkung der dionysischen Abgründe aus der *Geburt der Tragödie* weit hinter sich. Der pessimistische Antworten- und Mythenkanon der Überväter Schopenhauer und Wagner ist bereits entrückt und Nietzsche ringt sich, mit Mühen indes, zu einer neuen Heiterkeit der Lebensbejahung durch. »Ich gerathe mitunter in eine schreckliche Klagerei«, ließ er am 14. Mai 1874 Rohde wissen, »und bin immer mir einer tiefen Melancholie meines Daseins bewusst, bei aller Heiterkeit; da aber gar nichts zu ändern ist, lege ich es auf Fröhlichkeit an, suche das, worin mein Elend ein allgemeines ist und fliehe vor allem Persönlich-Werden«.

Wagner selbst, der »Typus eines dionysisch-erregten Schulmeisters« (wie Overbeck spitz bemerkte), machte es mit seinem Bayreuther staatspolitischen Kunst-Ernst Nietzsche leicht, Abstand zu gewinnen, ohne dass es gleich zu einem dramatischen Bruch gekommen wäre. Der Basler Professor wollte sich augenscheinlich nicht mit der Rolle des willfährigen Apostels begnügen, die ihm die Wagners zugedacht hatten. Der Tribschener Verpflichtungen ledig, stürzte er sich, immer wieder von krankheitsbedingten Pausen unterbrochen, auf die Lektüre naturwissenschaftlicher Autoren. Da klafften, angesichts der stiefmütterlichen Behandlung der Naturwissenschaften während seiner Schulzeit in Pforta, große Wissenslücken, die er unter Anleitung seines, nach Schopenhauer, zweiten frühen philosophischen Leibautors, des dissidenten Neukantianers Friedrich Albert Lange (1828–1875) und seiner *Geschichte des Materialismus* (1866) nach Kräften zu füllen suchte. Zwar berief und bezog sich Nietzsche fortan gerne auf neueste physikalische und biologische Erkenntnisse, aber sein Wissenschaftsparadigma blieb doch zeitlebens auch der Philologie, dem Kulturalismus verhaftet. Die Wissenschaft sollte eine Verbindung mit der Kunst eingehen, auch wenn die Schwärmerei der ersten eigenen philosophischen Schritte, nämlich die Wissenschaft gemeinsam mit der Kunst auf die Erschaffung neuer, kulturell verbindlicher Mythen einzuschwören, ihre Überzeugungskraft längst eingebüßt hatte.

Ein neuer Anfang in »historischem Philosophiren«: *Menschliches, Allzumenschliches*

Das Basler Professorendasein hat Nietzsche von Anfang an belastet. Er fand darin nicht, wie so viele seiner Amtskollegen, die ideale Voraussetzung zu stiller geistiger Tätigkeit, um kaum abgelenkt von der Mühsal eines bürgerlichen Brotberufes jene Art Texte zu schreiben, die das Publikum von Professoren erwartet. Solche Texte wollte Nietzsche schon bald nicht mehr schreiben, zumal nicht philologische Texte, zu denen ihn sein

Amt eigentlich verpflichtet hätte. Die Lehre empfand er als schwere Bürde. Immer wieder hinderten ihn Krankheitsschübe – über deren Ursachen sich die Ärzte damals so uneins waren wie es heute die Medizinhistoriker noch sind – an der Erfüllung seiner akademischen Aufgaben und zwangen ihn zu kürzeren und längeren Pausen. 1876/77 wurde ihm ein ganzes Jahr Urlaub gewährt, das er zu intensiven Studien nutzte, besonders während des Winters in Sorrent (nahe Neapel), wo er mit dem fünf Jahre jüngeren Philosophen Paul Rée (1849–1901) eine intensive philosophische Arbeitsgemeinschaft einging. Der aus Pommern stammende Rée, der ursprünglich Jurisprudenz, danach Philosophie studiert hatte und 1875 in Halle mit einer Dissertation über Aristoteles promoviert worden war, war mit Nietzsche bereits 1873 bei einem Besuch in Basel bekannt geworden. Daraus entwickelte sich eine Freundschaft; schon 1875 widmete Rée seine anonym erschienene Erstlingsschrift *Psychologische Beobachtungen* mit den Worten: »Herrn Professor Friedrich Nietzsche, dem besten Freunde dieser Schrift, dem Quellwassererzeuger seines fernern Schaffens dankbarst / der Verfasser«. In der gemeinsamen italienischen Zeit, als Nietzsche weiter an seinem neuen Werk arbeitete, das schließlich *Menschliches, Allzumenschliches* heißen sollte, brachte Rée sein Buch *Der Ursprung der moralischen Empfindungen* zu Papier. Unter Zuhilfenahme der Evolutionstheorie von Charles Darwin führte Rée darin die Entstehung unserer Werturteile auf Stammesdienlichkeit und Stammesschädlichkeit, auf Altruismus zurück: »Wer für sich auf Kosten anderer sorgt, wird schlecht genannt, getadelt; wer für andere um ihrer selbst willen sorgt, wird gut genannt, gelobt.«

Als *Menschliches, Allzumenschliches* zum 100. Todestag des französischen Aufklärers Voltaire erschien, zeigte sich etwa der alte Studienfreund Rohde in seinem Brief an Nietzsche vom 16. Juni 1878 empört: »Kann man denn s o seine Seele ausziehen und eine andre dafür annehmen? Statt Nietzsche nun plötzlich Rée werden?« Nietzsche wiederum bestritt einen Einfluss Rées und beanspruchte für das neue Buch, in der Hauptsache alles aus sich heraus geschaffen zu haben.

Und tatsächlich hatte Nietzsche bereits vor der Arbeitsgemeinschaft mit Rée im Sommer 1876 Heinrich Köselitz (1854–1918) erste Aphorismen des Werkes diktiert. Diese Diktate standen in unmittelbarem gedanklichen und zeitlichen Zusammenhang mit den Bayreuther Festspielen, die Nietzsche als widerwärtigen Zirkus empfand: »Die Anfänge dieses Buchs gehören mitten in die Wochen der ersten Bayreuther Festspiele hinein; eine tiefe Fremdheit gegen Alles, was mich dort umgab, ist eine seiner Voraussetzungen«, schrieb Nietzsche rückblickend 1888. Mit Köselitz schenkte er wiederum einem Musiker sein Vertrauen, das er im Falle Wagners bald schmählich verraten glaubte: Der aus dem sächsischen Annaberg stammende Komponist Köselitz hatte in Leipzig mit dem Musik-Studium begonnen, war unter dem Eindruck der *Geburt der Tragödie* nach Basel gewechselt, um den sonderbaren Philologie-Professor leibhaftig zu hören. Er trat Nietzsche näher, wurde sein Jünger, Sekretär, Sparringpartner, schrieb seine Texte ins Reine, verbesserte Formulierungen und las Korrekturfahnen. Köselitz – dem Nietzsche 1881 das Pseudonym »Peter Gast« nahelegte, unter dem er fortan auftrat – sollte im Unterschied zu Rée, mit dem sich Nietzsche zerstritt, diesem ein Leben lang verbunden bleiben, sich nach dessen geistigem Zusammenbruch um die Publikation der Schriften kümmern und sich schließlich mit Nietzsches Schwester Elisabeth auf unrühmliche editorische Abenteuer einlassen. Obwohl Nietzsche auf Köselitz so angewiesen war wie kaum auf einen anderen Menschen, blieb zwischen den beiden doch stets eine Distanz, ein Gefälle, das nicht nur im förmlichen ›Sie‹ greifbar ist – mit Overbeck beispielsweise war Nietzsche längst ›per Du‹. Aus der reichhaltigen Korrespondenz ergibt sich der Eindruck, Köselitz gefalle sich gegenüber Nietzsche vor allem in der Geste demütiger Ehrerbietung, während Nietzsche sich die Geisteskräfte seines Adlaten nicht ohne einen Anflug ironischer Überschwänglichkeit rücksichtslos dienstbar mache. Nietzsche lobt auch gegenüber Dritten und sogar in seinen Werken Köselitz' Kompositionen über alle Maßen, weil in ihnen eine gesunde, gute, mit Wagner und der Romantik brechende Musik zu Gehör gebracht werde. Außer Nietzsche wollte und will freilich niemand diese Musik hören.

Menschliches, Allzumenschliches schlug hingegen einen Ton an, der mancherorts sehr wohl Aufmerksamkeit erregte: Jacob Burckhardt ließ am 8./10. Dezember 1878 Friedrich von Preen nicht nur wissen, dass Nietzsche darin »eine halbe Wendung zum Optimismus« vollziehe, sondern auch, dass er »zu gar Allem« »einen eigenthümlichen, selbsterworbenen Gesichtspunct« einnehme. Ganz anders der Widerhall bei den Wagners. Ein Jahrzehnt nach dem Erscheinen rekapitulierte Nietzsche: »Als das Buch endlich fertig mir zu Händen kam – zur tiefen Verwunderung eines Schwerkranken –, sandte ich, unter Anderem, auch nach Bayreuth zwei Exemplare. Durch ein Wunder von Sinn im Zufall kam gleichzeitig bei mir ein schönes Exemplar des Parsifal-Textes an, mit Wagners Widmung an mich ›seinem theuren Freunde Friedrich Nietzsche, Richard Wagner, Kirchenrath‹. – Diese Kreuzung der zwei Bücher – mir war's, als ob ich einen ominösen Ton dabei hörte. Klang es nicht, als ob sich Degen kreuzten? ... Jedenfalls empfanden wir es beide so: denn wir schwiegen beide. – Um diese Zeit erschienen die ersten Bayreuther Blätter: ich begriff, wozu es höchste Zeit gewesen war. – Unglaublich! Wagner war fromm geworden ...« Was hier als plötzliche Konfrontation mit Wagners *Parsifal* und mit Wagners Frömmigkeit dramatisch inszeniert wird, schönt allerdings die historischen Umstände, denn Nietzsche hatte bereits am Weihnachtstag 1869 zusammen mit Cosima Wagner den detaillierten *Parsifal*-Entwurf studiert und ihr noch am 10. Oktober 1877 geschrieben: »Die herrliche Verheißung des Parcival mag uns in allen Dingen trösten, wo wir Trost bedürfen.« Wagners Liebäugeln mit christlichen Erlösungsideen war Nietzsche also längst bekannt, bevor er den gedruckten *Parsifal* in Händen hielt. Auch eine »Kreuzung der zwei Bücher« hat nicht wirklich stattgefunden: Nietzsche bekam den *Parsifal* Anfang Januar 1878, Wagner *Menschliches, Allzumenschliches* hingegen erst Ende April desselben Jahres. Tatsächlich quittierte er den Erhalt mit eisigem Schweigen, um stattdessen in einer Polemik seiner neuen Hauspostille *Bayreuther Blätter* unter dem Titel »Publikum und Popularität« Nietzsches Hinwendung zu einer kritischen und aufklärerischen Philosophieauffassung scharf zu geißeln, ohne dabei allerdings Nietzsches Namen zu nennen. Fortan war das Tischtuch zwischen den beiden zerschnitten, und von keiner Seite wurden Anstalten gemacht, sich wieder zu versöhnen.

Menschliches, Allzumenschliches schlägt einen neuen Ton an, indem es eine Form des Schreibens erprobt, die für Nietzsche fortan stilbildend sein wird, nämlich die aphoristische Form. Das Werk ist nicht mehr wie die vorangegangenen als Abhandlung gestaltet, sondern als eine Sammlung von 638 Kurztexten, die in neun Hauptstücke gegliedert werden und von so unterschiedlichen Dingen handeln wie »den ersten und den letzten Dingen«, der »Geschichte der moralischen Empfindungen« oder dem »religiösen Leben«; die berichten von »der Seele der Künstler und Schriftsteller«, von »Anzeichen höherer und niederer Kultur«, vom »Menschen im Verkehr«, von »Weib und Kind«, schließlich einen »Blick auf den Staat« werfen sowie abschließend auf den »Menschen mit sich allein«.

Die Titel der Hauptstücke verraten es bereits: Nicht mehr die monographische Behandlung einzelner ›Gegenstände‹ wie der Tragödie oder der Historie sollte hier und fortan Nietzsches philosophisches Schreiben bestimmen, sondern entschlossenes Ausgreifen aufs Ganze. Dabei finden sich nur im Nachlass, in der Denk- und Schreibwerkstatt, gelegentlich Versuche, das Gedachte systematisch zu organisieren und eine umfassende

Theorie der Wirklichkeit zu entwerfen. So gerne Nietzsche mit derlei Entwürfen experimentierte, so sehr scheute er sich, sie in Publikationen zu überführen. Dies hielt dann später seine Nachlassverwalter, namentlich seine Schwester Elisabeth Förster-Nietzsche nicht davon ab, aus den Notizheften jenes schmerzlich vermisste ›systematische Hauptwerk‹ zu kompilieren, das doch jeder große Philosoph hätte hervorbringen müssen. Unter dem Titel *Der Wille zur Macht* – tatsächlich hatte Nietzsche in den späten 1880er Jahren ein solches Werk in Planung – sollte dieses Machwerk die Nietzsche-Wirkungen und -Nachwirkungen im 20. Jahrhundert regelrecht verseuchen. Dabei war Nietzsche der aphoristischen Form zeit seines Lebens treu geblieben, bot sie ihm doch die Möglichkeit, über jedes denkbare Thema in immer wieder anderer, neuer Perspektivierung zu reden.

Menschliches, Allzumenschliches ist ein erstes, herausragendes Beispiel für ein Nietzsche-Buch, das in äußerster Verknappung irgendwie alles sagen will. Obwohl das Werk als Erstgeborenes einer neuen Denkungsart eine zentrale Stellung in Nietzsches Gesamtschaffen beanspruchen kann, hat es in der Forschung verglichen mit Nietzsches anderen Schriften verhältnismäßig wenig Aufmerksamkeit gefunden. Das hängt unmittelbar daran, dass es sich nicht auf ein überschaubares Bündel von ›Hauptgedanken‹ verdichten lässt wie noch *Die Geburt der Tragödie* und die *Unzeitgemässen Betrachtungen* oder vermeintlich auch die späteren, gleichfalls aphoristischen Schriften. In diesen Werken, etwa der *Fröhlichen Wissenschaft* oder *Jenseits von Gut und Böse* pflegen viele Interpreten wie gut dressierte Stöberhunde den berühmt-berüchtigten Schlagworten »Wille zur Macht«, »Ewige Wiederkunft des Gleichen« oder »Übermensch« nachzujagen und fröhlich zu bellen, wenn sie ihrer habhaft werden. In *Menschliches, Allzumenschliches* ist die Hatz danach noch vergebens – und so haben die Interpreten das ungemein breite Panorama noch längst nicht ausgeschöpft.

Und auch was die Form angeht, ist mit dem Stichwort ›Aphorismen‹ vielleicht mehr verschwiegen als gesagt. In einem nachgelassenen Notat von Ende 1880 heißt es bereits vorbehaltvoll: »Das sind Aphorismen! Sind es Aphorismen? – mögen die welche mir daraus einen Vorwurf machen, ein wenig nachdenken und dann sich vor sich selber entschuldigen – ich brauche kein Wort für mich«. Denn schaut man genauer hin, verbergen sich schon in *Menschliches, Allzumenschliches* hinter Nietzsches ›Aphorismen‹, seinen Kurz- und Kürzesttexten nicht nur im Inhalt, sondern auch in der Gestalt eine Vielzahl verschiedener Formen: Selbstgespräche gibt es ebenso wie kurze Dialoge, sprichwörtlich pointierte Epigramme ebenso wie Experimentanleitungen, Merksätze ebenso wie Miniaturerzählungen, Prosagedichte ebenso wie Parabeln. Vielen dieser Texte gemeinsam ist, wenigstens dem Anspruch nach, ihr ›dickes Ende‹: Dass in ihnen nämlich sehr viel mehr steckt, als der knappe Raum, den sie einnehmen, eigentlich zu fassen erlaubt. Oder, wie es im Nachlass 1885 heißt: »In Aphorismen-Büchern gleich den meinigen stehen zwischen und hinter kurzen Aphorismen lauter verbotene lange Dinge und Gedanken-Ketten; und Manches darunter, das für Oedipus und seine Sphinx fragwürdig genug sein mag. Abhandlungen schreibe ich nicht: die sind für Esel und Zeitschriften-Leser.« Das, was Nietzsche ›seine Aphorismen‹ nennt, zeichnet aus, auf letzte Festlegungen zu verzichten. Anstelle einer Philosophie der Antworten, wie sie Nietzsche bis dahin mit Schopenhauers und Wagners Schützenhilfe zu praktizieren versucht hatte, trat jetzt ein Philosophieren in Fragen.

Der scharfe Bruch in Nietzsches Denkbewegung lässt eine kategorische Trennung von Formalem und Inhaltlichem nicht mehr zu. Bei der Rekonstruktion dieses Bruches fällt besonders auf, wie entschieden sich *Menschliches, Allzumenschliches* gegen die einst von Nitzsche selbst betriebene Kunstvergötzung wendet und stattdessen für die Wissenschaften eintritt. Der Befund ist erstaunlich: In dem Augenblick, in dem Nietzsche die Kunst als letzten Bezugsrahmen verabschiedet, fängt er an, selbst Künstler zu werden: Mit dem aphoristischen Schreiben gewinnt Nietzsches Philosophieren große literarische Form.

Im gedankenlosen Reden über Nietzsches Gedanken hat man sich angewöhnt, von Nietzsches ›positivistischer Phase‹ zu sprechen und ihm eine neue, rein naturwissenschaftliche Orientierung zu unterstellen. Was den angeblichen Positivismus anlangt, so gibt es Spuren davon in der unbestreitbaren Tatsache, dass in *Menschliches, Allzumenschliches* die empirischen Wissenschaften in neuer Weise gewürdigt werden, jedoch fehlt eine zentrale Zutat, nämlich der positivistische Optimismus, der Glaube an die Zwangsläufigkeit eines Fortschritts der Menschheit sowie der Glaube ans Positive. Mag das Vertrauen in das Allversöhnungsvermögen der Kunst auch – zumindest teilweise oder vorübergehend – verflogen sein, bleibt doch auch in der neuen Konfiguration von Nietzsches Denken ein tragischer Bodensatz, eine Weigerung, die Welt in ihrer gegenwärtigen Beschaffenheit gutzuheißen. Der kritische und aufklärerische Nietzsche bleibt im Dissens mit der Wirklichkeit, die er gleichwohl schonungslos – jetzt wissenschaftlich statt künstlerisch – erkennen will.

Menschliches, Allzumenschliches bestreitet zwar die Notwendigkeit, nicht aber die »Möglichkeit des Fortschritts«, nämlich die Möglichkeit, dass »die Menschen [...] mit Bewusstsein beschliessen, sich zu einer neuen Cultur fortzuentwickeln«, wie es im 24. Aphorismus heißt. Statt einer Rückkehr zu idealen Ursprüngen aktualisiert Nietzsche hier eine Leitidee der europäischen Aufklärung, ohne diese Leitidee aber absolut zu setzen und an die zwangsläufige Positivierung der Wirklichkeit zu glauben.

Den scheelen Blick aufs Leben, Schopenhauers Galligkeit streift *Menschliches, Allzumenschliches* ab und versucht sich in Lebensbejahung nicht mehr mit den Mitteln der Kunst, sondern den Mitteln der Wissenschaft: Diese Welt verdient zu sein. Dennoch bleibt die schon im Frühwerk ausgeprägte Spannung zwischen der Suche nach Wahrheit und der Suche nach Glück, die für eine breite philosophische Traditionslinie eine unauflösliche Einheit gebildet hatten, bestehen: Das Erkenntnistrachten befördert nicht die Singewissheit und die Lebenszufriedenheit, sondern droht sie zu beinträchtigen. Dennoch schickt Nietzsche der ersten Ausgabe des Werkes »An Stelle einer Vorrede« eine Passage aus René Descartes' *Meditationes de prima philosophia*, dem Inititalwerk der neuzeitlichen Subjektphilosophie voraus, in der das sprechende Ich den Genuss schildert, den es bei der Wahrheitssuche empfindet: »Denn die Früchte, welche ich auf diesem Wege schon gekostet hatte, waren derart, daß nach meinem Urtheile in diesem Leben nichts Angenehmeres, nichts Unschuldigeres gefunden werden kann; zudem ließ mich jeder Tag, seit ich jene Art der Betrachtung zu Hülfe nahm, etwas Neues entdecken, das immer von einigem Gewichte und durchaus nicht allgemein bekannt war. Da wurde endlich meine Seele so voll von Freudigkeit, daß alle übrigen Dinge ihr nichts mehr anthun konnten.« Nimmt man dieses Eingangsmotto nicht als Kontrafaktur, sondern als Beglaubigung von Nietzsches eigenen Intentionen, könnten Berufene aus dem unausgesetzten philosophischen Fragen vielleicht doch eine ganz eigenständige, feine Form des Glücks gewinnen.

Wenn *Menschliches, Allzumenschliches* sich auf die Wissenschaften bezieht und etwa (so in Aphorismus 222) im wissenschaftlichen Menschen den künstlerischen Menschen weiterentwickelt sieht, dann ist damit keine exklusive Parteinahme für die Naturwissenschaften gemeint. Vielmehr sieht schon der allererste Aphorismus, der sich mit der »Chemie der Begriffe und Empfindungen« beschäftigt, eine naturwissenschaftlich-historisch-philosophische Arbeitsgemeinschaft vor. Diese Arbeitsgemeinschaft wird etabliert gegen »die metaphysische Philosophie«, die die Entstehung von etwas aus seinem Gegensatz schlicht geleugnet und stattdessen ein mysteriöses »Ding an sich«, einen »Wunder-Ursprung« postuliert habe. »Die historische Philosophie dagegen, welche gar nicht mehr getrennt von der Naturwissenschaft zu denken ist, die allerjüngste aller philosophischen Methoden, ermittelte in einzelnen Fällen (und vermuthlich wird diess in allen ihr Ergebniss sein), dass es keine Gegensätze sind, ausser in der gewohnten Übertreibung der populären oder metaphysischen Auffassung«. Was die »historische Philosophie« ermittelt, ist grundstürzend auch für unser Verständnis von Moral und von Ästhetik, denn ihr zufolge »giebt es, streng gefasst, weder ein unegoistisches Handeln, noch ein völlig interesseloses Anschauen, es sind beides nur Sublimirungen, bei denen das Grundelement fast verflüchtigt erscheint und nur noch für die feinste Beobachtung sich als vorhanden erweist«. Der Wissenschaftsbegriff, den *Menschliches, Allzumenschliches* entfaltet, ist bei aller Hochachtung, die Nietzsche für die Naturwissenschaften und namentlich auch für die Psychologie zum Ausdruck bringt, im Kern der Begriff einer historischen Wissenschaft. Die große Entzaubererin unserer religiösen und metaphysischen Vorurteile ist in erster Linie die Historie und viel weniger, wie ein populäres Vorurteil meint, die Naturwissenschaft. »Mangel an historischem Sinn ist der Erbfehler aller Philosophen«, heißt es im 2. Aphorismus von *Menschliches, Allzumenschliches* – eine starke These, die Nietzsche praktisch gleichlautend in einem seiner letzten Werke, der *Götzen-Dämmerung* wiederholen wird, ohne dass sie jedoch die Philosophen nach Nietzsche sonderlich zu beeindrucken vermocht hätte: »Sie wollen nicht lernen, dass der Mensch geworden ist, dass auch das Erkenntnissvermögen geworden ist«. Das wollen die meisten Philosophen bedauerlicherweise bis heute nicht lernen. »Alles aber ist geworden; es giebt keine ewigen Thatsachen: sowie es keine absoluten Wahrheiten giebt. – Demnach ist das historische Philosophiren von jetzt ab nöthig und mit ihm die Tugend der Bescheidung.«

Im 16. Aphorismus wird die Probe aufs Exempel an einem Lieblingsfetisch der Transzendentalphilosophie, nämlich am

Ding an sich und seiner fraglichen Erkennbarkeit gemacht. Es sei völlig übersehen worden, dass »Leben und Erfahrung« »allmählich geworden ist, ja noch völlig im Werden ist und deshalb nicht als feste Grösse betrachtet werden soll«. Die Absage an das Ding an sich kassiert auch – ohne namentlich genannt zu werden – Schopenhauers Erlösungs- und Willensverneinungsideologeme. Mit einer »Entstehungsgeschichte des Denkens« wird der Philosophie eine scharfe Waffe in Aussicht gestellt, von der sie freilich bis heute kaum Gebrauch gemacht hat. »Vielleicht erkennen wir dann, dass das Ding an sich eines homerischen Gelächters wert ist: daß es so viel, ja alles schien und eigentlich leer, nämlich bedeutungsleer ist.« Philosophie, so verstanden, wirkt wesentlich befreiend; sie gebiert heilsames Gelächter, sie gebiert Heiterkeit.

Einiges verdankte Nietzsches Praxis heiterer Philosophie dem amerikanischen »Transzendentalisten« Ralph Waldo Emerson (1803–1882), dessen Essays – in deutscher Übersetzung – Nietzsche schon seit seiner Jugend begleitet hatten. Nun halfen sie ihm in ihrer scheinbar nonchalanten Unbekümmertheit dabei, seine Hand für neuartige Formen des Schreibens zu lockern. Literarische Modelle aphoristischer Verknappung standen Nietzsche in der Vorsokratik, insbesondere bei dem von Nietzsche stets von Neuem gerühmten Denker des Werdens, Heraklit (ca. 520–460 v. Chr.), in der klassischen Moralistik, namentlich bei François de La Rochefoucauld (1613–1680) und bei dem von Schopenhauer übersetzten Baltasar Gracián (1601–1658) sowie in den Sudelbüchern Georg Christoph Lichtenbergs (1742–1799) vor Augen. Interpreten haben oft darüber nachgedacht, weshalb die aphoristische Form für Nietzsche so attraktiv werden konnte, und zwar just in einer Schaffensphase, als er sich bereitwillig den Wissenschaften zuwandte und seine Kunstfrömmigkeit aufgab. Dem gängigen Ideal wissenschaftlicher Prosa, die nichts bei Andeutungen belässt und alles erschöpfend erklärt, scheint diese Art des Schreibens prinzipiell entgegengesetzt zu sein. Entsprechend leicht verfielen die Interpreten auf biographische Erklärungsversuche: Nietzsche habe wegen seiner fast unausgesetzten Krankheitsphasen nicht mehr die Kraft, den langen Atem gehabt, um längere Texte mit Abhandlungscharakter zu fabrizieren, so dass er versucht habe, aus der Not eine Tugend zu machen. Jedoch ist dieser Erklärungsansatz selbst kurzatmig, weil er verkennt, dass Nietzsche sich bewusst allen Verlockungen zum Systembau verweigerte, da philosophische und wissenschaftliche Systeme mit ihrem Totalitätsanspruch die Fülle der Wirklichkeit notwendig vereinseitigen und verzeichnen. Die Texte, die Nietzsche ›seine Aphorismen‹ nannte, üben sich zwar in größtmöglicher intellektueller und emotionaler Verdichtung, aber überraschende Wendungen und dialogische Einschlüsse reißen immer wieder scheinbar apodiktisch abgeschlossene Horizonte auf. Sie entlassen die Leser ins Offene, Unbegangene, wo sie ihren eigenen Weg finden müssen. Damit gehorchen Nietzsches Aphorismen dem Postulat intellektueller Rechtschaffenheit und Redlichkeit, an dem er trotz aller eigenen Einwände zeitlebens festhielt.

Nicht der schützende Mythos, sondern das bohrende Fragen, das Wissen-Wollen selbst um den Preis des Unglücklich-Seins ist ein Lebenselixier von Nietzsches Philosophie. Die Wissenschaft, die vom Wissen-Wollen beseelt ist, tritt nicht – wie weiland diejenige von David Friedrich Strauß, der der Zorn des jungen Nietzsche galt – als Sinnstifterin, sondern als Sinnnehmerin, als Sinnräuberin auf. Das war sie zwar schon in Nietzsches Frühschriften, aber dort fehlte ihr dafür weithin die positive Anerkennung. Wenn sie fortan, mit dem Titel eines Nietzsche-Buches von 1882, als »fröhliche Wissenschaft« auftreten sollte, dann liegt in dieser Fröhlichkeit neben einer gehörigen Dosis Galgenhumor auch eine mitunter ausgelassene Heiterkeit angesichts einer positiven Macht der Zerstörung: Denn Zerstörung schafft wenigstens im Felde des Geistes Platz für Neues, Platz für Ungedachtes. Wissenschaft schafft durch Zerstörung liebgewonnener Gewissheiten Offenheit. Diese Offenheit wollte Nietzsche fortan keinem Mythos mehr opfern – so einfallsreich er bei der Erfindung eigener Mythologeme auch war, die seine experimentelle Philosophie veranschaulichen sollten.

Für diese Philosophie fand Nietzsche allerdings unter gleichgültigeren Zeitgenossen kaum Gehör. Wenn er etwa in Aphorismus 141 die »moralischen Anforderungen« des Christentums als »überspannt« geißelt, als aufgestellt, »damit der Mensch ihnen nicht genügen könne«, dann geschieht dies, um den Menschen vom Joch der Überlieferung zu befreien: »die Absicht ist nicht, dass er moralischer werde, sondern dass er sich möglichst sündhaft fühle«. Aber gehört wurde Nietzsche da nur von der russischen Zensur, die *Menschliches, Allzumenschliches* wie später die beiden Fortsetzungen dazu im Zarenreich verbot. »Ich könnte aber die Russen für dieses Verbot umarmen; denn das ist mir doch zehnmal mehr werth als zehn Rezensionen. – Jetzt übersieht niemand mehr das Buch«, schrieb Nietzsches Verleger Ernst Schmeitzner am 11. Februar 1879 seinem Autor und versuchte, die Zensurmaßnahme in seinen Werbemaßnahmen auszuschlachten. Dennoch blieb der Absatz äußerst bescheiden: Binnen eines Jahres wurden gerade einmal 120 Exemplare abgesetzt.

Mit *Menschliches, Allzumenschliches* schrieb Nietzsche sich frei; das Buch ist ein großes Gliederstrecken. 1879 gab er dann auch seine Basler Professur endgültig auf, um sich fortan, mit einer großzügigen Pension von zwei Dritteln seines bisherigen Gehaltes ausgestattet, die intellektuell erreichte Freiheit auch lebenspraktisch als freischaffender Philosoph zum Gebot zu machen. Der Abschied vom akademischen Lehramt war freilich nicht freiwillig, sondern die Frucht seiner physischen Leiden. Alle Versuche, mit Therapien und Kuren den fast permanenten Kopf- und Augenschmerzen sowie dem häufigen Erbrechen abzuhelfen, waren gescheitert, so dass die Ausübung der Amtspflichten fortan unmöglich schien. Dass der geringe Erfolg von

Menschliches, Allzumenschliches das Wohlbefinden nicht förderte, darf man annehmen. Aber dieser Misserfolg konnte Nietzsche nicht in seiner Überzeugung irremachen, seine eigentliche Aufgabe und Berufung seien philosophischer Natur; er ließ Basel hinter sich und kam im Frühsommer zum ersten Mal ins Oberengadin, von wo aus er am 24. Juni 1879 seine Schwester wissen ließ: »Mir ist es, als wäre ich im Lande der Verheißung«. Später sollte er regelmäßig den Sommer dort verbringen, nämlich ab 1881 in Sils-Maria (er kenne nichts seiner »Natur Angemesseneres als dies Stück Ober-Erde«, teilte er Overbeck am 23. Juli 1881 mit). Dagegen schienen ihm für den Winter jeweils südlichere Gefilde in Italien und Frankreich passender, seinem Wohlbefinden dienlicher. Fortan war er unentwegt auf der Suche nach einem Ort, der mit seiner anfälligen Physis und seiner empfindlichen Psyche harmonierte, ohne doch je einen zu finden, an dem er sich dauerhaft hätte niederlassen mögen. Sein Leben fristete er in gemieteten Zimmern und bescheidenen Pensionen, nun jedoch von keinen amtlichen oder familiären Pflichten an seiner eigentlichen Arbeit, der Philosophie, gehindert. Nördlichere Gefilde empfahlen sich weniger, wie sich im Winter 1879/80 zeigte, »den sonnenärmsten meines Lebens«, den er »als Schatten in Naumburg« bei der Mutter verbrachte. »Dies war mein Minimum«, schrieb er später in *Ecce homo*: »›Der Wanderer und sein Schatten‹ entstand währenddem. Unzweifelhaft, ich verstand mich damals auf Schatten ...«

Der Wanderer und sein Schatten wurde Ende 1879 mit dem Erscheinungsjahr 1880 als eigenständiges Buch im Umfang von 185 Seiten veröffentlicht; vorangegangen waren 1879 bereits die *Vermischten Meinungen und Sprüche* als »Anhang« zu *Menschliches, Allzumenschliches*. Den *Wanderer* verstand Nietzsche als weiteren »Anhang«. Erst mit einer Titelauflage von 1886 erschien *Menschliches, Allzumenschliches* dann als zweibändiges Werk, dessen zweiter Band die beiden Anhänge vereinigt. Diese Wiederveröffentlichung war keine echte zweite Auflage – denn die Nachfrage nach Nietzsches Schriften hatte sich in der Zwischenzeit keineswegs gesteigert: Vielmehr versah der Verleger jeweils den Buchblock der Ladenhüter mit einem neuen Titelblatt und ließ sie neu aufbinden; auch neue Vorreden kamen hinzu, in denen Nietzsche den Stellenwert dieser Schrift in seinem Gesamtwerk reflektiert: »Die Vermischten Meinungen und Sprüche sind, ebenso wie der Wanderer und sein Schatten, zuerst einzeln als Fortsetzungen und Anhänge jenes eben genannten menschlich-allzumenschlichen ›Buchs für freie Geister‹ herausgegeben worden: zugleich als Fortsetzung und Verdoppelung einer geistigen Kur, nämlich der antiromantischen Selbstbehandlung, wie sie mir mein gesund gebliebener Instinkt wider eine zeitweilige Erkrankung an der gefährlichsten Form der Romantik selbst erfunden, selbst verordnet hatte.« Schon am 18. Dezember 1879 hatte Nietzsche gegenüber seinem Verleger gemeint: »Die ganze ›Menschlichkeit‹ mit den 2 Anhängen ist aus der Zeit der bittersten und anhaltendsten Schmerzen – und scheint mir doch ein Ding voller Gesundheit. Dies ist mein Triumph.«

Die 408 *Vermischten Meinungen und Sprüche* machen ihrem Titel alle Ehre. War der erste Teil von *Menschliches, Allzumenschliches* noch thematisch gegliedert, tritt die aphoristische Vereinzelung jetzt ganz in ihr Recht ein. Es ist, ebenso wie der im Gespräch mit dem eigenen Schatten vereinzelte *Wanderer* in 350 Aphorismen, ein Werk oft selbstquälerischer Verinnerlichung. Die Selbstreflexion bedient sich allerlei historischen Materials, um sich zur Selbstbefreiung durchzuringen. Und ein wesentliches Mittel dazu ist die Vergleichgültigung dessen, was man bisher für wichtig, ja unerlässlich zu halten gewohnt war, nämlich die vermeintlichen religiösen und metaphysischen Wahrheiten. Exemplarisch steht dafür Aphorismus 16 aus dem *Wanderer* unter der programmatischen Überschrift »Worin Gleichgültigkeit noth thut«: »Nichts wäre verkehrter, als abwarten wollen, was die Wissenschaft über die ersten und letzten Dinge einmal endgültig feststellen wird, und bis dahin auf die herkömmliche Weise denken (und namentlich glauben!) – wie diess so oft angerathen wird. Der Trieb, auf diesem Gebiete durchaus nur Sicherheiten haben zu wollen, ist ein religiöser Nachtrieb, nichts Besseres [...]. Wir haben diese Sicherheiten um die alleräussersten Horizonte gar nicht nöthig, um ein volles und tüchtiges Menschenthum zu leben: ebenso wenig als die Ameise sie nöthig hat, um eine gute Ameise zu sein. Vielmehr müssen wir uns darüber in's Klare bringen, woher eigentlich jene fatale Wichtigkeit kommt, die wir jenen Dingen so lange beigelegt haben, und dazu brauchen wir die Historie der ethischen und religiösen Empfindungen. [...]. Jetzt nun thut in Hinsicht auf jene letzten Dinge nicht Wissen gegen Glauben noth, sondern Gleichgültigkeit gegen Glauben und angebliches Wissen auf jenen Gebieten! – Alles Andere muss uns näher stehen, als Das, was man uns bisher als das Wichtigste vorgepredigt hat: ich meine jene Fragen: wozu der Mensch? Welches Loos hat er nach dem Tode? Wie versöhnt er sich mit Gott? und wie diese Curiosa lauten mögen. Ebensowenig, wie diese Fragen der Religiösen, gehen uns die Fragen der philosophischen Dogmatiker an, mögen sie nun Idealisten oder Materialisten oder Realisten sein. [...] – Wir müssen wieder gute Nachbarn der nächsten Dinge werden und nicht so verächtlich wie bisher über sie hinweg nach Wolken und Nachtunholden hinblicken.«

Hatte sich Nietzsche in seinem Frühwerk noch darin verausgabt, nach letzten Gründen und Abgründen zu forschen, verfolgte er in seinem neuen Aufbruch die Strategie, die angeblich so großen und letzten Fragen in ihrer ganzen Erbärmlichkeit vor Augen zu führen. Alles vermeintlich Große oder Letzte aus der Trickkiste von Religion und Metaphysik erweist sich unter dem harten, unbarmherzigen Zugriff eines historischen Philosophierens bestenfalls als tröstliche Illusion und eher noch als schädliches Hirngespinst. Nietzsche hat mit *Menschliches, All-*

zumenschliches den großen Worten, den erhabenen Begriffen abgeschworen.

Das »moralische Bergwerk« und die Ermordung Gottes: *Morgenröthe* und *Die fröhliche Wissenschaft*

Ließ sich in den beiden Anhängen zu *Menschliches, Allzumenschliches* bei aller thematischen Breite bereits eine Tendenz der Fokussierung bemerken – der Blick wendet sich nach innen, auf das fühlende und denkende Individuum – tritt mit dem nächsten Werk ein klarer inhaltlicher Schwerpunkt hervor. Im Rückblick heißt es bei Nietzsche dazu: »Mit diesem Buche beginnt mein Feldzug gegen die M o r a l«. Von einem Kuraufenthalt in Marienbad berichtete Nietzsche seinem Adlatus Köselitz am 18. Juli 1880, er grabe »mit Eifer in [s]einem moralischen Bergwerke« – ein Bergwerk, in dem er intensiv die Stollen mit Hilfe britischer moralphilosophischer und moralhistorischer Literatur absuchte, der Schriften von John Stuart Mill (1806–1873), Herbert Spencer (1820–1903) und William Edward Hartpole Lecky (1838–1903), um nur drei namentlich zu nennen. Das neue Werk nahm an verschiedenen Aufenthaltsorten zwischen Anfang 1880 und Frühjahr 1881 langsam Gestalt an; insbesondere der erste und harte Winter in Genua 1880/81 bei fehlendem Ofen bot ihm Ansporn, das Werk zu finalisieren. »Jetzt ist mein ganzes Dichten und Trachten darauf aus«, schrieb er in der zweiten Novemberhälfte 1880 an Overbeck, »eine idealische Dachstuben-Einsamkeit zu verwirklichen, bei der alle jene nothwendigen und einfachsten Anforderungen meiner Natur, wie viele, viele Schmerzen sie mich gelehrt haben, zu ihrem Rechte kommen.« Die Konzentration reichte jedenfalls aus, um ein Buch zu vollenden, das zunächst *Die Pflugschar. Gedanken über die moralischen Vorurtheile* hätte heißen sollen, bevor Nietzsche ein Wort aus dem Motto aufgriff, das Köselitz dem altindischen *Rigveda* entnommen und auf dem Titelblatt des Manuskriptes notiert hatte: »Es giebt so viele Morgenröthen, die noch nicht geleuchtet haben.« Nietzsche war von dem Motto so angetan, dass er es nicht nur dem Drucktext voranstellte, sondern daraus seinen Titel gewann: *Eine Morgenröthe.* Schließlich entfiel noch der unbestimmte Artikel und das Werk ging als *Morgenröthe* in die Buchgeschichte ein, mit dem Untertitel *Gedanken über die moralischen Vorurtheile.*

Aber auch mit diesen Gedanken vermochte Nietzsche seine Zeitgenossen nicht zu fesseln; mehr als 250 Exemplare seines Werkes ließen sich in den ersten fünf Jahren nach Erscheinen nicht absetzen – trotz erheblicher Werbeanstrengungen seines Verlegers. Stattdessen hielt sich der schriftstellernde Philosoph an die Aussicht künftigen Beachtet-Werdens, so unsicher die Perspektiven einer postumen Geburt auch sein mochten. Ganz gegen Ende der *Morgenröthe,* im 568. Abschnitt heißt es: »Der Vogel Phönix zeigte dem Dichter eine glühende und verkohlende Rolle. ›Erschrick nicht! sagte er, es ist dein Werk! Es hat nicht den Geist der Zeit und noch weniger den Geist Derer, die gegen die Zeit sind: folglich muss es verbrannt werden. Aber diess ist ein gutes Zeichen. Es giebt manche Arten von Morgenröthen.‹«

Die Kurztextform hat die *Morgenröthe* beibehalten, auch wenn es manchen Deutern schwerfällt, diese 575 durchnummerierten Texte als Aphorismen anzusprechen: Es sind Denk- und Sprachexperimente. Sich selbst, so nur halbwegs ironisch gegenüber Rée Ende August 1881, »als neuen unmöglichen unvollständigen aphoristischen Philosophus« zu verstehen, fiel Nietzsche jedenfalls nicht schwer. Dass Aphorismen auch etwas mit Abschottung, mit Grenzen-Ziehen zu tun haben, beglaubigt derselbe Brief quasi existenziell: »Ich vertrage Reisen nicht, habe kein Geld zu Ortswechsel und dergleichen und bedarf der u n b e d i n g t e n E i n s a m k e i t nicht als einer Liebhaberei, sondern als der Bedingung, mit der ich v i e l l e i c h t das Leben noch ein paar Jahre aushalte«. Der Hinweis auf das fehlende Geld ist ein wenig Koketterie, denn die Basler Pension und weitere Einkünfte aus Kapitalanlagen hätten Nietzsche durchaus einen vielleicht nicht üppigen, aber auskömmlichen Lebenswandel gestattet. Dagegen scheint er für sein Werk die Einsamkeit gebraucht zu haben – namentlich gegenüber starken, einflussnehmenden Individuen wie Wagner, aber durchaus auch Rée. Abschnitt 464 sublimiert das Einsamkeitspathos dann zu einer prinzipiellen Aussage: »Wenn immer ein Anderer um uns ist, so ist das Beste von Muth und Güte in der Welt unmöglich gemacht.« Was Nietzsche in all seinen Krankheitslabyrinthen nicht daran hinderte, sich selbst zur Last zu fallen, nimmt man dafür persönliche Zeugnisse wie den Brief an Köselitz vom 22. Februar 1881: »Ich bin so durch fortwährende Schmerzen zerbrochen, daß ich nichts mehr beurtheilen kann, ich sinne darüber nach, ob es mir nun nicht endlich erlaubt sei, die ganze Bürde abzuwerfen«. Aber der sich philosophisch selbst aufklärende Kranke kann – so wiederum die heiterer stimmende Extrapolation in Abschnitt 114 der *Morgenröthe* – durchaus aus seinem Leiden Profit ziehen. Und zwar so sehr, dass er gerade wegen des Leidens am Leben zu bleiben, womöglich sogar das Leben zu lieben trachtet. »Die ungeheure Spannung des Intellectes, welcher dem Schmerz Widerpart halten will, macht, dass Alles, worauf er nun blickt, in einem neuen Lichte leuchtet: und der unsägliche Reiz, den alle neuen Beleuchtungen geben, ist oft mächtig genug, um allen Anlockungen zum Selbstmorde Trotz zu bieten und das Fortleben dem Leidenden als höchst begehrenswerth erscheinen zu lassen«.

Der durch den Untertitel angezeigte thematische Akzent der *Morgenröthe* liegt auf moralischen Vorurteilen. Der Untertitel nährt die Vermutung, Moral sei womöglich selbst ein Vorurteil und kein Urteil, das, wie die Utilitaristen es gerne sehen, auf einer Abwägung von Nutzen und Nachteil beruht – oder kein Urteil, das, wie die Kantianer es wünschen, sich aus Pflicht und

Autonomie ergibt. *Menschliches, Allzumenschliches* hatte im Anschluss an Schopenhauer und Rée noch gerne mit dem Gegensatzpaar »egoistisch«/»unegoistisch« operiert und dabei den alten moralkritischen Verdacht wieder aufgewärmt, hinter dem vermeintlich Unegoistischen verberge sich nur geschickt der blanke Egoismus. In der *Morgenröthe* wird der Einwand fundamentaler; ein handlungsfähiges und sich selbst zum einzigen Zweck setzendes Ich rutscht in die Sphäre der Ungewissheit ab: »d u w i r s t g e t h a n! in jedem Augenblicke! Die Menschheit hat zu allen Zeiten das Activum und das Passivum verwechselt, es ist ihr ewiger grammatikalischer Schnitzer«, gibt der 120. Abschnitt zu bedenken. Und im Abschnitt davor erscheint »all unser sogenanntes Bewusstsein« als »mehr oder weniger phantastischer Commentar über einen ungewussten, vielleicht unwissbaren, aber gefühlten Text«. Dieser Text ist kein Ich als substanzieller Wesenskern, geschweige denn eine unsterbliche Seele oder eine selbstgesetzgebende Vernunft. Wie dieser Text lauten, was er besagen könnte, verschwindet im Schlagschatten jenes sich aufblähenden, vermeintlich rationalen Tagesbewusstseins, das sich so gerne für den Herrn im eigenen Haus hält und doch so häufig hilflos ist. Jedenfalls dürfte es zu kurz gegriffen sein, ihn auf Trivialitäten wie ›Selbsterhaltung‹ herunterzubrechen. Der in der *Morgenröthe* bereits präsente Gedanke der Macht, der sich bei Nietzsche bald im Schlagwort des »Willens zur Macht« verdichten wird, ist der in der neuzeitlichen Philosophie und dann in der Evolutionstheorie so dominant gewordenen Selbsterhaltungsidee entgegengesetzt: Macht bedeutet Selbstüberhebung, Selbststeigerung.

Dass in dieser Disposition der einzelne Mensch nicht mehr per se wertvoll ist, dass es keine unveräußerliche Menschenwürde mehr gibt, die in jedem und jeder unbedingt zu achten wäre, egal, was die- oder derjenige zu leisten vermag, ist die Kehrseite dieser Sicht. Sie gibt jeden festen moralischen und metaphysischen Halt auf. Da schreckt Nietzsche auch nicht vor peinigenden geschichtsphilosophischen Fragen zurück, beispielsweise in Abschnitt 146: »warum sollten den kommenden Geschlechtern nicht einige Individuen der gegenwärtigen Geschlechter zum Opfer gebracht werden dürfen?« Sieben Jahre später, in *Ecce homo* wird zur *Morgenröthe* notiert: »Die Moral wird nicht angegriffen, sie kommt nur nicht mehr in Betracht ... Dies Buch schliesst mit einem ›Oder?‹, – es ist das einzige Buch, das mit einem ›Oder?‹ schliesst ...« Der letzte, 575. Abschnitt der *Morgenröthe* heißt »Wir Luft-Schifffahrer des Geistes!« und endet mit den Worten: »Wird man vielleicht uns einstmals nachsagen, dass auch wir, nach Westen steuernd, ein Indien zu erreichen hofften, – dass aber unser Loos war, an der Unendlichkeit zu scheitern? Oder, meine Brüder? Oder? –«. Alles ist offen. Die *Morgenröthe* ist ein weiteres Buch der Öffnung – der gefährlichen Öffnung. In ihr wird der Philosoph zum ›Gefährder‹.

Ein Buch freilich, dessen Durchschlagskraft Nietzsche misstraute. Im Herbst 1881 notierte er: »Die Morgenröthe hat geleuchtet – aber wo ist die Sonne?« So schrieb er unablässig weiter und konnte Köselitz am 25. Januar 1882 vermelden: »Ich bin seit einigen Tagen mit Buch VI, VII und VIII der ›Morgenröthe‹ fertig, und damit ist meine Arbeit für diesmal gethan. Denn Buch 9 und 10 will ich mir für den nächsten Winter vorbehalten – ich bin noch nicht reif genug für die elementaren Gedanken, die ich in diesen Schluß-Büchern darstellen will«. Bereits ein halbes Jahr früher war die *Morgenröthe* in fünf Büchern erschienen; Nietzsche machte sich anscheinend sogleich an eine Fortsetzung, sicher auch in der werbetaktischen Absicht, dem wiederum wenig beachteten Werk Aufmerksamkeit zu verschaffen.

Das unablässige Weiter-Schreiben war auch ein unablässiges Weiter-Lesen (etwa eines Buches von Kuno Fischer über den illusionslosen Substanzphilosophen Baruch de Spinoza) und ein unablässiges Weiter-Denken, alles randvoll angefüllt mit

Leiden. »Sum in puncto desperationis. Dolor vincit vitam voluntatemque«, schrieb Nietzsche lateinisch verklausuliert aus Sils-Maria an Overbeck am 18. September 1881: »Ich bin am Punkte der Verzweiflung. Schmerz besiegt Leben und Willen«. Und fast gleichzeitig traten neue Gedanken in den Gesichtskreis des Philosophen, so »Anfang August 1881 in Sils-Maria, 6000 Fuss über dem Meere und viel höher über allen menschlichen Dingen!« Eine Aufzeichnung, die dem Dasein »das neue Schwergewicht« verheißt: »die ewige Wiederkunft des Gleichen. Unendliche Wichtigkeit unseres Wissen's, Irren's, unsrer Gewohnheiten, Lebensweisen für alles Kommende.« Diesen Gedanken, dass alles ewig wiederkehre, verfolgte Nietzsche in den kommenden Jahren zwar kontinuierlich, scheute aber doch davor zurück, in den publizierten Werken dazu abschließende Erläuterungen abzugeben. Vor allem in nachgelassenen Aufzeichnungen hat er versucht, dem Wiederkunftsgedanken eine kosmologische Dimension abzutrotzen und ihn physikalisch zu unterfüttern: Wenn das Universum eine endliche Ausdehnung hat und aus einer endlichen Anzahl Elementen besteht, die Zeit aber ewig ist, müssen alle Elemente dieses Universums eines Tages wieder in derselben Konstellation zueinander stehen, in der sie jetzt gerade stehen. Viel (schwer)gewichtiger ist aber seine ethische Dimension: Wir sollen unser Leben so leben, dass wir wollen können, es kehre alles – und folglich auch unser Leben – ewig wieder. Diesen Willen zur ewigen Wiederkunft stellte Nietzsche als äußerste Form der Welt- und Lebensbejahung dar. Man würde nicht nur das Leben mit all seinem Leiden gutheißen, sondern auch die ewige Wiederkunft und prinzipielle Nicht-Überwindbarkeit dieses Leidens.

Sich mit dem eigenen leidgeplagten Leben nicht nur zu arrangieren, sondern sich immer wieder neu in es zu verlieben, dazu half Nietzsche die Musik. Nicht jedoch die schwere deutsche Kost aus Bayreuth, sondern etwa eine Entdeckung, die er in Genua machte: Die Oper *Carmen* von Georges Bizet (1838–1875), die er sich anhörte, so oft sich die Gelegenheit bot: »geistreich, stark, hier und da erschütternd. Ein ächt französisches Talent der komischen Oper, gar nicht desorientiert durch Wagner«, schrieb er Köselitz am 28. November 1881. Das Südländisch-Mediterrane und die Mischung von Tragik und Komik hatten es ihm dabei besonders angetan, will man einer zeitgleichen Nachlassnotiz Glauben schenken: »Hinter jeder Tragödie steckt etwas Witziges und Widersinniges, eine Lust am Paradoxon, z. B. das Schlußwort der letzten tragischen Oper: ›ja ich habe sie getödtet, meine Carmen, meine angebetete Carmen!‹« Diese paradoxe Verbindung heiteren Ernstes und ernster Heiterkeit fand er in der Musik realisiert: »ohne Musik wäre das Leben ein Irrthum«, sollte es 1888 in der *Götzen-Dämmerung* heißen. Und die Dichtung ist der Musik nächstverwandt, so dass es vielleicht nicht überrascht, dass Nietzsche gerne das Angebot seines Verlegers aufgriff, in dessen neubegründeter *Internationaler Monatsschrift* eine kleine Sammlung eigener Gedichte zu platzieren, die unter dem Titel *Idyllen aus Messina* im Mai 1882 erschienen.

Aber eigentlich laborierte Nietzsche seit Dezember 1881 an einem viel größeren Brocken, einem Werk, das sich ja zunächst als Fortsetzung der *Morgenröthe* angekündigt hatte. Am 8. Mai 1882 hieß es gegenüber dem Verleger Schmeitzner: »Für den Herbst können Sie ein Manuscript von mir haben: Titel ›Die fröhliche Wissenschaft‹ (mit vielen Epigrammen in Versen!!!)« Die Hervorhebung der dann tatsächlich eingearbeiteten lyrischen Teile deutet darauf hin, dass sich Nietzsche von dieser buchgestalterischen Innovation nach der Publikation der *Idyllen aus Messina* einiges versprochen hat. Das Buch gibt dann im gedruckten Text, der bereits Ende August 1882 vorlag, nach einem »Vorspiel in deutschen Reimen«, vier Bücher aus luziden aphoristisch-essayistischen Kurztexten. Sie sind dem Modell von *Menschliches, Allzumenschliches* und *Morgenröthe* nachempfunden und finden doch einen Ton, der das Werk für viele Interpreten zum Besten, weil Ausgewogensten macht, was Nietzsche je geschrieben hat. 1887 kommt mit einer neuen Auflage – auch da wurden die vielen unverkauften Exemplare der Erstausgabe recycelt – noch ein fünftes Buch hinzu, das nach Meinung mancher Leser diese Ausgewogenheit nicht zu halten vermag – dafür jedoch polemisch verschärft und philosophisch vertieft. 1882 ist auf dem Rückumschlag der *Fröhlichen Wissenschaft* zu lesen: »Mit diesem Buche kommt eine Reihe von Schriften FRIEDRICH NIETZSCHE'S zum Abschluss, deren gemeinsames Ziel ist, *ein neues Bild und Ideal des Freigeistes* aufzustellen. In diese Reihe gehören: *Menschliches, Allzumenschliches.* Mit Anhang: Vermischte Meinungen und Sprüche. / *Der Wanderer und sein Schatten.* / *Morgenröthe.* Gedanken über die moralischen Vorurtheile. / *Die fröhliche Wissenschaft.*«

»Fröhliche Wissenschaft« – was für ein sonderbarer Titel, jedenfalls in den Augen derjenigen, die mit dem »gai saber«, der »fröhlichen Wissenschaft« der provenzalischen Trobadordichtung des Mittelalters nicht vertraut sind. »Was den Titel ›fröhliche Wissenschaft‹ betrifft, so habe ich n u r an die gaya scienza der Troubadours gedacht – daher auch die Verschen«, schrieb Nietzsche Anfang Dezember 1882 an Rohde. Und in den »Liedern des Prinzen Vogelfrei«, die der 1887er Ausgabe des Werkes beigegeben sind, wird gesungen: »Tanzen wir gleich Troubadouren / Zwischen Heiligen und Huren, / Zwischen Gott und Welt den Tanz!« Gott freilich, so heißt es im berühmtesten, dem 125. Abschnitt des Werkes, ist tot. Kann es da noch Heiterkeit geben?

Dieser Abschnitt 125 erzählt von einem »tollen Menschen«, der »am hellen Vormittage eine Laterne anzündete, auf den Markt lief und unaufhörlich schrie: ›Ich suche Gott! Ich suche Gott!‹« Den Leuten auf dem Markt ist der tolle Mensch mit seiner Suche nach Gott zunächst nur Anlass zu großem Gelächter; sie fragen zurück, ob sich sein Gott wohl verlaufen habe oder was sonst mit ihm geschehen sein möge. Für seine pathetische Antwort, wir hätten ihn getötet und seien seine Mörder und für seine Frage, wie wir diese ungeheure Tat hätten vollbringen können, durch die »wir diese Erde von ihrer Sonne losketteten«, erntet er nur betretenes Schweigen, worauf er seine Laterne auf den Boden schmettert und meint, er komme zu früh, habe doch die Kunde von der Ermordung Gottes die Menschen noch nicht erreicht. »Diese That ist ihnen immer noch ferner, als die fernsten Gestirne, – und doch haben sie dieselbe gethan!« Allerdings sind die Menschen, denen der tolle Mensch auf dem Markt begegnet, keineswegs Gläubige, die zum ersten Mal vom Tod Gottes hören, sondern ausdrücklich solche, »welche nicht an Gott glaubten«. Was ihnen fehlt, ist das Bewusstsein der Tragweite jenes scheinbar so einfachen Sachverhalts »Gott ist todt! Gott bleibt todt!« Nämlich das Bewusstsein, dass sie jedes von außen, von einer metaphysischen Ordnung ihnen aufgenötigte Wissen, wie sie ihr Leben und ihre Welt gestalten sollen, verloren haben. Das Bewusstsein, dass ihr Leben, ihre Welt kein selbstverständlich gegebenes Zentrum mehr hat. Die bequemen Atheisten, die sich auf dem Markt tummeln, haben sich nicht klargemacht, dass die Menschen eine völlig neue Bürde auf ihren Schultern tragen, wenn sie all das auf sich nehmen müssen, was bisher Gott ihnen abnahm. Macht man mit der Gottlosigkeit ernst, gilt nichts mehr als gesichert, hat man keine festen Werte mehr, sondern muss sich in vollem Bewusstsein um die Bodenlosigkeit des Daseins auf dieses Dasein als Experiment mit höchst ungewissem Ausgang einlassen.

Nun mag der Leser versucht sein, Nietzsche mit jenem »tollen Menschen« zu identifizieren, der die Kunde von der Ermordung Gottes zu Markte trägt. Aber dies wäre voreilig. Der »tolle Mensch« ist eine literarisch-philosophische Kunstfigur, die weniger zur Verlautbarung philosophischer Wahrheiten oder Lehren dient, als vielmehr zur Veranschaulichung und Erprobung philosophischen Nachdenkens selbst. Die Erfindung solcher literarischer Kunstfiguren ist charakteristisch für Nietzsches experimentelles Philosophieren. Das Handeln und Sprechen der Kunstfiguren entbinden den Experimentalphilosophen davon, sich auf irgendeine Ansicht oder Doktrin definitiv festlegen zu müssen. Kunstfiguren schaffen Distanz und geben ihrem Erfinder Spielraum, den er als Philosoph weidlich ausnutzt. Nietzsche hat mit der Erfindung literarischer Kunstfiguren, die als Agenten aller möglichen Ansichten auftreten und die die Entscheidung, was für wahr oder wichtig zu halten sei, an die Leser delegieren, eine Form skeptischen Schreibens entwickelt, die ihn als Autor von letzten Stellungnahmen dispensiert. In Abschnitt 125 der *Fröhlichen Wissenschaft* auch von der Stellungnahme, ob es einen Gott gibt und welche Konsequenzen aus seinem Tod zu ziehen sind.

Die Parole »Gott ist todt« taucht in Abschnitt 125 nicht zum ersten Mal auf. Abschnitt 108 lautet: »N e u e K ä m p f e. – Nachdem Buddha todt war, zeigte man noch Jahrhunderte lang seinen Schatten in einer Höhle, – einen ungeheuren schauerlichen Schatten. Gott ist todt: aber so wie die Art der Menschen ist, wird es vielleicht noch Jahrtausende lang Höhlen geben, in denen man seinen Schatten zeigt. – Und wir – wir müssen auch noch seinen Schatten besiegen!« Hier entlastet anscheinend keine Kunstfigur den Philosophen davon, selbst eine Ansicht kundzutun. Zwar ist die Diagnose vom Tod Gottes eingebettet in einen quasi-historischen Kontext, nämlich als Analogie zu einer Erzählung über Buddha. Aber die Diagnose selbst ist nicht Bestandteil dieser Erzählung. Sie formuliert vielmehr das Programm, nach der Vernichtung Gottes seinen Schatten zu vernichten. Aufgegeben ist dies den »Wir«, die den Autor ebenso einzubegreifen scheinen wie die Leser, zumindest die wenigen ›auserwählten‹ Leser, denen Verständnis zuzutrauen ist. Mit diesen »Wir« stiehlt sich der Experimentalphilosoph freilich schon wieder ein wenig aus der Verantwortung für sein Schreiben: Man mag zwar sagen, er sei als »Ich« (das kommt hier nicht vor) mit von der Partie, wenn die »Wir« sich zu großen Taten aufraffen. Aber ist es so sicher, dass das »Ich« des Herrn Nietzsche die Richtung angibt, wohin die »Wir« sich wenden sollen? Die Diagnose vom Gottestod selbst ist keinem Subjekt zugeordnet; niemand übernimmt für sie die Verantwortung. In jedem normalen Stück philosophischer Prosa würde man darin die Autorenmeinung zu erkennen glauben; im Falle einer Nietzsche-Schrift, die alle Kunstgriffe zur Verschleierung allfälliger wahrer Ansichten ihres Verfassers virtuos anwendet, ist mehr Vorsicht geboten. Womöglich ist die Diagnose vom Tod Gottes nicht als Nietzsches dogmatische Lehre zu verstehen, sondern als eine experimentalphilosophische Hypothese.

Die positiven Chancen, die der Tod Gottes für den Menschen bietet, skizzieren zwei Nachlassaufzeichnungen vom Herbst 1881: Die eine beschwört »ein ungeheures n e u e s Gefühl«, das sich nach der Ermordung Gottes einstellen werde, und die andere gibt zu bedenken: »Wir erwachen als Mörder! Wie tröstet sich ein solcher? Wie reinigt er sich? M u ß e r n i c h t d e r a l l m ä c h t i g s t e u n d h e i l i g s t e D i c h t e r s e l b e r w e r d e n?« Der Gottesmörder wird zum Dichter, womöglich zum Erdichter einer neuen Moral, die sich aus dem Schatten Gottes löst.

Abschnitt 269 der *Fröhlichen Wissenschaft* inszeniert die Quintessenz aus der metaphysisch-religiösen Ausnüchterung als kurzes Selbstgespräch: »W o r a n g l a u b s t d u? – Daran: dass die Gewichte aller Dinge neu bestimmt werden müssen.« Noch Jahre später, am 21. Mai 1884 in einem Brief an Overbeck, wird Nietzsche auf diese Formel zurückkommen und sie auf sein eigenes Leben anwenden: »Die Angelegenheit mit meinen Angehörigen muß ich mir vom Halse schaffen – ich habe nunmehr 2 Jahre lang mich in den gutmüthigsten Versuchen erschöpft, zurechtzulegen und zu beruhigen, aber umsonst. So viel ich die Geschichte kenne, ist übrigens diese Art von Mißverhältniß bei Menschen meines Ranges etwas Regelmäßiges. [...] Ja wer fühlt mir nach, was es heißt, mit jeder Faser seines Wesens fühlen, daß ›die Gewichte aller Dinge neu bestimmt werden müssen!‹« Und tatsächlich hatte Nietzsche in der Zwischenzeit mit seiner Mutter und vor allem mit seiner Schwester ganz bittere Erfahrungen machen müssen: Im Frühjahr 1882 war er in Rom der jungen Russin Lou von Salomé (1861–1937) vorgestellt worden, in die er sich ebenso wie sein Freund Rée, der die Begegnung vermittelt hatte, verliebte und der er, wie Rée, vergeblich Heiratsanträge machte. Die brillante Generalstochter, die in Zürich studiert hatte, war von einer grenzenlosen intellektuellen Neugierde getrieben, zugleich aber auf ihre Unabhängigkeit bedacht, so dass sie die beiden Bewerber zurückwies und sich auch nicht als jene devote Jüngerin eignete, die Nietzsche gerne aus ihr gemacht hätte. Dennoch entspann sich ein enger Austausch; man reiste, mit Rée und Salomés Mutter im Schlepptau, nach Orta, später nach Luzern; schließlich verbrachten Nietzsche und Salomé argwöhnisch beäugt von Nietzsches Schwester im abgelegenen Tautenburg (Großherzogtum Sachsen-Weimar-Eisenach), den Sommer 1882 in stetem Gespräch und philosophischem Austausch. Doch die »Dreieinigkeit« von Salomé, Nietzsche und Rée ließ sich auf Dauer nicht aufrechterhalten, so sehr sie auch Pläne einer platonischen *ménage à trois* sowie eines gemeinsamen Studiums und Arbeitens in Paris oder Wien schmiedeten. Wesentlichen Anteil an der Entfremdung Nietzsches von Salomé und Rée hatte Elisabeth Nietzsche, deren Moralbegriffen der freigeistige Lebenswandel ihres Bruders zutiefst widerstrebte. Von Eifersucht getrieben, sah sie in Salomé eine liederlich-laszive Konkurrentin, die ihr die Aufmerksamkeit des Bruders entzog. So säte sie systematisch Misstrauen, das schließlich gegen Ende 1882 zum Bruch Nietzsches mit Salomé und Rée führte. Nietzsche stürzte in tiefe Verzweiflung, Salomé und Rée blieben einander freundschaftlich verbunden.

Von der Heiterkeit – auch von der Heiterkeit der Gottlosigkeit –, mit der das Buch dieses Jahres angetreten war, schien sich jede Spur verflüchtigt zu haben. Auf sich selbst schien jetzt die Diagnose des 1. Abschnitts der *Fröhlichen Wissenschaft* zu passen: »Ueber sich selber lachen, wie man lachen müsste, um aus der ganzen Wahrheit heraus zu lachen, – dazu hatten bisher die Besten nicht genug Wahrheitssinn und die Begabtesten viel zu wenig Genie!« Und doch folgt da gleich ein Satz, der den Mut zu einem weiteren neuen Anfang verrät: »Es giebt vielleicht auch für das Lachen noch eine Zukunft!« Trotzig konnte sich Nietzsche mit dem 324. Abschnitt ins Gedächtnis zurückrufen: »Nein! Das Leben hat mich nicht enttäuscht! Von Jahr zu Jahr finde ich es vielmehr wahrer, begehrenswerther und geheimnissvoller, – von jenem Tage an, wo der grosse Befreier über mich kam, jener Gedanke, dass das Leben ein Experiment des Erkennenden sein dürfe«. Die Philosophie, die sich Nietzsche mit der *Fröhlichen Wissenschaft* verordnet hat, ist keine Schönwetter-Philosophie: »Noch lebe ich, noch denke ich: ich muss noch leben, denn ich muss noch denken«, heißt es in Abschnitt 276. Und weiter: »Ich will immer mehr lernen, das Nothwendige an den Dingen als das Schöne sehen: – so werde ich Einer von Denen sein, welche die Dinge schön machen. Amor fati: das sei von nun an meine Liebe!« »Amor fati«, die Liebe zum Schicksal ist die Losung einer stoischen Stählung, die sich aber im Unterschied zu herkömmlichen Stoikern nicht damit begnügt, das Unvermeidliche duldend hinzunehmen. Was Nietzsche vor Augen stand, ist ein gestaltendes Philosophieren, ein umprägendes Philosophieren.

Noch in der Hochphase seiner Beziehung zu Lou von Salomé, im August 1882, schrieb er ihr: »Das Erste, was noth thut, ist Leben: der Stil soll leben«. Er war dabei, für sein philosophisches Leben wieder einen neuen Stil zu finden.

Philosophisch-prophetisch-parodistische Rede: *Also sprach Zarathustra*

Der allerletzte, 342. Abschnitt der *Fröhlichen Wissenschaft* von 1882 scheint zunächst nicht recht zum Duktus des Werkes zu passen: »Incipit tragoedia. – Als Zarathustra dreissig Jahr alt war, verliess er seine Heimath und den See Urmi und gieng in das Gebirge. Hier genoss er seines Geistes und seiner Einsamkeit und wurde dessen zehn Jahre nicht müde. Endlich aber verwandelte sich sein Herz, – und eines Morgens stand er mit der Morgenröthe auf, trat vor die Sonne hin und sprach zu ihr also: ›Du grosses Gestirn! Was wäre dein Glück, wenn du nicht Die hättest, welchen du leuchtest! Zehn Jahre kamst du hier herauf zu meiner Höhle: du würdest deines Lichtes und dieses Weges satt geworden sein, ohne mich, meinen Adler und meine Schlange; aber wir warteten deiner an jedem Morgen, nahmen dir deinen Ueberfluss ab und segneten dich dafür. Siehe! Ich bin meiner Weisheit überdrüssig, wie die Biene, die des Honigs zu viel gesammelt hat, ich bedarf der Hände, die sich ausstrecken, ich möchte verschenken und austheilen, bis die Weisen unter den Menschen wieder einmal ihrer Thorheit und die Armen wieder einmal ihres Reichthums froh geworden sind. Dazu muss ich in die Tiefe steigen: wie du des Abends thust, wenn du hinter das Meer gehst und noch der Unterwelt Licht bringst, du überreiches Gestirn! – ich muss, gleich dir, untergehen, wie die Menschen es nennen, zu denen ich hinab will. So segne mich denn, du ruhiges Auge, das ohne Neid auch ein allzugrosses Glück sehen kann! Segne den Becher, welcher überfliessen will, dass das Wasser golden aus ihm fliesse und überallhin den Abglanz deiner Wonne trage! Siehe! Dieser Becher will wieder leer werden, und Zarathustra will wieder Mensch werden.‹ – Also begann Zarathustra's Untergang.«

Wer um Himmels willen ist Zarathustra?, musste sich der Leser des Jahres 1882 fragen. Ein persischer Religionsstifter aus dem 1. Jahrtausend vor unserer Zeitrechnung, hätte ihm das Konversationslexikon beschieden –, ein Prophet, der den Gegensatz von Gut und Böse als strengen metaphysischen Dualismus zweier ewig unversöhnlicher Prinzipien gefasst hatte. Ausgerechnet diesen Zarathustra, diesen Erfinder der Moral machte Nietzsche nun mit seinem nächsten Buch zum Sprachrohr der Moralaufhebung. Wobei, entgegen einer weitverbreiteten Neigung, Zarathustras Verlautbarungen für die Lehren Nietzsches zu halten, ›Sprachrohr‹ gerade nicht bedeutet, dass Zarathustra schlankweg mit Nietzsche zu identifizieren wäre. Dieser Zarathustra, der sich als Lehrer geriert und mit prophetischem Pathos redet, ist in *Also sprach Zarathustra* in Geschichten verstrickt – in Geschichten mit anderen Menschen, die seine Worten oft entweder nicht erreichen – oder die diese Worte *ad absurdum* führen. Nietzsches *Also sprach Zarathustra*, jenes Werk, das fast genauso anfängt wie *Die fröhliche Wissenschaft* endet, zeigt keinen besonders erfolgreichen Lehrer, keinen Lehrer, der seine großen Worte vom »Übermenschen«, von der »Ewigen Wiederkunft« und vom »Willen zur Macht« ohne Umschweife an den Mann oder die Frau bringt.

Philosophen, die auf solche großen, ›Begriffe‹ genannten Worte konditioniert sind, neigen dazu, in ihnen den eigentlichen Gehalt jenes Werkes zu sehen, dem Nietzsche eine Gestalt gegeben hat, die so stark von einem ›normalen‹ philosophischen Buch abweicht. Von diesen Nietzsche aus- und zurechtlegenden Philosophen ist dann zu erfahren, dass Nietzsche den Menschen als etwas angesehen habe, das überwunden werden müsse und dass er deshalb das Ideal des Übermenschen aufgestellt habe. Von ihnen hört man weiter, Nietzsche habe gelehrt, dass alles ewig wiederkehre – eine Lehre, die sich als »das grösste Schwergewicht«, wie es schon in Abschnitt 341 der *Fröhlichen Wissenschaft* heiße, tonnenschwer aufs Gemüt legen könne. Denn damit steuere die Welt nicht auf ein Ziel, einen bestmöglichen Zustand zu, sondern verharre in einer unaufhörlichen

Kreisbewegung, die Ausbund der Sinnlosigkeit zu sein scheine. Müsse nicht einem, dem sich der Gedanke der »Ewigen Wiederkunft« aufdränge, alles verachtungswürdig und widerwärtig vorkommen? Wer nicht stark genug sei, sich mit diesem Gedanken abzufinden, müsse daran zerbrechen. Aber, so die Nietzsche-Aus- und -Zurechtleger, die Starken würde dieser Gedanke nach Momenten der tiefen Krise herausreißen zu einer großen Bejahung des Lebens. Ein Leben, das zu verstehen sei als »Wille zur Macht« und als nichts außerdem.

Sicher, all das und noch etliches mehr, was sich auf schöne Begriffe bringen lässt, findet sich in *Also sprach Zarathustra* angesprochen, ausgesprochen, manches nur angedacht, vieles durchgedacht. Und doch spricht nicht einfach Herr Nietzsche sein Innerstes aus, wenn er Zarathustra reden lässt. *Also sprach Zarathustra* ist kein Thesenroman, der dem Publikum philosophische Theorien in dürftiger dichterischer Verpackung feilbietet.

Zumindest die ersten drei Teile – der vierte und letzte Teil wird als Privatdruck für ausgewählte Freunde in Kleinstauflage 1885 nachgeschoben – sind Augenblicksgeburten: Nietzsche macht wiederholt geltend, er habe sie jeweils binnen weniger Tage in eigentlichen Rauschzuständen zu Papier gebracht – den ersten Teil Anfang 1883, just fertig geworden, als Nietzsche die Nachricht von Wagners Tod ereilte; den zweiten im Juli desselben Jahres, den dritten schließlich im Januar 1884 nach einer Skizze vom September 1883. Beim Druck bereits des ersten Teiles – zunächst war eine Fortsetzung weder geplant noch absehbar – gab es etliche Verzögerungen, nicht zuletzt, weil der Drucker vorher noch eine halbe Million Gesangbücher zu produzieren hatte. Trotz des schleppenden Absatzes seiner bisherigen Werke konnte Nietzsche bei seinem Verleger zwar ein höheres Honorar herausschlagen: Für »Poesie«, als die Nietzsche *Also sprach Zarathustra* wiederholt titulierte, wurde mehr bezahlt. Aber auch hier blieb der Verkauf weit hinter Nietzsches Erwartungen zurück. 1886 ließ er dann die übriggebliebenen Buchblöcke der drei Teile neu zusammenbinden und bei einem neuen Verleger mit neuem Titelblatt erneut publizieren – der Ende 1884, Anfang 1885 entstandene vierte Teil blieb auch hier außen vor. Die schließlich auch noch ins Auge gefassten Teile 5 und 6, endend mit Zarathustras Tod, blieben unausgeführt.

Also sprach Zarathustra hat nicht nur einen narrativen Überschuss, eine je nach Geschmack gewaltige oder gewöhnungsbedürftige Theorieverpackung, die die Leser ohne Substanzverlust einfach wegkürzen könnten. Dieses rätselhafteste aller Nietzsche-Werke ist ein fast undurchdringliches Gewebe aus angerissenen Ideen, persönlichen Erlebnissen, gottlos-religiösen Visionen, dunklen Prophetien und funkelnden Streitgesprächen, aus bösen Sentenzen, bühnenhaften Monologen und allerlei Strandgut vom Meer der Weltbildung. Vor allem aber ist es der Versuch, den philosophischen Gedanken auf die Ebene des Mythos zu heben. *Also sprach Zarathustra* ist die Selbstmythisierung der Philosophie, die sich zugleich selbst parodiert.

Wenn Zarathustra spricht, tut er dies häufig in der Form apodiktischer Verkündigung. Er ist, auch wenn er mit anderen redet, weder ein Dialektiker, der das Gegenüber mit Argumenten von seiner Sache zu überzeugen sucht. Noch ist er ein Maieutiker, ein später Nachfahre der sokratischen Hebammenkunst, der seinem Gegenüber das tief in ihm selbst Verborgene entlockt und zu Bewusstsein bringt. Zarathustra hat seine Verlautbarungsagenda, sein Repertoire an großen Worten und großen Gesten. Reagierten die wenigen frühen Leser angesichts des pathetischen Überschwangs verhalten und verschreckt, haben Nietzsches Abtauchen in die geistige Umnachtung und die Huldigungspolitik des von Elisabeth Förster-Nietzsche begründeten Nietzsche-Archivs die Lektüre des *Zarathustra* als neuer heiliger Schrift entschieden befördert: Nietzsche selbst wurde von der Schwester als schweigender Prophet in wallende Gewänder gehüllt und einem ausgewählten Publikum zur Schau gestellt.

Bei Nietzsches Begräbnis nach elfjährigem Siechtum am 28. August 1900 rief ihn Peter Gast, der ihn zeitlebens nicht duzen durfte, nun im »Du« an wie den neuen Erlöser: »Heilig sei Dein Name allen kommenden Geschlechtern!«

Zarathustra unterdessen musste als derjenige erscheinen, der anstelle des Verstummten die Welt mit grundstürzenden Erkenntnissen beglückt. Hatte Nietzsche denn nicht schon am 22. Mai 1884 Heinrich von Stein wissen lassen: »Mein Sohn Zarathustra mag Ihnen verrathen haben, was sich in mir bewegt; und wenn ich Alles von mir erlange, was ich will, so werde ich mit dem Bewußtsein sterben, daß künftige Jahrtausende auf meinen Namen ihre höchsten Gelübde thun«? Und vier Jahre später, am 26. November 1888, heißt es über das Werk gegenüber Paul Deussen: »das erste Buch aller Jahrtausende, die Bibel der Zukunft, der höchste Ausbruch des menschlichen Genius, in dem das Schicksal der Menschheit einbegriffen ist«. Was 1888 wie eine Verrücktheit geklungen hatte, hat um 1900 breite Teile der gebildeten Jugend erfasst: ein Umgang mit *Also sprach Zarathustra*, der dieses Werk wie ein Evangelium behandelte – eine Offenbarung, die letzte Weisungen gibt, das eigene Leben zu gestalten.

Worin allerdings genau diese Weisungen bestehen, war schon damals nicht recht klar, so dass ganz unterschiedliche Folgerungen aus der neuen frohen Botschaft gezogen wurden. Ohnehin wagte sich Nietzsche mit dem Bibel-Vergleich auf dünnes Eis, handelt es sich doch bei heiligen Büchern gemeinhin nicht nur um notorisch umstrittene Texte, sondern auch um solche, die menschliche Freiheit und Selbstbehauptung im Keim beschränken, indem sie nämlich berufener Deuter – Priester oder Gelehrter – bedürfen, die den Gläubigen sagen, wo es langgeht. Nietzsche wird in seinen religionskritischen Schriften überdies nicht müde, die Autorität der Bibel zu bestreiten und besonders das Neue Testament für ein elendes Machwerk zu kurz Gekommener zu halten. Kann das die Messlatte für *Also sprach Zarathustra* sein – oder doch nur insofern, als sich Nietzsche für sein Werk eine so breite und ausdauernde Rezeption wünscht, wie sie in der Menschheitsgeschichte der Bibel zuteilwurde?

Immerhin hat sich Nietzsche in der partiellen Bibel-Parodie *Also sprach Zarathustra* an einer Dichtung versucht, die auch den in der *Fröhlichen Wissenschaft* noch greifbaren Schatten Gottes vertreiben will. Da mit dem Menschen in seiner gegebenen Gestalt nicht viel anzufangen ist – er ist zu schäbig und zu erbärmlich, um verdientermaßen Zuversicht in sich selbst zu setzen, Selbstvertrauen jenseits aller Götter zu kultivieren –, lehrt ihn Zarathustra den Übermenschen als Projektionsfläche. Ohne hochfliegende Hoffnung, ohne großes ›Projekt‹ kommt anscheinend eine immoralistische Moral nach dem Tode Gottes nicht aus. Was aus dem Tod Gottes folgt, ist nach Ausweis einer Skizze zu einer nicht ausgeführten Fortsetzung von *Also sprach Zarathustra* von 1885/86 auch nicht klar, wenn sie Zarathustra sagen lässt: »Gott ist todt, dies ist die U r s a c h e der größten Gefahr: wie? sie könnte auch die Ursache des größten Muths sein!« Zarathustra zufolge lassen sich also unterschiedliche, ja einander widersprechende Konsequenzen aus dem Bewusstwerden des Gottestodes ziehen: Es kann lebensverneinenden Pessimismus ebenso bewirken wie größten, lebensbejahenden Mut.

Dieses Beispiel zeigt: Es ist keineswegs eindeutig, was die Leser auf der Erkenntnisebene aus einem Werk wie *Also sprach Zarathustra* machen dürfen, auch dann nicht, wenn es beansprucht, als heilige Schrift zu gelten. Ein Ausweg ist eine reine Gefühlsreaktion. Nietzsche hat es vorgemacht, rückblickend in *Ecce homo:* »Wenn ich einen Blick in meinen Zarathustra geworfen habe, gehe ich eine halbe Stunde im Zimmer auf und ab, unfähig, über einen unerträglichen Krampf von Schluchzen Herr zu werden.« Das Mittel, allen Fragen zu entkommen, ist Emotionalisierung. Und die ist über weite Strecken der Nietzsche-Wirkungsgeschichte das bestimmende Moment.

Selbstmythisierung der Philosophie erweist sich als probates Mittel, derartige Emotionalisierung zu bewirken. Dass *Also sprach Zarathustra* wesentlich Gefühle statt Gedanken erzeugt, weckt Misstrauen: Soll Philosophie nicht ausschließlich durch Vernunftgründe überzeugen und sich aller Emotionalisierung enthalten? Entlarvt Nietzsches Buch die Selbsttäuschung der Philosophen, die sich rational wähnen, aber doch von Emotionen getrieben werden? Oder fällt es sträflich zurück hinter ein einmal erreichtes Vernünftigkeitsniveau und verwirkt damit das Recht, als philosophisches Buch zu gelten? Jedenfalls haben viele Philosophen nachfolgender Generationen es Nietzsche abgesprochen, zu ihrer Zunft zu gehören.

Wie auch immer man sich zu *Also sprach Zarathustra* stellt – nach dem Abflachen der kultischen Nietzsche-Verehrung spätestens nach zwei Weltkriegen hat selbst unter Nietzsche-Freunden die *Zarathustra*-Begeisterung stark nachgelassen –, so ist doch deutlich, dass Nietzsche nach der Resonanzlosigkeit seiner Aphoristik neue Register der philosophischen Schriftstellerei erprobt. Im *Zarathustra* kehrt der Mythos zurück, nachdem ihn *Menschliches, Allzumenschliches* ausgetrieben zu haben schien – und mit ihm die ganz großen Worte, die ganz großen Gesten. Aber es ist nicht mehr der fremde Mythos, der von den Griechen oder von Richard Wagner erschaffene. Jetzt agiert Nietzsche selbst als Mythopoet, als mythenerschaffende Macht, der seine Figuren – einschließlich Zarathustra – nach seinem mythologischen Programm reden und tanzen lässt.

Aber bei der Ewigen Wiederkunft als geschichtsphilosophischer Gegenerzählung zum aufklärerischen Fortschrittsmodell, beim Willen zur Macht als Grundprinzip allen organischen, ja sogar anorganischen Seins, beim Übermenschen als großem Projekt der Selbstüberwindung handelt es sich um künstliche Mythen. Es sind Mythen ohne den langen Atem von Vorgeschichte und Geschichte, intellektuelle Reißbrett-Mythen – sozusagen die modernen Frankenstein-Schöpfungen im mythologischen Kosmos. Damit tragen sie den Keim der Selbstauflösung schon in sich. *Also sprach Zarathustra* setzt Mythen in Szene – in große Szene! – und stellt sie mit der großen Szene immer wieder in Frage. Nimmt man es ernst, dass ein Philosoph schreibt, der zwar einen Propheten auftreten lässt, damit aber nicht selber zum Propheten wird, hat man immer unsichtbare Klammern mitzudenken, die den Mythos umrahmen. Auch Platon, an dem sich Nietzsche zeitlebens abarbeitete, hatte sich schon in der Mythen-Erfindung zu volkspädagogischen Zwecken, aber auch zur Thematisierung des letztlich nicht Fassbaren versucht. Nietzsche eiferte ihm nach. Beide philosophischen Mythopoeten sind zugleich große Kritiker überlieferter Mythen. Und diese Kritik lässt die von ihnen geschaffenen Mythen nicht unbehelligt. Keiner ihrer Leser, wenn er nicht in überbordender Verehrung all das von ihnen Gesagte als Offenbarung blind hinnimmt, kann diese fundamentale Kritik einfach so ausblenden, nähert er sich ihren künstlichen Mythen. Im Falle Nietzsches heißt das, dass die Leserin nicht wird vergessen können, wie der sich aufklärende Philosoph Schritt für Schritt seine mythische und metaphysische Befangenheit in den Zaubergärten Schopenhauers und Wagners abgestoßen hat. Sie wird nicht vergessen können, wie sich der Analytiker von Menschlichem und Allzumenschlichem zu einem »historischen Philosophiren« durchrang, welches das geschichtliche Geworden-Sein von allem herausstellt, einschließlich sämtlicher Ansprüche auf überzeitliche Wahrheit. Sie wird nicht vergessen können, dass der fröhliche Wissenschaftler auch das Heiligste, Gott mitsamt seinem Schatten dem Spott preisgegeben hat, dem dieser Gott sich nur entziehen kann, indem er seine Nichtexistenz unter Beweis stellt. Und nun also soll man Nietzsches neue Mythen für bare Münze nehmen? Nun soll man dem bedeutungsschwangeren Raunen Vertrauen schenken, mit dem Nietzsche umwerfende Inspirationserlebnisse umwölkte, als ihm Zarathustra und die Ewige Wiederkunft vor Augen traten?

Hat nicht derselbe Nietzsche jene Inspirationserlebnisse, die die religiösen Gründerfiguren – namentlich der selbsternannte Apostel Paulus – für sich reklamiert hatten, als psychopathologische Abirrungen mit Hohngelächter überzogen? Wie sollten da seine eigenen Offenbarungen wahr und echt sein können?

Gewiss, mit *Also sprach Zarathustra* testete Nietzsche ein gewaltiges Stimmvolumen aus. »Gesetzt«, schreibt er in *Ecce homo*, »ich hätte meinen Zarathustra auf einen fremden Namen getauft, zum Beispiel auf den von Richard Wagner, der Scharfsinn von zwei Jahrtausenden hätte nicht ausgereicht, zu errathen, dass der Verfasser von ›Menschliches, Allzumenschliches‹ der Visionär des Zarathustra ist …« Aber Visionären hat er sonst den Nervenarzt empfohlen. Zarathustras künstliche Mythen sind gebrochene, selbstaufhebende, vielleicht sogar ironische Mythen. Als Lehrer ist Zarathustra nach Ausweis des Erzählganges von *Also sprach Zarathustra* wenigstens unter Menschen ein Gescheiterter. Die Nachwelt hat dieses Werk lange prophetisch ernst genommen; erst der jüngsten Forschung gingen seine ironischen Dimensionen auf, ein ästhetisches Kalkül des Scheiterns. Und niemand sollte vorschnell Zarathustras Lehren mit »Herrn Nietzsches« Lehren gleichsetzen. Diese angeblichen ›Hauptlehren‹ sind Lebens- und Denkexperimente oder, anders gesagt, experimentelle Mythen: Was kann man mit ihnen erreichen, was auslösen, was bewegen, was verändern, was umwerten?

Unter der Maske Zarathustras ringt sich Nietzsche scheinbar zu Setzungen, zu Lehr-Setzungen, zu Kristallisationsformen seines Denkens durch. In den vorangegangenen Werken war dieses Denken in flüssigen und gasförmigen Aggregatzuständen geblieben. Aber auch die nachfolgenden Werke scheuen das kristallin Ausgeformte. Sie suchen das philosophische Glück erneut in der Verflüssigung. Was von *Also sprach Zarathustra* bleibt, egal, ob man das Buch prophetisch oder ironisch fasst, ist das große, mythisch drapierte Ja-Sagen. Unentwegt polemisiert Nietzsche gegen die »Hinterweltler«, die das Ziel und den Zweck des Daseins hinter diese Welt, in ein Jenseits verlagern. Es gebe keine andere Welt hinter dieser Welt. Verdient es diese einzige uns gegebene Welt womöglich nicht nur zu sein, sondern sogar, in ihrem Sein ewig wiederzukehren? Ein solcher Akt der Bejahung wäre schwerlich zu überbieten. Zu hoffen bleibt, dass Heiterkeit aus ihm erwächst.

Experimente der Umwertung I: *Jenseits von Gut und Böse* und *Zur Genealogie der Moral*

Die Geschichte der Philosophie bewegt sich zwischen Extremen: Am einen Ende der Skala gibt es Meister der Festlegung, die immerzu ihren einen und einzigen Gedanken denken, ihn bestenfalls noch variieren. Zu diesen Meistern der Festlegung gehört Arthur Schopenhauer, auch Baruch de Spinoza. Am anderen Ende gibt es die Meister der Verflüssigung, die stets wieder Neues, Ungedachtes aushecken und dem vermeintlich fest Gegründeten den Boden entziehen. Zu diesen Meistern der Verflüssigung gehören nicht nur Skeptiker wie Sextus Empiricus, Michel de Montaigne oder David Hume – auch ein ›klassischer‹ deutscher Philosoph wie Friedrich Wilhelm Joseph Schelling hätte sich, wenigstens in jungen Jahren, dazu rechnen dürfen. Und dann sind da noch jene Philosophen, die zwischen den Extremen der Festlegung und der Verflüssigung eine Mitte halten, ihr Gedankengebäude mit immer wieder neuen Anbauten und Ablegern gemächlich errichten, ohne Scheu, auch einmal die Fassade oder das Fundament einer Grundsanierung zu unterziehen, wenn neue Erfahrungen das gebieten. Aristoteles etwa zählt zu diesen Meistern der Mitte. Aber es gibt auch eine vierte Möglichkeit, sich zu den Extremen der Festlegung und der Verflüssigung zu verhalten: Eigentlich scheint Nietzsche zu den

Meistern der Festlegung gehören zu wollen. Er stellt sich Philosophen als »Gesetzgeber« vor: »Die eigentlichen Philosophen aber sind Befehlende und Gesetzgeber«, proklamiert Abschnitt 211 des auf *Also sprach Zarathustra* folgenden Werkes *Jenseits von Gut und Böse*. Nicht nur Ihresgleichen sollen sie Gesetze geben, nämlich Denkstile und Denkwege, an denen sich Philosophen künftig abzuarbeiten haben. Die Vision von den Philosophen als Gesetzgebern schließt auch ein, dass ihre Festlegungen – »Umwerthung aller Werthe« in der politischen, in der sozialen Welt Wirklichkeit werden sollen. So sehr Nietzsche nun selbst ein philosophischer Festleger sein möchte, so wenig entspricht dieses Trachten doch offensichtlich seinem intellektuellen Profil, das nicht Starrheit, sondern Beweglichkeit auszeichnet: Jeden Tag entdeckt er etwas Neues, was sich mit seinen bisherigen philosophischen Mitteln nicht auf den Begriff bringen lässt. So verfällt er auf die paradoxe Idee, sich auf das Werden, die stete Veränderung festlegen zu wollen, das zu seinem unsystematischen ›Systemgedanken‹ zu machen – das ist »historisches Philosophiren«. Ein kontinuierliches Bauen in der Mitte ist ihm fremd. Seine Bauten stehen am Abgrund, oftmals sind es nur Hütten, Zelte, Höhlen, wie Zarathustra sie bewohnt, schließlich Lagerstätten ohne Obdach, unter freiem Himmel.

Nach *Zarathustra*, der Nietzsche wie der Gipfel des philosophisch-literarisch Ausdrückbaren anmutete, stellte sich ihm die Frage, welche Art von Büchern er künftig noch würde schreiben können. Auch aus Verlegenheit, auf diese Frage eine prompte Antwort zu finden, machte er sich an die Durchsicht früherer Werke, um sie einer Neuauflage zuzuführen. Im Sommer 1885 fasste er zum wiederholten Mal einen zweiten Band der *Morgenröthe* ins Auge. Augenscheinlich sollte das Verfahren, älteren Werken neue Bände nachzuschieben, dazu dienen, den nach Nietzsches Empfinden nicht ausreichend wahrgenommenen, früheren Werken endlich die gebührende Aufmerksamkeit zu verschaffen. Im Laufe der Arbeit verlor das Manuskript jedoch – wie früher bereits *Die fröhliche Wissenschaft* – den Fortsetzungscharakter, so dass es einen neuen Namen erhielt, wie Nietzsche am 27. März 1886 Heinrich Köselitz wissen ließ: »Diesen Winter habe ich benutzt, etwas zu schreiben, das Schwierigkeiten in Fülle hat, so daß mein Muth, es herauszugeben, hier und da wackelt und zittert. Es heißt: / Jenseits von Gut und Böse. / Vorspiel / einer Philosophie der Zukunft.« Schwierig gestaltete sich allerdings auch der Versuch, für das neue Manuskript einen Verleger zu finden, so dass Nietzsche schließlich beschloss, es auf eigene Rechnung zu publizieren und dafür den Drucker Constantin Georg Naumann anheuerte, der so erst zum Verleger wurde (und später dank der Nietzsche-Titel als solcher sogar ziemlich erfolgreich war). Nietzsche drängte auf eine schnelle Produktion und tatsächlich erblickte der Neuling bereits im August 1886 das Licht der Welt – ohne dass diese Welt davon freilich viel Notiz nahm. Kaum mehr als 100 Exemplare wurden im ersten Jahr abgesetzt – Nietzsches erstes selbstfinanziertes Buchprojekt erwies sich zunächst als Pleite.

Nietzsche hat gelegentlich geäußert, man solle *Jenseits von Gut und Böse* als »Commentar« oder als »Glossarium« zu *Also sprach Zarathustra* verstehen. Solche Äußerungen werfen freilich mehr Rätsel auf als sie lösen. Denn die beiden Bücher sind höchst unterschiedlich. Ihr Verfasser betrieb die Selbstinterpretation als permanente Selbstzurschaustellung, die auch vor dem Mittel der Selbstumwertung nicht zurückschreckte. Einerseits beklagte er die fast völlige Resonanzlosigkeit seines bisherigen Schaffens, andererseits kultivierte er die Überzeugung, mit *Also sprach Zarathustra* ein Werk vorgelegt zu haben, das dem abendländischen Denken eine völlig neue Richtung geben sollte. Das Nicht-gehört-Werden stand in denkbar größtem Gegensatz zu Nietzsches maximalem Wirkungswillen, dem Willen, möglichst von jedem gehört zu werden. *Jenseits von Gut und Böse* sollte da einen neuen Anfang machen. »Denn«, steht im

Brief an Köselitz vom 21. April 1886, »es ist ein erschreckliches Buch, das dies Mal mir aus der Seele geflossen ist, – sehr schwarz, beinahe Tintenfisch.« Formal sucht es den Anschluss an Nietzsches frühere, sogenannte aphoristische Bücher, umfasst eine Vorrede, knapp 300 durchnummerierte Abschnitte in neun Hauptstücken sowie ein Schlussgedicht. Die Überschriften geben zwar manche thematischen Schwerpunkte innerhalb der Hauptstücke an, diese sind jedoch nicht systematisch gegliedert und spinnen keinen durchgehenden Gedankenfaden. Im Untertitel heißt das Werk »Vorspiel einer Philosophie der Zukunft« und tatsächlich lässt es sich lesen als Einführungsschrift zu einer Philosophie der Zukunft. Das Ziel ist, Neugierige, Anhänger zu gewinnen. Um dieses Ziel der Anwerbung zu erreichen, muss *Jenseits von Gut und Böse* eine möglichst breite Blütenlese dessen bieten, was die neue, unvergleichliche Philosophie der Zukunft ausmachen wird. »Es ist«, schrieb Nietzsche an Hermann Credner Mitte Januar 1886, als er nach einem Verleger für das Manuskript Ausschau hält, »ein Buch für geistige Wagehalse und Feinschmecker; es ist sogar vom Feinsten und Verwegensten daran. Trotzdem hat es nichts, was wie ein direkter Angriff erscheint; ich gehöre nicht zu den Parteimenschen irgend welcher Art welche durchaus ›bekehren‹ oder ›umwerfen‹ wollen.«

Nietzsche richtete sich an die Wenigsten und strebte doch zugleich jeden möglichen Leser als potentiellen Anhänger anzuwerben. Er spielte damit, dass jeder zum exklusiven Kreis der »Allerwenigsten« gehören will. *Jenseits von Gut und Böse* ist ein Buch, das die gewohnten Gewissheiten in Versuchung führt und zur Disposition stellt: zunächst in fundamentalphilosophischer Hinsicht und im Blick auf die Selbsteinschätzung der Intellektuellen, sodann in religiöser Hinsicht, in moralphilosophischer und schließlich in politischer Hinsicht. Zugleich bleiben die Gedanken angedeutet, nichts wird zu Ende geführt. Das Buch macht unentwegt Versprechungen. Es wird nahegelegt, das

Werk enthalte eigentlich alles, was sich ausdenken lässt – alles, wenngleich in noch unausgeführter Form.

Nietzsches sogenannte Hauptlehren kommen hier scheinbar gar nicht oder doch nur auf Umwegen zur Sprache. Man könnte vermuten, auch hier solle durch Verrätselung Interesse und Ausgräberlust bei den auserwählten Lesern geweckt werden: Der »Wille zur Macht« wird beispielsweise in Abschnitt 36 unter der Präambel des Als-ob (»Gesetzt, dass«) und im Irrealis präsentiert – nicht als philosophisches Dogma eines neuen Meisters der Festlegung, sondern als eine Versuchung, als Mittel der philosophischen Selbstbevollmächtigung künftiger Philosophen, die über die herkömmlichen freien Geister hinausgewachsen sein werden. Hier wird ein Exempel statuiert, dass man, wie es zwei Abschnitte davor heißt, gegenüber Subjekt, Prädikat und Objekt »ein Wenig ironisch« sein müsse. *Jenseits von Gut und Böse* formuliert kein Bekenntnis zum »Willen zur Macht«, sondern eine irritierende Alternativdeutung der Wirklichkeit im Modus der Fiktion.

Provokation und Polemik sind in diesem Werk wesentliche Mittel intellektueller Dynamisierung: Sie destabilisieren vermeintliche Sicherheiten; Denken ist Streiten. Die Idee, Philosophie sei definitive Gesetzgebung, erscheint demgegenüber als schlechter Witz. Das erste Hauptstück zerstückelt als »Vorurtheile der Philosophen« nicht nur die idealistisch-metaphysischen, sondern ebenso die materialistisch-atomistischen Vorstellungen vom Aufbau der »Welt«. Den Begriff eines einfachen Willens, der einer eindeutigen Lehre vom Willen zur Macht doch vorausliegen zu müssen scheint, muss bereits in Abschnitt 19 über die Klinge springen: »Wollen scheint mir vor Allem etwas C o m p l i c i r t e s, Etwas, das nur als Wort eine Einheit ist«. Kann dann der »Wille zur Macht« mehr als ein bloßes Wort sein? Überhaupt die Worte der Philosophen: Diese neigen nach dem Befund von Abschnitt 21 dazu, aus den Worten wirkliche Dinge herauszugeheimnissen und ihre Begriffe für das getreue Abbild der Realität zu halten, während sie doch bestenfalls schwache Annäherungen sind. Sprachkritik ist daher ein wesentliches Mittel, die Selbstüberhebung der Philosophen einzudämmen – Nietzsche empfiehlt philologische und psychologische Methoden; ja als »Herrin der Wissenschaften« (Abschnitt 23) solle die Psychologie auch als Führerin auf dem Gebiet der Moral und der Moralkritik in Aktion treten.

Jenseits von Gut und Böse stellt sich unter die Präambel der Verunsicherung, die Verheißung und Versuchung gleichermaßen ist. Gerade der herrenmoralische Dogmatismus, den manche Interpreten für die Quintessenz des Werkes halten, steht zu diesem Willen zur Ungewissheit in äußerstem Gegensatz. Soll den künftigen Philosophen dieser Wille zum Ungewissen eingepflanzt werden? Damit sie Gesetze geben? Oder gerade die Finger davon lassen? Was bedeutet es, wenn Abschnitt 30 proklamiert, die »höchsten Einsichten müssen – und sollen! – wie Thorheiten, unter Umständen wie Verbrechen klingen«? Nach Abschnitt 42 hat die »neue Gattung von Philosophen« das »Recht«, »als V e r s u c h e r bezeichnet zu werden«.

Jenseits von Gut und Böse ist das Werk eines Denkers, der sich als Versucher sieht und mit seinem Text und seinen Lesern gleichermaßen Versuche treibt – das tut er auch, indem er unverhohlen gewaltsam agiert: Der Adressatenkreis bleibt offen, denn je nach Versuchsanordnung sind Reaktionen jedweder Art möglich. Jede Leserin und jeder Leser pickt sich das heraus, was ihr oder ihm wichtig erscheint; jeder gewichtet individuell nach seinen Vor-Urteilen und liest damit ein anderes Buch. Das Buch selektiert so selbst seine Leser, die wiederum aus dem Buch selektieren. Allerdings tut es das auf durchaus unzimperliche Weise, ist der Tonfall des Werkes doch selten einladend oder werbend, sondern oft genug aggressiv. Dabei richtet sich die philosophische Aggression gegen ziemlich alles, was damals (und heute) für wertvoll und heilig erachtet wird: Provokation und Polemik sind die Mittel der Wahl. Die wiederholten Ausfälligkeiten gegen den Egalitarismus, die Demokratie oder die angebliche sklavenmoralische Zersetzung kultureller Errungenschaften wirken zermürbend. Das Werk eröffnet eine möglichst breite Frontlinie und erhöht so die Wahrscheinlichkeit, die Leserinnen und Leser an der einen oder anderen empfindlichen Stelle zu treffen. Da will jemand sich um jeden Preis Gehör verschaffen. Die Heiterkeit der *Fröhlichen Wissenschaft* ist stark verblasst. Nun sind die Experimente des Philosophen Nietzsche laut und mitunter übelriechend.

Was es genau mit der Wissenschaft auf sich habe, fragt auch Nietzsches nächste Buchveröffentlichung (sieht man einmal von der erweiterten Neuauflage der *Fröhlichen Wissenschaft* ab). Dieses Werk, das den Titel *Zur Genealogie der Moral* trägt, ist während weniger Wochen im Juli 1887 entstanden und gemäß einem Vermerk auf der Rückseite des Titelblattes in der Erstausgabe »dem letztveröffentlichten ›Jenseits von Gut und Böse‹ zur Ergänzung und Verdeutlichung beigegeben«. Das neue Buch besteht aus drei Abhandlungen – die erste über »Gut und Böse«, »Gut und Schlecht«, die zweite über »Schuld«, »schlechtes Gewissen« und Verwandtes, die dritte fragt: »was bedeuten asketische Ideale?«. Und im 25. Abschnitt dieser dritten Abhandlung wird der Wissenschaft ein bedenkliches Zeugnis ausgestellt: »Auch physiolwogisch nachgerechnet, ruht die Wissenschaft auf dem gleichen Boden wie das asketische Ideal: eine gewisse Verarmung des Lebens ist hier wie dort die Voraussetzung, – die Affekte kühl geworden, das tempo verlangsamt, die Dialektik an Stelle des Instinktes, der Ernst den Gesichtern und Gebärden aufgedrückt (der Ernst, dieses unmissverständlichste Abzeichen des mühsameren Stoffwechsels, des ringenden, schwerer arbeitenden Lebens). Man sehe sich die Zeiten eines Volkes an, in denen der Gelehrte in den Vordergrund tritt: es sind Zeiten der Ermüdung, oft des Abends, des Niederganges, – die überströmende Kraft, die Lebens-Gewissheit, die Zukunfts-Gewissheit sind dahin.«

Man erinnere sich an Nietzsches frühe Hoffnungen, die Wissenschaft und die Kunst miteinander zu verschmelzen. Diese Hoffnungen scheinen endgültig verflogen; Wissenschaft und Kunst trennt ein tiefer Graben. »Was bedeuten also asketische Ideale? Im Falle eines Künstlers, wir begreifen es nachgerade: gar Nichts! ...« Wer diesen Befund aus Abschnitt 5 der dritten Abhandlung freilich so auslegt, als wären die Künstler die natürlichen Feinde der asketischen Ideale, ist auf dem Holzweg: Nietzsche wiederholt hier keineswegs seine frühe Verklärung der Kunst als Mittel, sich ein unerträgliches Leben erträglich zu machen. Vielmehr seien die Künstler – und Wagner vorneweg – einfach nur Opportunisten: »Sie waren zu allen Zeiten Kammerdiener einer Moral oder Philosophie oder Religion; ganz abgesehn noch davon, dass sie leider oft genug die allzugeschmeidigen Höflinge ihrer Anhänger- und Gönnerschaft und spürnasige Schmeichler vor alten oder eben neu heraufkommenden Gewalten gewesen sind.« Und die Kunst wiederum ist schwerlich besser als die Künstler, die sich ihr verschreiben. Sie will die Täuschung, während die Wissenschaft die Wahrheit will, und zwar um jeden Preis. So wird die Wissenschaft, mit einem Begriff, den Nietzsche in dieser Zeit sehr oft benutzte, »nihilistisch«: Sie ist bereit, für die Wahrheit alles, selbst die Welt, das Leben zu opfern. Unter diesen Vorzeichen finden Kunst und Wissenschaft nicht mehr zusammen – aber die Kunst als anbiedernde Schönrednerin des Lebens ist genau so ungeeignet, lebensleitend zu agieren wie die Wissenschaft mit ihrer asketischen Wahrheitsverbiesterung. In Position bringt sich stattdessen eine Philosophie, die sich sowohl der Wissenschaft als auch der Künste nur als Mittel bedient. In Position als was? Als beinharte Gesetzgeberin oder als ironische Weltbildbastlerin?

Schon für den Abschnitt 523 der *Morgenröthe* hatte Nietzsche ein Wort erfunden, das für die *Genealogie der Moral* das unausgesprochene Leitmotiv abgeben sollte, nämlich das Wort »hinterfragen«: »Hinterfragen. – Bei allem, was ein Mensch sichtbar werden lässt, kann man fragen: was soll es verbergen? Wovon soll es den Blick ablenken? Welches Vorurtheil soll es erregen? Und dann noch: bis wie weit geht die Feinheit dieser Verstellung? Und worin vergreift er sich dabei?«

Zur Genealogie der Moral ist das exemplarische Buch des Hinterfragens, keineswegs nur, was die Philosophie, die Wissenschaft oder die Kunst betrifft, sondern überhaupt von allem, was wir für gültig, für gut zu halten pflegen. Es gehört zu den verstörendsten Büchern der Weltliteratur. Es unterläuft die Erwartungen, mit denen man 1887 an ein philosophisches Buch heranzutreten pflegte und heute noch heranzutreten pflegt. Es argumentiert nicht, wie es sonst in philosophischen Büchern der Fall ist; es möchte nicht vorführen, wie die Dinge ›an sich‹ sind oder wie die Menschen ›überhaupt‹ zu handeln haben. Vielmehr will *Zur Genealogie der Moral* zeigen, dass das, was wir für Wahrheiten ›an sich‹ und für eine universell gültige Moral halten, Produkte zufälliger Entwicklungen sind: Es hätte auch ganz anders kommen können. Diese Entwicklungen wiederum versteht Nietzsche keineswegs als Fortschritt. Er beschreibt sie nicht als Heraustreten der tierhaften Menschheit aus anfänglicher Barbarei zu immer größerer Weisheit, Zivilisiertheit und Güte. Unser moderner Moralhaushalt verdanke sich nicht dem Sieg des besseren Arguments oder dem allgemeinen Erreichen des größtmöglichen Nutzens für alle. Moral ist in Nietzsches Denken vielmehr wesentlich eine Frage der Macht.

Der Titel der Schrift verrät Nietzsches Programm: Er will die Herkunftsgeschichte(n) unserer Moral erzählen, damit aber nicht das Bestehende durch Herkunft legitimieren, wie sich der Adel durch Genealogie legitimiert hat. Vielmehr soll die Herkunftsgeschichte unseren Glauben an die unbedingte Gültigkeit dieser Moral erschüttern. Ihre Entstehung stellt sich mitnichten als so makellos, edel und erhaben dar wie ihre Propagandisten zu behaupten pflegen. *Zur Genealogie der Moral* sagt angeblich fundamentalen sittlichen Wertsetzungen den Kampf an; das Werk kündigt der Idee der Gleichheit aller Menschen ebenso den Kredit auf wie den Tugenden der Selbstzurücknahme, Bescheidenheit und Demut.

Zudem unterläuft Nietzsche mit *Zur Genealogie der Moral* auch Erwartungen der Leser seiner früheren Schriften. In den Jahren davor war er einerseits mit aphoristischen Werken hervorgetreten, andererseits hatte er mit *Also sprach Zarathustra* eine Art philosophisches Epos dargeboten, das im hohen Ton der (immerhin parodistisch gebrochenen) Prophetie den Protagonisten Zarathustra (vermeintlich) philosophische Verkündigungen verlautbaren ließ. *Zur Genealogie der Moral* bietet demgegenüber weder philosophische Verkündigungsepik noch einen bunten Strauß von Aphorismen, sondern besteht aus drei Abhandlungen, die schon in den Überschriften den moralgenealogischen Generalnenner deutlich machen: Zentrale Elemente der Gegenwartsmoral stehen zur Disposition. Bereits die erste der drei Abhandlungen stellt eine kühne Hypothese auf: Die in der Gegenwart herrschende Moral sei das Produkt eines Sklavenaufstands. Die ursprüngliche aristokratische Wertordnung sei von den Schwachen und Zu-Kurz-Gekommenen überwältigt und umgekehrt worden; ihr Ressentiment gegen ihre ursprünglichen Herren habe eine neue Moral hervorgebracht, die noch immer herrsche.

Die zweite Abhandlung vertieft diese Erkenntnis. Nietzsche ist um den Nachweis bemüht, dass die scheinbar untrügliche moralische Beurteilungsinstanz, das Gewissen, Ausdruck eines »Instinkts der Grausamkeit« sei – eines Instinkts, der sich nicht mehr wie einst beim Tier-Menschen ganz ungehindert nach außen entladen könne. Am Anfang des moralischen Bewusstseins steht demnach nicht die Überlegung, Leid zu vermeiden, sondern seine Anfänge liegen in der Lust, anderen Leid zuzufügen. Denn mit der Herausbildung eines gesellschaftlichen Gefüges seien die Individuen entmachtet worden; durch Zwangsmaßnahmen sei die ursprüngliche Lust, fremdes Leid zu verursachen, unterbunden worden. Der Instinkt zur Grausamkeit wurde somit zum Richtungswechsel gezwungen. Er wandte sich nach innen, gegen das ehedem unbändig und rücksichtslos agierende Individuum. Der Mensch, der zuvor seine Lust daraus bezog, anderen Leid zu verursachen, litt nunmehr an sich selbst. Dieses Leiden an der eigenen Grausamkeit ist nach Nietzsche das schlechte Gewissen – es regt sich angesichts der eigenen Lust am Leben, angesichts der Drangs, Macht über andere auszuüben. Mit der Implementierung des schlechten Gewissens, so Nietzsche, seien äußere Sanktionen überflüssig geworden; der Staat müsse die Individuen nicht länger in Schach halten – das erledigten sie, durch ihr Gewissen zur Ohnmacht verurteilt, von alleine.

Und die dritte Abhandlung stellt, wie gesagt, die asketischen Ideale ins Zentrum. In deren letztem, 28. Abschnitt wird resümiert: »Die Sinnlosigkeit des Leidens, nicht das Leiden, war der Fluch, der bisher über der Menschheit ausgebreitet lag, – und das asketische Ideal bot ihr einen Sinn! Es war bisher der einzige Sinn; irgend ein Sinn ist besser als gar kein Sinn«. Ist es denkbar, dass die Philosophie – im Modus der Heiterkeit – einen neuen Sinn erschafft?

Selbst angenommen, sämtliche Annahmen Nietzsches zur Entwicklungsgeschichte des moralischen Empfindens seien falsch, eröffnet *Zur Genealogie der Moral* dem philosophischen Nachdenken doch atemberaubend neue Perspektiven. Es lehrt, die Moral selbst kritisch zu perspektivieren, zumal jedes Erkennen perspektivisch gebunden ist. Schon in der Vorrede zu *Jenseits von Gut und Böse* galt das »Perspektivische« als »die Grundbedingung alles Lebens«. Versteht man philosophisches Arbeiten als Geschäft radikaler Perspektivierung und Relativierung, kann man mit ihm auch im 21. Jahrhundert noch manche Berge versetzen.

Experimente der Umwertung II: Das Jahr 1888

Nach dem persönlichen Bruch in den späten 1870er Jahren schien sich Richard Wagner als Thema für Nietzsche zunächst erledigt zu haben, auch wenn er gelegentlich – in polemischer Absicht – durchaus auf ihn zu sprechen kam. So mochte es überraschen, dass Nietzsche zwischen April und August 1888 zunächst in Turin, dann in Sils-Maria ein neues Werk verfertigte, das wie die vierte *Unzeitgemässe Betrachtung* von 1876 Wagner zum Gegenstand machte, wie damals in der Absicht, mit Hilfe einer Person umfassende Zeittendenzen ans Licht zu stellen. Nur hatten sich die Vorzeichen jetzt umgekehrt: Hatte Wagner damals noch als positive Leitfigur kultureller Erneuerung in günstigem Licht gestanden, legten sich nun dunkle Schatten auf ihn – nämlich als dem exemplarischem Repräsentanten allgemeinen kulturellen Verfalls. Nietzsches Schwager, der Berufsantisemit Bernhard Förster hatte als zweite Auflage seiner *Parsifal-Nachklänge* 1886 ein Buch unter dem Titel *Richard Wagner in seiner nationalen Bedeutung und in seiner Wirkung auf das deutsche Culturleben* lanciert, das bei Nietzsche, wie aus einem Briefentwurf von Ende Dezember 1887 an seine Schwester hervorgeht, scharfe Abwehrreaktionen auslöste: »Willst Du einen Katalog der Gesinnungen die ich als antipodisch empfinde? Du findest sie ganz hübsch bei einander in den ›Nachklängen zum Parsifal‹ Deines Gatten; als ich sie las, ging mir als haarsträubende Idee auf, daß Du nichts, nichts von meiner Krankheit begriffen hast, ebenso wenig als mein schmerzhaftestes und überraschendstes Erlebniß – daß der Mann, den ich am meisten verehrt hatte, in einer ekelhaften Entartung gradwegs in das überging, was ich immer am meisten verachtet hatte, in den Schwindel mit moralischen und christlichen Idealen.« Genau hierin liegt ungeachtet aller ebenfalls behandelten ästhetischen Fragen der Glutkern des neuen Buches *Der Fall Wagner*. Nach dem fast schon üblichen Hin und Her zwischen Autor und Verleger wegen immer wieder neuer Textergänzungen konnte das Buch im September 1888 erscheinen, wiederum von Nietzsche privat finanziert, diesmal aber mit Spenden von Bekannten und Bewunderern. Gegenüber seinen Briefpartnern sparte Nietzsche nicht mit werbewirksamem Eigenlob, so am 4. Oktober 1888 gegenüber Malwida von Meysenbug: »Diese Schrift, eine Kriegserklärung in aestheticis, wie sie radikaler gar nicht gedacht werden kann, scheint eine bedeutende Bewegung zu machen. Mein Verleger schrieb, daß auf die allererste Meldung von einer bevorstehenden Schrift von mir über dies Problem und in diesem Sinne soviel Bestellungen eingelaufen sind, daß die Auflage als erschöpft gelten kann. – Sie werden sehn, daß ich bei diesem Duell meine gute Laune nicht eingebüßt habe. Aufrichtig gesagt, einen Wagner abthun gehört, inmitten der über alle Maaßen schweren Aufgabe meines Lebens, zu den wirklichen Erholungen. Ich schrieb diese kleine Schrift im Frühling, hier in Turin: inzwischen ist das erste Buch meiner Umwerthung aller Werthe fertig geworden – das größte philosophische Ereigniß aller Zeiten, mit dem die Geschichte der Menschheit in zwei Hälften auseinander bricht ...« Die Entgegensetzung ist wirkungsvoll: »gute Laune«, »Erholung« – und das alles angesichts der weltgeschichtlich kapitalen Aufgabe, nämlich der »Umwerthung aller Werthe«, von der zur Abfassungszeit des Briefes das erste Buch im Manuskript vorlag: *Der Antichrist*. Einerseits spielt Nietzsche die Bedeutung der Gelegenheitsschrift *Der Fall Wagner* gegenüber dem kommenden Hauptwerk herunter, andererseits weist er ihr trotzdem eine entscheidende Rolle für die Diagnose und Therapie der Gegenwart zu: Selbst ein kleines Werk Nietzsches sei für die Menschheit ein großer Schritt.

Aber auch auto(r)therapeutisch war die Wirkung des kleinen Buches, das sich übrigens für Nietzsches Verhältnisse erstaunlich gut verkaufte, nicht zu verachten, nämlich, so Mitte November 1888 gegenüber der Schwester, als »wahre Wohlthat« »inmitten der ungeheuren Spannung, in der ich lebe«. Das in der Breite durchaus freundliche Echo auf den *Fall Wagner* deutete sein Autor dann systematisch zu einem allenthalben um sich greifenden Nietzsche-Enthusiasmus des Publikums um: »Ich habe«, so am 17. Dezember 1888 gegenüber Overbeck, »jetzt Leser – und, zum Glück, lauter a u s g e s u c h t e Intelligenzen, die mir Ehre machen – ü b e r a l l, vor allem in Wien, St. Petersburg, Paris, Stockholm, New-York. Meine nächsten Werke werden sogleich mehrsprachig erscheinen.« Mit dem relativen Erfolg verschiebt sich Nietzsches eigene Wahrnehmung des Werkes weg von der Auseinandersetzung mit Wagner als »Duell« zu allgemeineren kulturphilosophischen Aussagen: »Das Wesentlichste der Schrift ist«, wie er Adolf Fleischmann am 24. November 1888 schrieb, »zuletzt nicht die Psychologie Wagners, sondern die Feststellung des d é c a d e n c e-Charakters unsrer Musik überhaupt: dies ist eine entscheidende Einsicht, wie sie nur Jemand finden konnte, der in seinen tiefsten Instinkten Musiker ist und der sich auch von dem Klügsten der Klugen nichts vormachen läßt.«

Der Fall Wagner bedient sich des Komponisten als eines sprechenden Beispiels für die als übergreifendes Zeitphänomen verstandene Dekadenz. Der französische Schriftsteller Paul Bourget (1852–1935) hatte Nietzsche zu dieser Betrachtungsweise wesentliche Impulse gegeben. »Ich bin«, heißt es im *Fall Wagner* freimütig, »so gut wie Wagner das Kind dieser Zeit, will sagen ein d é c a d e n t: nur dass ich das begriff, nur dass ich mich dagegen wehrte.« Selbst sieht sich das wortführende Ich als vom Niedergang Genesener, während Wagner die Krankheit repräsentiert, die Europa heimsucht, und die es rechtfertigt, ihn als einen »Fall« zu behandeln. Der Anfang ist gleich ein musikpolitischer Paukenschlag: Georges Bizets *Carmen* wird gegen Wagner in Stellung gebracht, denn dieser mittelmeerisch-liebenswürdigen und leichtfüßigen Oper fehle Wagners Gespreiztheit; sie komme ganz »ohne die L ü g e des grossen Stils« aus. Musik solle wie bei Bizet den Geist freimachen, während Wagner als Meister pathetischer Selbstvergrößerung daherkomme, der alles mit dem Tugendgeklingel so aufblähe, dass es erhaben erscheine – ohne es zu sein. Unentwegt traktiere Wagner das Problem der Erlösung – ein Problem, das eigentlich nur für den *décadent* ein Problem sein könne. Erlösungsbedürftigkeit gilt somit nicht als ein allgemeinmenschliches Bedürfnis, sondern als Symptom niedergehenden Lebens. Mit dem *Parsifal* drohe der Zuschauer »am Wiederkäuen sittlicher und religiöser Absurditäten zu ersticken«, während am *Ring des Nibelungen* zu beobachten sei, wie Wagner seinen Glauben an die Revolution durch den Schopenhauerschen Pessimismus ersetzt habe. Seine Musik stelle die »Degenerescenz« der Gegenwart dar und verursache sie zugleich mit, in seiner Tendenz zum Chaotischen und in der Verleugnung einfacher Melodik. Dekadenz heißt, dass das Leben nicht mehr das Ganze bestimme und sich daher das Einzelne nicht mehr integrieren lasse. Und eigentlich sei Wagner ein Spezialist für dieses Einzelne, ein »Miniaturist«, der sich dem Streben nach großer Form im Fach geirrt habe. Als Rhetor und Schauspieler sei ihm nur an der Wirkung gelegen gewesen; dank ihm sei die Musik von Schauspielerei überwuchert worden.

Der Fall Wagner will nicht in trockenem Verkündigungstonfall Nietzsches Einsichten zu Wagner, zu seiner Zeit und zur *décadence* deklamieren, vielmehr ist der Verfasser sichtlich um eine abwechslungsreiche literarische Gestaltung bemüht. Das Werk oszilliert zwischen Ernst und Heiterkeit. Und doch bleibt das abschließende Urteil über Wagner bitter ernst: »Er macht Alles krank, woran er rührt, – e r h a t d i e M u s i k k r a n k g e m a c h t.«

Zugleich verliert Nietzsche sein Hauptgeschäft nicht aus dem Blick. Zahlreiche Vorarbeiten und Pläne, die zunächst unter dem Werktitel »Der Wille zur Macht« firmieren und im Nachlass erhalten sind, zeigen, wie intensiv Nietzsche mit den Themen gerungen hat, denen er dann in der *Götzen-Dämmerung* und im *Antichrist* Druckgestalt verlieh. Beide Werke entstammen großteils denselben, immer wieder revidierten und neu gruppierten Vorarbeiten. Schließlich fasste Nietzsche den Entschluss einerseits ein Manuskript unter dem Titel »Müssiggang eines Psychologen« in Druck zu geben, andererseits ein neues Hauptwerk unter dem Titel »Die Umwerthung aller Werthe« vorzubereiten. Seinen Verleger Naumann ließ er am 7. September 1888 wissen: »Soeben geht das allersauberste Ms. an Sie ab, das ich je Ihnen gesandt habe. Es handelt sich um eine Schrift, welche in Hinsicht auf Ausstattung vollkommen der Zwilling zu dem ›Fall Wagner‹ bilden soll. Ihr Titel ist: Müssiggang eines Psychologen. Ich habe es nöthig, sie jetzt noch herauszugeben, weil wir Ende nächsten Jahres wahrscheinlich daran gehen müssen, mein Hauptwerk die Umwerthung aller Werthe zu drucken. Da dasselbe einen sehr strengen und ernsten Charakter hat, so kann ich ihm nichts Heiteres und Anmuthiges hinten nach schicken. Andrerseits muß ein Zeitraum zwischen meiner letzten Publikation und jenem ernsten Werke liegen.« Dieser »Müssiggang« war in den vorangegangenen Wochen entstanden, nachdem Nietzsche das Projekt eines Buches namens »Willen zur Macht« aufgegeben und es zur »Umwerthung aller Werthe« umorganisiert hatte. Dadurch waren Textbausteine frei geworden, die Nietzsche nun für den »Müssiggang« verwenden konnte, der auf Köselitz' Anregung hin und unter ironischer Anspielung auf Wagner schließlich den Titel *Götzen-Dämmerung oder Wie man mit dem Hammer philosophirt* erhielt. Ein paar Abschnitte wurden dem Drucker während der Produktionsphase noch nachgereicht; am 24. November 1888 erhielt Nietzsche dann die Exemplare seines fertigen Buches, das allerdings nicht gleich, sondern erst zwei Monate später, bereits nach Nietzsches Zusammenbruch, in den Buchhandel kam.

»Will man sich kurz einen Begriff davon geben, wie vor mir Alles auf dem Kopfe stand, so mache man den Anfang mit dieser Schrift. Das, was Götze auf dem Titelblatt heisst, ist ganz einfach das, was bisher Wahrheit genannt wurde. Götzen-Dämmerung – auf deutsch: es geht zu Ende mit der alten Wahrheit ...«, so vermerkte Nietzsche in *Ecce homo* mit dem für seine letzten Schaffensmonate charakteristischen überbordenden Selbstbewusstsein. Und Köselitz wurde am 12. September 1888 darüber unterrichtet, dass die *Götzen-Dämmerung* »eine sehr kühn und präcis hingeworfne Zusammenfassung meiner wesentlichsten philosophischen Heterodoxien« sei, »so daß die Schrift als einweihend und appetitmachend für meine Umwerthung der Werthe dienen kann«. Und den Vorabversand eines Autorenexemplars an Meta von Salis kommentierte Nietzsche am 8. Dezember 1888 mit den Worten: »ich sende Ihnen hiermit etwas Stupendes, aus dem Sie ungefähr errathen werden, daß der alte Gott abgeschafft ist, und daß ich selber alsbald die Welt regieren werde.« Trotz dieser hochgestimmten Worte fällt es nicht leicht, das Werk auf einen Nenner zu bringen. Denn eher chamäleonhafte Vielgestaltigkeit als ein Wille zur Einheit fordert die Leser hier heraus. Die *Götzen-Dämmerung* erprobt ganz unterschiedliche Textgattungen in vielfach variierten und abgeschattenen Stilhöhen: Epigramme, Sentenzen, Aphorismen, kleine Abhandlungen und Essays, Erzählungen und Kurzdramen, autobiographische Berichte und Prosagedichte. Sie verzichtet auf eindeutige philosophische Lehren, zu denen die Leser sich entweder negativ oder affirmativ verhalten könnten. Stattdessen werden diese Leser ständig mit neuen Herausforderungen konfrontiert. Mit ihnen wird so umgesprungen, als ob sie Versuchstiere wären: Die *Götzen-Dämmerung* als Experiment an den Lesern erprobt, wie sie auf bestimmte starke Reize reagieren. Der Text zehrt von der durch Überraschung ständig erneuerten Provokationskraft, die die Leser zu fortwährender Neubestimmung ihrer Standpunkte zwingt.

Das erste der zehn Kapitel »Sprüche und Pfeile« ist eine

Sammlung von 44 sehr kurzen, an die französische Moralistik erinnernden Sentenzen. Thematisch decken sie ein weites Spektrum ab und zielen auf äußerste Zuspitzung. Hingegen ist das zweite Kapitel »Das Problem des Sokrates« eine Abhandlung. Es erneuert die schon in der *Geburt der Tragödie* artikulierte Sokrates-Kritik. Sokrates erscheint als ein Repräsentant nicht nur des »Pöbels«, sondern auch der *décadence*, des physiologischen Niedergangs. Sokrates' »Instinkte« seien »in Anarchie« gewesen. Daher hätten sich die Philosophen – mit Hilfe von Vernunft und Dialektik – fortan auf die Bekämpfung der Instinkte verlegt, anstatt wie im aufsteigenden Leben Instinkt mit Glück zu identifizieren. Im dritten Kapitel »Die ›Vernunft‹ in der Philosophie« wird diese Vernunftkritik verallgemeinert und radikalisiert. Die Philosophen, so Nietzsche, leiden an einem »Mangel an historischem Sinn«, was zugleich bedeutet, dass sie das Werden und die Sinnlichkeit negieren wollen. Sie erheben das Irrealste, nämlich das bloß Begriffliche zur eigentlichen Realität und verfallen der Verführungskraft der Sprache: Denn diese führe die Menschen und namentlich die Philosophen in die Irre, indem sie das wirkliche Vorhandensein von Ich, Sein oder Wille als Vermögen vorgaukle. Aber diese seien doch nichts weiter als Sprachprodukte. Auch Gott würden wir womöglich nicht los, weil wir noch an die Grammatik glauben. Das vierte Kapitel »Wie die ›wahre Welt‹ endlich zur Fabel wurde« lässt Platon als Erfinder einer wahren geistigen Welt jenseits der bloß »scheinbaren« sinnlichen Welt auftreten. Diese »wahre Welt« durchläuft dann einen Prozess der Christianisierung und Kantianisierung, bevor sie schließlich als überflüssig abgetan werden kann. Demgegenüber nimmt das fünfte Kapitel »Moral als Widernatur« den Kampf mit einer Moral auf, die Leidenschaften und Begierden, überhaupt die Sinnlichkeit unterdrücke. Dagegen müsse jede »gesunde Moral« von einem »Instinkte des Lebens« bestimmt werden. Das sechste, »Die vier grossen Irrthümer« betitelte Kapitel betont, der »Irrthum der Verwechslung von Ursache und Folge« sei in Moral und Religion besonders augenfällig. Der »Irrthum einer falschen Ursächlichkeit« bestehe darin, nicht zu wissen, was eigentlich eine Ursache sei, und eine solche beispielsweise in »›inneren Thatsachen‹« zu suchen. Gemäß dem »Irrthum der imaginären Ursachen« werde eine Ursache erdacht, wenn gerade keine zur Hand ist – dies geschehe in der Sinnesphysiologie ebenso wie in Religion und Moral. Der »Irrthum vom freien Willen« vervollständigt die Reihe der Irrtümer. »Der Begriff ›Gott‹ war bisher der grösste Einwand gegen das Dasein ... Wir leugnen Gott, wir leugnen die Verantwortlichkeit in Gott: damit erst erlösen wir die Welt. –«

Im siebten Kapitel »Die ›Verbesserer‹ der Menschheit« wird der aggressive Ton zunächst gemildert. Das Ziel der Moral, die Menschen zu »verbessern«, könne sowohl die Gestalt der »Zähmung der Bestie Mensch« als auch der »Züchtung einer bestimmten Gattung Mensch« annehmen. Das klassische Beispiel einer Zähmung durch Schwächung gibt das Christentum, während das hinduistische Gesetzbuch des Manu mit seiner strengen Kastenordnung als nachahmenswertes Züchtungsprogramm gelesen wird. Die »ewigen Götzen« treten im achten Kapitel »Was den Deutschen abgeht« hinter der politisch-kulturellen Gegenwartsdiagnose zurück. Es nimmt die aus Nietzsches früheren Schriften geläufigen Angriffe auf die niedergehende Kultur in Deutschland wieder auf. Das neunte Kapitel, die »Streifzüge eines Unzeitgemässen«, versammelt 51 teilweise formelhaft verkürzte Betrachtungen zu verschiedenen Gegenständen. Schroffe literaturkritische Urteile über europäische Geister von Seneca bis John Stuart Mill, von Jean-Jacques Rousseau bis George Sand gehen Überlegungen zur Künstlerpsychologie, zum Schönen, zum Gegensatz von Apollinisch und Dionysisch oder zum intellektuellen Gewissen voraus. Gegen alle »liberalen Institutionen« soll ein eigener »Begriff von Freiheit« entwickelt werden, nämlich »als Etwas, das man hat und nicht hat, das man will, das man erobert ...«. Schließlich erscheint Goethe mit seiner »Natürlichkeit der Renaissance« in der Genie-Ästhetik der letzten Abschnitte als weltgeschichtliche Lichtgestalt, die nur noch vom Glanz des sprechenden »Ichs« überstrahlt wird.

Erst während der Drucklegung eingefügt wurde das zehnte Kapitel »Was ich den Alten verdanke« mit einer vermeintlich autobiographischen Ausrichtung. Vor allem aber soll es zeigen, dass die »Umwerthung aller Werthe« seit der *Geburt der Tragödie* Nietzsches bestimmendes Lebensmotiv dargestellt habe. Der Markierung dieser »Wiederkunft« eines Lebensthemas dient auch der Schlusssatz des Kapitels, in dem sich das Ich als »Lehrer der ewigen Wiederkunft« bekennt: Die »ewige Wiederkunft des Gleichen« als ontologische oder als ethische ›Lehre‹ kommt in der *Götzen-Dämmerung* ansonsten nicht vor und spielt im Spätwerk Nietzsches ohnehin nur noch eine marginale Rolle. Das letzte Kapitel »Was ich den Alten verdanke« betont schließlich die Prägung durch den römischen Stil, während das sich andernorts doch so graecophil gebende Ich nun »den Griechen« »durchaus keine verwandt starken Eindrücke« zu verdanken haben will: Vielmehr wird die Fremdheit des ursprünglichen Griechentums herausgearbeitet und gegen den »präexistent-christlichen« Platon profiliert. Dagegen mobilisiert Nietzsche das Dionysische, das jetzt ohne den apollinischen Widerpart auskommen muss: »Damit es die ewige Lust des Schaffens giebt, damit der Wille zum Leben sich ewig selbst bejaht, muss es auch ewig die ›Qual der Gebärerin‹ geben ...«

Schon diese Übersicht macht deutlich: Die *Götzen-Dämmerung* ist kein homogener Text. Fasst man mit Nietzsche *décadence* als Fehlen formaler und inhaltlicher Einheit auf, scheint es beinahe so, als ob das Werk ein Beispiel für dekantes Schreiben geben wolle. Als ob Nietzsches das, was er zu bekämpfen vorgibt, bewusst vorführe, während er im *Antichrist* die formale und inhaltliche Einheit anstrebe und also die *décadence* an sich selbst überwinde. Mit den steten Wechseln im Duktus, in der Sprachmelodie und in der Stimmung verweigert sich die *Götzen-Dämmerung* jedes festlegenden Sprechens, wie es für die Philosophen bisher charakteristisch gewesen sein soll. Ein Philosophieren, das das Werden privilegiert, kann allenfalls durch Setzungen, die immer durch entgegenstehende Setzungen konterkariert werden, seinen angemessenen Ausdruck finden. Dennoch fungiert das aufstrebende, sich selbst bejahende Leben als Kriterium aller Urteile über Niedergang und Nihilismus. Damit scheint »Leben« bloß an die Stelle des Guten in herkömmlichen moralischen Urteilen zu treten. Man ist zu fragen geneigt, ob Nietzsche hier trotz seiner vehementen Moralkritik mit seinen am Maßstab des Lebens ausgerichteten Urteilen die alte Struktur moralischen Urteilens reproduziert. Geschieht dies *faute de mieux* oder im Zuge einer besonders listigen Selbstneutralisierung des moralischen Urteilens durch Moral?

Die Hochgestimmtheit, die aus vielen Äußerungen Nietzsches in den letzten Monaten des Jahres 1888 spricht, hatte sich im vorangegangenen Winter noch nicht abgezeichnet. Damals klang es oft wie aus Nizza am 3. Februar 1888 gegenüber Overbeck: »Man soll jetzt nicht von mir ›schöne Sachen‹ erwarten: so wenig man einem leidenden und verhungernden Thiere zumuthen soll, dass es mit A n m u t h seine Beute zerreißt. Der jahrelange Mangel einer wirklich erquickenden und heilenden m e n s c h l i c h e n Liebe, die absurde Vereinsamung, die es mit sich bringt, daß fast jeder Rest von Zusammenhang mit Menschen nur eine Ursache von Verwundungen wird: das Alles ist vom Schlimmsten und hat nur Ein Recht für sich, das Recht, nothwendig zu sein.«

In die Kategorie der »Schönen Sachen« gehören die Werke des letzten Jahres allesamt nicht, am wenigsten aber *Der Antichrist*. Im Sommer 1888, während seines letzten Aufenthalts in Sils-Maria, gab Nietzsche das Projekt eines Buches unter dem Titel wie gesagt »Wille zur Macht« auf und machte den letzten

Untertitel der entsprechenden Werkskizzen zum Haupttitel: »Umwerthung aller Werthe« sollte das neu geplante Werk in vier Büchern nun heißen; davon das erste: »Der Antichrist. Versuch einer Kritik des Christenthums«. Dieses Buch wurde – Nietzsche war inzwischen nach Turin weitergereist – am 30. September fertig. Bald sollte Nietzsche, wie etwa aus seinem Brief an Paul Deussen vom 26. November hervorgeht, die »Umwerthung aller Werthe« überhaupt für vollendet halten; statt aus vier Büchern sollte das Werk nur noch aus einem, dem *Antichrist* bestehen: »Meine Umwerthung aller Werthe, mit dem Haupttitel **›der Antichrist‹** ist fertig. In den nächsten Jahren habe ich die Schritte zu thun, um das Werk in 7 Sprachen übersetzen zu lassen; die erste Auflage in jeder Sprache c[irca] eine Million Exemplare.« Aus den Äußerungen Nietzsches in seinen letzten Schaffenswochen spricht ein Philosoph, der zur politischen Weltgestaltungsmacht zu werden gedenkt, auch wenn diese Weltgestaltungsmacht nichts mit der damaligen Realpolitik zu tun haben will. In einem Briefentwurf von Anfang Dezember 1888 an Georg Brandes heißt es beispielsweise: »Wir sind eingetreten in die große Politik, sogar in die allergrößte ... Ich bereite ein Ereigniß vor, welches höchst wahrscheinlich die Geschichte in zwei Hälften spaltet, bis zu dem Punkte, daß wir eine neue Zeitrechnung haben werden: von 1888 als Jahr Eins an. Alles, was heute oben auf ist, Triple-Allianz, sociale Frage geht vollständig über in eine Individuen-Gegensatz-Bildung: wir werden Kriege haben, wie es keine giebt, aber nicht zwischen Nationen, nicht zwischen Ständen: Alles ist auseinander gesprengt, – ich bin das furchtbarste Dynamit, das es giebt. – Ich will in 3 Monaten Aufträge zur Herstellung einer Manuscript-Ausgabe geben von ›Der Antichrist. Umwerthung aller Werthe‹, sie bleibt vollkommen geheim: sie dient mir als Agitations-Ausgabe.«

Im Unterschied etwa zur *Götzen-Dämmerung* ist *Der Antichrist* als durchgehende polemische Abhandlung komponiert, die aus

Vorwort und 62 Abschnitten besteht. Das Werk stellt das Christentum als ein allen natürlichen Lebensregungen feindliches Produkt des Nihilismus dar. Obwohl das Vorwort den gewöhnlichen Leser zunächst abweist – »Dies Buch gehört den Wenigsten« –, handelt es sich um ein Werk, das nach Nietzsches brieflichem Bekunden ja eigentlich für ein Massenpublikum vorgesehen war. Den sprechenden »Wir« gilt alles als gut, »was das Gefühl der Macht, den Willen zur Macht, die Macht selbst im Menschen erhöht«, als schlecht hingegen, was aus Schwäche stammt. Während die christliche Tugend des Mitleidens als Mit-Leiden mit den Schwachen scharfer Kritik verfällt, liebäugeln die »Wir« mit der Züchtung eines höheren Typus Mensch. Werte der *décadence* hätten in der Moderne die Oberhand gewonnen, wofür das Christentum unmittelbar verantwortlich gemacht wird. In den folgenden Abschnitten wird die abendländische Philosophie als ein von der Theologie zuinnerst verdorbenes Unternehmen denunziert. Fast überall erscheine der Philosoph als »die Weiterentwicklung des priesterlichen Typus«. Eine neue, andere Philosophie habe dagegen skeptisch, wissenschaftlich-methodisch und bescheiden zu sein – bescheiden besonders im Blick auf den Menschen, dem Nietzsche keinen vom Körper unabhängigen Geist mehr zubilligt. Die Agitation gegen das Christentum setzt mit einer »Kritik des christlichen Gottesbegriffs« ein: Der christliche Gott sei ein Widersacher des Lebens. Im Vergleich der beiden »décadence-Religionen« Christentum und Buddhismus schneidet letzterer durchweg besser ab, sei er doch nur am Kampf gegen das Leiden interessiert, anstatt sich mit imaginären Dingen wie Sünde abzugeben. Er verzichte auf jeden Zwang; Ressentiment sei ihm ebenso fremd wie der Kampf gegen Andersdenkende.

Das Christentum wolle demgegenüber Barbaren zähmen, indem es sie krank mache. Ausgiebig wird nun die Entstehungs-, Verlaufs-, und Wirkungsgeschichte des Christentums erörtert. Am Anfang steht die Herausbildung des Christentums aus dem

Judentum, dessen Entwicklung als »Entnatürlichung der Natur-Werthe« und als Etablierung einer »ressentiment-Moral« gegen eine ursprünglich vorherrschende »vornehme Moral« geschildert wird. Das Christentum gilt als anarchistische Fortsetzung des Judentums, wobei der »psychologische Typus des Erlösers« aus dieser Niedergangsgeschichte herausfällt: Jesus erscheint als zum Heroismus unfähiger »Idiot«, der aus übergroßer Leidensfähigkeit alle Distanz aufgibt und in der Liebe aufgeht. Mit Jesus entzieht *Der Antichrist* dem Christentum die Grundlage seiner Selbstlegitimation. Denn Jesu Beispiel sei von den sogenannten Christen von Beginn an völlig missverstanden worden. Eine besonders üble Rolle habe dabei Paulus als »Genie im Hass« gespielt. Die vom Christentum in Kurs gesetzten Vorstellungen von Opfer und Unsterblichkeit seien als Mittel moralischer Fälschung weltgeschichtlich wirksam geworden. Da das Christentum die Wissenschaft verabscheue, fordert wiederum eine »Psychologie des Glaubens« heraus, die in der Einsicht gipfelt, dass Überzeugungen Gefängnisse seien. Einzig Skepsis und Philologie könnten aus diesem Gefängnis führen. Das Christentum habe, so die Schlussabschnitte, das Römische Reich untergraben, das kulturelle Erbe der Antike zerstört, sei dem Islam hoffnungslos unterlegen, und habe schließlich in Gestalt der Reformation verheißungsvolle antichristliche Tendenzen der Renaissance im Keime erstickt.

Der Antichrist, der als ein Dekret daherkommt, das keinen Widerspruch duldet, scheint Nietzsches Austritt aus dem Kreis der Philosophen zu besiegeln, nachdem er anderthalb Jahrzehnte davor aus dem Kreis der Philologen ausgetreten war: Das dem *Antichrist* angehängte *Gesetz wider das Christenthum* bezeichnet den Philosophen als »Verbrecher der Verbrecher«. Die Philosophie stand bisher, so die Unterstellung, vollständig im Dienste jener lebensfeindlichen Moral, die durch das Christentum die Geschicke der Welt bestimmte. Die »Umwerthung«, wie *Der Antichrist* sie enthält, ist wesentlich ein Abbruchunternehmen, das nur andeutet, worin eine neue Moral bestehen könnte, die nicht dem »Leben« abträglich wäre. Von Heiterkeit findet sich hier kaum noch eine Spur mehr, umso mehr ätzende Bosheit.

Im Schaffensrausch der letzten Monate von Nietzsches bewusstem Leben ist dies aber mitnichten die einzige Tonlage. Vielmehr scheinen sich Nietzsches Tonlagen und Nietzsches Stimmen damals vervielfältigt zu haben – er schrieb berückende Gedichte; er hörte auf seine eigenen Stimmen aus der Vergangenheit, indem er in seiner Collage *Nietzsche contra Wagner* zusammenstellte und neu gewichtete, was er einst an unterschiedlichen Orten über Richard Wagner gesagt hatte. Und er machte sich selbst zum Gegenstand einer Genealogie, die erklären sollte, wie er – der Umwerter aller Werte – zu dem hatte werden können, was er war. »Ecce homo!« soll der römische Statthalter Pilatus nach dem Passionsbericht im Johannesevangelium ausgerufen haben, als er den gegeißelten, mit Dornenkrone und Purpurkleid angetanen Jesus von Nazareth dem aufgebrachten Volk vorführen ließ. *Ecce homo* heißt auch Nietzsches Autogenealogie und Selbstumwertung zur weltheilsgeschichtlichen Schlüsselgestalt. Dieses Werk ist aber keineswegs einfach nur pathetisch-parareligiös gestimmt; vielmehr erprobt es unterschiedlichste Sprechweisen und ist stellenweise sogar ausgesprochen amüsant.

Von Kindesbeinen an hat Nietzsche das eigene Leben immer wieder schriftlich reflektiert und über dessen Verlauf Rechenschaft abgelegt, als ob er der Zufälligkeit seines Daseins den Anschein der Notwendigkeit habe geben wollen. Dieses autogenealogische Interesse gipfelt in *Ecce homo*, mit dessen Niederschrift er an seinem 44. Geburtstag, am 15. Oktober 1888 begann und die er binnen weniger Wochen fertigstellte. Es handelt sich jedoch keineswegs um eine konventionelle Autobiographie, sondern um den Versuch, zu zeigen, auf welchen Lebensgrundlagen sein Denken sich entfaltete – um, wie er an Naumann am 6. November 1888 schrieb, die »extrem schwere

Aufgabe«, »mich selber, meine Bücher, meine Ansichten, bruchstückweise, so weit es dazu erfordert war, m e i n L e b e n zu erzählen«. Autobiographische Elemente spielen nur eine dienende Rolle bei der Exposition des Werkes, der Gedanken und des intellektuell-emotionalen Profils ihres Schöpfers. Tatsächlich bietet die Schrift keinen chronologischen Abriss von Nietzsches Lebensgeschichte; autobiographische Auskünfte dienen, »bruchstückweise« eingepasst, der Beglaubigung, der Erhärtung, der Kontrastierung oder der Illustration, werden aber nicht um ihrer selbst willen berichtet. Die Bruchstückhaftigkeit der in *Ecce homo* gegebenen autobiographischen Auskünfte belegt, dass es auf Lebensgeschichte als chronologischen Ablauf gar nicht ankommt, sondern nur auf lebensgeschichtliche Einzelheiten oder bestimmte Eigentümlichkeiten der Person Friedrich Nietzsche, wenn diese die Leistungsfähigkeit von Nietzsches Denken und die Bedeutung seines Umwertungsunternehmens herauszuheben helfen. Ein spezifisches Denken bewährt sich im Leben des Denkenden und dieses, die *décadence*-Bedrohung überwindende Leben muss umgekehrt ein antidekadentes, damit antichristliches und immoralistisches Denken hervorbringen. Das Werk propagiert kein einfaches Kausalverhältnis zwischen Denken und Leben; vielmehr illustriert es auf vielfältige Weise die Wechselbeziehung zwischen Denken und Leben. Dabei zelebriert das Ich in *Ecce homo* seine Selbstvergöttlichung bis hin zur Identifikation mit Dionysos, was spätere Interpreten häufig als Vorboten, ja als Anzeichen des Wahnsinns sehen wollten. Das schreiende Missverhältnis zwischen der in *Ecce homo* behaupteten, welthistorisch singulären Bedeutung des sprechenden Ichs und der fast völligen Resonanzlosigkeit von Nietzsches Werken zu bewussten Lebzeiten ist von solchen Interpreten wiederholt hervorgehoben worden. Und doch ist nicht wegzureden, dass sich Nietzsche postum sehr wohl als Schicksal der Moderne erwiesen hat. »Mit Alledem bin ich nothwendig auch der Mensch des Verhängnisses. Denn wenn die Wahrheit mit der Lüge von Jahrtausenden in Kampf tritt, werden wir Erschütterungen haben, einen Krampf von Erdbeben, eine Versetzung von Berg und Thal, wie dergleichen nie geträumt worden ist.« Und weiter: »Erst von mir an giebt es auf Erden g r o s s e P o l i t i k.« Mit *Ecce homo* wollte Nietzsche, so der Brief an Köselitz vom 30. Oktober, austesten, wie weit er gehen könne, ohne die Zensur auf den Plan zu rufen, nicht ohne die eigene Rolle dabei selbstironisch zu reflektieren: »Übrigens rede ich von mir selber mit aller möglichen psychologischen ›Schläue‹ und Heiterkeit, – ich möchte durchaus nicht als Prophet, Unthier und Moral-Scheusal vor die Menschen hintreten. Auch in diesem Sinne könnte dies Buch gut thun: es verhütet vielleicht, daß ich mit meinem G e g e n s a t z verwechselt werde.« Am 8. Dezember 1888 schrieb er an August Strindberg: »Auch ist das Buch nicht langweilig, – ich habe es mitunter selbst im Stil ›Prado‹ geschrieben ...« Die Anspielung zielt auf den Hochstapler und Mörder Prado, dem man damals gerade in Paris den Prozess machte, was Nietzsche in der Presse eifrig verfolgte: »Prado war seinen Richtern, seinen Advokaten selbst durch Selbstbeherrschung, esprit und Übermuth überlegen; trotzdem hatte ihn der D r u c k der Anklage physiologisch schon so heruntergebracht, daß einige Zeugen ihn erst nach alten Porträts wiedererkannten.« Mit dem »Stil ›Prado‹« nahm Nietzsche die immoralistischen Tugenden »Selbstbeherrschung, esprit und Übermuth« für sein Werk in Anspruch und kokettierte damit, dass sein Werk der landläufigen Moral verbrecherisch erscheinen müsse. Überdies ist man angesichts des »Stils ›Prado‹« gut beraten, das in *Ecce homo* als historisch wahr Behauptete mit ebenso viel Vorsicht anzufassen wie die Lügengeschichten, die Prado den Ermittlungsbehörden in immer wieder neuen Varianten aufgetischt hatte.

Von *Ecce homo* hat Nietzsche sukzessive mehrere Fassungen angefertigt. In der letzten gliedert sich das Werk in drei Teile: Zunächst will das Sprecher-Ich unter den Kapitelüberschriften

»Warum ich so weise bin« und »Warum ich so klug bin« darstellen, wer es sei. Unter dem Titel »Warum ich so gute Bücher schreibe« wendet sich der zweite Teil den umwälzenden Erzeugnissen dieses exemplarischen Ichs zu, nämlich seinen Schriften, die dann einzeln besprochen werden. Ein dritter Teil heißt nicht weniger bescheiden »Warum ich ein Schicksal bin« und führt das Getrennte – die Person und das Werk – zusammen unter der Droh- und Hoffnungskulisse des Schicksals: Das sprechende Ich ist nicht einfach nur (wie Jesus) als Person ein weltgeschichtliches Schicksal, sondern weil es ein Werk ins Szene setzt – und zwar ein Werk, das als »Umwerthung aller Werthe« Wirklichkeit werden wird und damit aufhört, bloß Literatur zu sein.

»Warum ich so weise bin« handelt von den familiär-physiologischen Bedingungen der Weisheit, die sich das Ich zuspricht. Es hat die *décadence* an sich selbst erfahren, aber auch überwunden und sei im Kern stets gesund gewesen. Der Gegensatz der von Vater- und Mutterseite ererbten Anlagen fließt da ein. Aber eigentlich sah dieses Ich aus dem »Willen zur Gesundheit, zum L e b e n« bei aller Krankheitsanfälligkeit seine eigene Philosophie erwachsen. Im Abschnitt »Warum ich so klug bin« werden Nietzsches scheinbar triviale Existenz-Alltäglichkeiten beleuchtet: Ernährung, Aufenthaltsorte, Klima, Erholungsarten. Sie haben nach seiner Analyse mit dem Kern seines Denkens aber viel mehr zu tun als alle hochfahrenden metaphysischen und religiösen Probleme, mit denen er sich nie ernsthaft habe herumschlagen müssen. Statt Idealitäten sei – das ist klugheitsträchtig – sein Blick stets auf die Realität geheftet gewesen. Idealismus erscheint als Wirklichkeitsverweigerung. »Warum ich so gute Bücher schreibe« lenkt die Aufmerksamkeit auf Nietzsches Werke, deren bislang ausgebliebene Wirkung zum Nachdenken über das Verstanden- und Nichtverstanden-Werden anhält. Nur wer höchsten intellektuellen Anforderungen genüge und dem sprechenden Ich »durch H ö h e des Wollens verwandt« sei, werde aus diesen Schriften Gewinn ziehen – es handle sich um die besten Bücher, die jemals geschrieben worden seien, ausgezeichnet namentlich durch »Kunst des Stils« sowie psychologische Durchdringungskraft, die nun an jedem einzelnen Werk durchbuchstabiert werden. Die Pluralität seiner Schriften bündelt Nietzsche zu einer Einheit, die den (nicht behandelten) *Antichrist*, die »Umwerthung aller Werthe« präludiert. *Ecce homo* gibt Lektüreanweisungen zu den früheren Werken, die mit großer Vorsicht zu genießen sind, denn sie vereinseitigen im Dienste der Einheit das einst Geschriebene und lesen es schon zielgerichtet auf die »Umwerthung«.

»Warum ich ein Schicksal bin« verkündet, die weltgeschichtliche Sendung des Ichs werde bald allen offenbar, nämlich in Gestalt einer »Krisis, wie es keine auf Erden gab«, eines apokalyptischen Konflikts zwischen der alten und der neuen Wertordnung. Lebens- und Weltbejahung soll an die Stelle von Lebens- und Weltverneinung treten. »Dionysos gegen den Gekreuzigten« ist dafür die Formel. Das umwertende Ich, das sich bislang an so vielen Dingen kritisch-genealogisch abgearbeitet hat, findet in *Ecce homo* den letztlich einzigen ihm würdigen Gegenstand, nämlich sich selbst. Das hat weniger mit Wahnsinn zu tun, als mit Methode. Die Methode liegt darin, das eigene Denken nicht bloß in seiner destruktiven Kraft zu zeigen, sondern performativ in seiner Positivität vorzuführen. Das kann nur an einem Beispiel gezeigt werden. Dieses Beispiel ist das sprechende, sich selbst vergöttlichende Ich. *Ecce homo* soll die praktische, lebenspraktische Leistungsfähigkeit einer lebensbejahenden Philosophie an Nietzsches eigenem Leben und Werk demonstrieren. Das sprechende Ich will vorbildlich werden für die künftigen Umwertungen, welche die Leser an sich und an ihrer Welt vollziehen sollen.

Im Dezember 1888 begann Nietzsche rastlos in alle Welt Briefe zu verschicken. Overbeck ließ er am 26. Dezember wissen: »Ich selber arbeite eben an einem Promemoria für die europäischen Höfe zum Zwecke einer antideutschen Liga. Ich will das ›Reich‹ in ein eisernes Hemd einschnüren und zu einem Verzweiflungs-Krieg provociren.« Noch steiler wird es im Brief an Köselitz vom 30. Dezember: »Dann schrieb ich, in einem heroisch-aristophanischen Übermuth eine Proklamation an die europäischen Höfe zu einer Vernichtung des Hauses Hohenzollern, dieser scharlachnen Idioten und Verbrecher-Rasse seit mehr als 100 Jahren verfügte dabei über den Thron von Frankreich auch über Elsass, indem ich Victor Buonaparte, den Bruder unsrer Laetitia zum Kaiser machte«. Und am 5. Januar 1889 wurde Jacob Burckhardt beschieden: »Lieber Herr Professor, zuletzt wäre ich sehr viel lieber Basler Professor als Gott; aber ich habe es nicht gewagt, meinen Privat-Egoismus so weit zu treiben, um seinetwegen die Schaffung der Welt zu unterlassen«. Der irritierte Burckhardt eilte mit diesem Brief zu Overbeck, der am Folgetag eine ähnliche Zuschrift erhielt, daraufhin gleich nach Turin abreiste und dort Nietzsche im Zustande psychischer Auflösung vorfand. Overbeck brachte den Freund in die Nervenklinik nach Basel, wo dieser einige Tage blieb – Diagnose: »paralysis progressiva« –, bevor ihn die Mutter nach Jena überführen ließ. In der dortigen psychiatrischen Klinik war Nietzsche, nach und nach in völliger Umnachtung versinkend, bis 1890 untergebracht, als ihn die Mutter nach Naumburg holte, wo er bis zu ihrem Tod 1897 unter ihrer Obhut bleiben sollte. Unterdessen war die inzwischen verwitwete Schwester aus Paraguay zurückgekehrt, wo sie mit ihrem Gatten erfolglos eine deutsche Kolonie zu etablieren versucht hatte, und begann sich um den Nachlass des Bruders zu kümmern. Sie gründete in Naumburg ein Nietzsche-Archiv, das die Kontrolle über die geistigen und persönlichen Hinterlassenschaften des Bruders für sich beanspruchte. 1896 übersiedelte dieses Archiv nach Weimar, wo sich die Schwester mehr öffentliche Aufmerksamkeit versprach, und es fand in der Villa Silberblick hoch über Weimars Niederungen einen herrschaftlichen Sitz. Nach dem Tod der Mutter verleibte Förster-Nietzsche 1897 ihren Bruder als wertvollstes Ausstellungsstück ihrer Institution ein, die nach und nach zum Publikumsmagneten wurde. Dort konnten ausgewählte Gäste nun den malerisch drapierten, verstummten Philosophen auf seinem Sofa in der Veranda bestaunen, bevor ihn am 25. August 1900 der Tod von der Last befreite, das Werk seiner Schwester repräsentieren zu müssen.

Nietzsches Nachwelt

»Die Redlichkeit eines heutigen Gelehrten, und vor allem eines heutigen Philosophen, kann man daran messen, wie er sich zu Nietzsche und Marx stellt. Wer nicht zugibt, daß er gewichtige Teile seiner eigenen Arbeit nicht leisten könnte, ohne die Arbeit, die diese beiden getan haben, beschwindelt sich selbst und andere. Die Welt, in der wir selber geistig existieren, ist weitgehend eine von Marx und Nietzsche geprägte Welt«. Wenige Monate vor seinem Tod soll der berühmte Soziologe Max Weber (1864–1920) dies auf dem Heimweg von einer Diskussion mit dem Geschichtsphilosophen Oswald Spengler (1880–1936) einem Studenten gesagt haben. Auch Spenglers zeitstimmungstypischer Beststeller *Untergang des Abendlandes* ist selbstverständlich von Nietzsche imprägniert: Das Buch nennt schon im Vorwort zwei »Namen«, denen es »so gut wie alles verdanke: Goethe und Nietzsche. Von Goethe habe ich die Methode, von Nietzsche die Fragestellungen«. Der selbsternannte Tatsachenmensch Spengler macht Nietzsches Begriff des Lebens zum Angelpunkt seiner Geschichtsbetrachtung, die nicht einfach den Untergang herbeiredet, sondern heroisches Standhalten, imperiale Selbstermächtigung predigt: Leben sei »*die* Tatsache innerhalb der Welt als Geschichte«. »Es handelt sich in der Geschichte um das

A. U. Sommer, *Nietzsche und die Folgen*, https://doi.org/10.1007/978-3-476-04890-5_2

Leben und immer nur um das Leben, die Rasse, den Triumph des Willens zur Macht, und nicht um den Sieg von Wahrheiten, Erfindungen oder Geld.«

Aber Nietzsches Wirkung ist keineswegs auf Gelehrte und Philosophen beschränkt geblieben. Seine Rezeptionsgeschichte hat innerhalb der neuzeitlichen Philosophie nicht ihresgleichen. Gewiss, die Nachwirkungen von Spinoza, von Kant oder von Hegel sind innerhalb des philosophischen Feldes einschließlich benachbarter Wissenschaften gewaltig und halten bis in die Gegenwart an. Gewiss, die Nachwirkung von Marx ist im politischen Feld bis heute nachhaltig – und diejenige von Kierkegaard ist es im religiösen Feld. Dennoch bleibt die Ausstrahlung dieser Philosophen auf solche einzelnen Felder begrenzt. Nietzsches Nachwirkung demgegenüber zeichnet es aus, dass sie – bei fast völliger Echolosigkeit zur Zeit seines Schaffens – sich schon um 1900 sozial und kulturell entgrenzte: Nietzsche sei »das größte Ausstrahlungsphänomen der Geistesgeschichte«, meinte 1950 der Dichter Gottfried Benn (1886–1956). Seine Rezeption fand unterschiedlichste Anknüpfungspunkte und war oft nicht am eigentlichen Werk des Philosophen orientiert – die philosophische Rezeption im engeren Sinn war zu Beginn verhältnismäßig bescheiden –, sondern an seiner Person, oft als Gegenstand blinder Verehrung. Für Schriftsteller wurde Nietzsche europaweit ebenso zum einschneidenden Erlebnis wie für bildende Künstler, für die Pädagogik ebenso wie für die Psychoanalyse. Und da ist auch sein Einfluss auf die politische Meinungsbildung im Kaiserreich und in der Weimarer Republik – ein Einfluss, der keineswegs nur reaktionäre, konservativ-revolutionäre und schließlich nationalsozialistische Kreise erfasste, sondern ebenso zionistische und sozialistische. Der Theologe und Kulturphilosoph Ernst Troeltsch (1865–1923) hatte bereits 1922 die »Wirkung« von Nietzsches »scharfsinnigen und penetranten Phantasien« »auf das allgemeine Geistesleben« zusammengefasst, »wo schließlich alles von der Theologie bis zum Freidenkertum, vom Kapitalismus bis zum Sozialismus, vom Konservatismus bis zum Bolschewismus, vom Internationalismus bis zum Nationalismus, vom Atheismus bis zur Anthroposophie mit Strömen aus Nietzsche flott und mit Zitaten aus ihm geistreich gemacht zu werden pflegt«. Nur was Troeltsch hinzufügte, stimmte damals schon längst nicht mehr: »Ueber Deutschland hinaus ist die Wirkung gering«.

Nietzsches ›Folgen‹ bestimmen die Kulturgeschichte der westlichen Welt – aber auch in Russland, China und Japan oder Südamerika hat er tiefe Spuren hinterlassen. Jüngst werden seine Werke in die Sprache des Nomaden-Volks der Afar übersetzt, die in der Wüste Äthiopiens leben. Die bloße Aufzählung dieser ›Folgen‹ würde bereits ein sehr dickes Buch füllen und doch nur für einen kulturgeschichtlichen Archivar und Buchhalter Erkenntnisgewinn zeitigen. Stattdessen könnte man die Höhenkämme abschreiten, sich an den literarisch-philosophischen Gipfelstürmern entlanghangeln, für deren Œuvre Nietzsche von Belang war: Thomas Mann und Robert Musil, Franz Kafka und Ludwig Wittgenstein, Sigmund Freud und Carl Gustav Jung, Gilles Deleuze, Michel Foucault und Jacques Derrida usw. usf. Aber eine solche Blütenlese nietzscheanisierender Berühmtheiten schiene blass, nicht nur, weil man notwendig oberflächlich bliebe und die Höhenkämme ohnehin abgegrast sind (bereits die Studien über Nietzsche und Thomas Mann oder über Nietzsche und Freud füllen einige Regalmeter). Nietzsche wirkt in die Breite und wird – das ist die kulturhistorisch ironische Pointe seines radikal elitären Gebarens – von jedem und jeder gelesen. Die Durchdringungskraft seines Schreibens ist gewaltig: Lesende Menschen im 20. und noch im 21. Jahrhundert erscheinen als Zellen mit semipermeablen Membranen, die sich der Nietzsche-Osmose nicht widersetzen können, sondern den Fluss der Theorieteilchen begierig aufsaugen, um dann sehr Unterschiedliches sehr unterschiedlich zu verarbeiten. Nietzsche wirkt in die populäre Breite, und man muss in die Breite gehen, will man wenigstens einige Eindrücke erfassen, die als seine ›Folgen‹ firmieren können. Jede Nietzsche-Rezeption ist dabei einseitig, zurechtrückend, anpassend. Jeder, der ihn liest, liest ihn auf seine Zwecke hin, stellt ihn in seinen Horizont.

Sicher, es gibt differenziertere und weniger differenzierte Nietzsche-Bilder, es gibt Nietzsche-Interpretationen und -Instrumentalisierungen aller Art – auch solche, die entschiedene Kritik herausfordern. Jedoch ist Nietzsche in all seinen wirkungsgeschichtlichen Wandlungen nicht eingefangen, ganz einfach, weil er nicht wirklich einzufangen ist. Erwies sich Nietzsche im ersten Teil des vorliegenden Buches als ein Denker, der sich allen Festschreibungen entzieht, so will der zweite Teil zeigen, wie sehr die Geschichte seiner Folgen eine Geschichte permanenter und höchst widersprüchlicher Versuche der Nietzsche-Festschreibung ist. Allen Aneignungen entzieht er sich früher oder später. Umso ungestümer werden die Aneignungsanstrengungen.

Erkundigt man sich, warum Nietzsche so breit und vielgestaltig aufgenommen und anverwandelt wurde, wird man einige Antwortvorschläge bekommen. Beispielsweise, weil er so unakademisch gedacht und geschrieben habe. Weil er so gut geschrieben habe. Weil er so unklar gedacht habe und sich dieses Denken deshalb in jede Richtung weitertreiben lasse. Weil er so klar gedacht habe, dass er der Moderne ganz neue Horizonte eröffnet habe. Weil er so unsystematisch sei und für jeden beliebigen Zweck und jedes beliebige Motiv ein passendes Zitat vorhalte. Weil er hinter der bloß vermeintlichen Unsystematik nur einen einzigen Gedanken systematisch verberge, den es nun zu entdecken gelte. Weil er so extrem denke, so extrem schreibe und so dazu einlade, sich hinter seinen Extremismen zu verstecken, die zu formulieren man selber nicht wage.

Die Antwortvorschläge ließen sich fast beliebig fortsetzen und demonstrieren doch nur das Eine: Nietzsche ist epidemisch, pandemisch geworden. Seine Folgen lassen sich nicht auf bestimmte Orte oder ›Diskurskontexte‹ festlegen; diese Folgen sind so vielgestaltig wie es von ihm Infizierte gibt. Er ist ein Philosoph, der mitreißt oder abstößt. Kaum jemand steht zu ihm in abgeklärter, nüchterner Distanz. Deshalb werden die ›Folgen‹ Nietzsches hier einmal nicht nach den üblichen Schemata durchbuchstabiert. Weder wird die Rezeptionsgeschichte chronologisch nach ihren verschiedenen Phasen abgeschritten, noch geographisch nach den verschiedenen Strängen in verschiedenen Ländern. Auch eine Gliederung nach den unterschiedlichen Rezeptionssphären, in der Philosophie, der Literatur, den bildenden Künsten, der Malerei, der Musik, der Politik usf. wird auf den folgenden Seiten nicht vorgenommen. Einige seiner zahllosen Nachgeschichten sollen stattdessen erzählt werden mit Hilfe der Gefühls- und Haltungsreaktionen, der Gemütslagen, die seine Person und sein Werk provoziert haben: Manche fühlen sich von Nietzsche zu äußerstem, religiösem Ernst angehalten, andere sehen in ihm einen Propheten politischen, philosophischen oder künstlerischen Ernstes, während einige an ihm ironische Meisterschaft erlernt haben, sofern sie in ihm nicht gar einen Lehrer letzter Heiterkeit angesichts des metaphysischen Nichts gefunden zu haben glauben. Die hier versammelten Nietzsche-Nachgeschichten zeichnen Abschattungen des Ernstes und der Heiterkeit nach.

Nietzsche ist in seiner Vielgestaltigkeit für die vielgestaltige Gegenwartswelt vielfach anschlussfähig. Dem breitestmöglichen Spektrum, das vielleicht je ein Philosoph emotional und rational durchmessen hat, entspricht das breitestmögliche Spektrum der auf ihn reagierenden Welt, der Moderne. Will man Nietzsches Freund Franz Overbeck Glauben schenken, ist »jedes Literaturwerk ein Symptom seines Publikums«. Entsprechend ließen sich Nietzsches Werke lesen als Symptome eines Publikums, das getreu Nietzsches eigener Prophezeiung erst nach seinem Abtreten von der intellektuellen Bühne begann, sich für ihn zu begeistern und schließlich geradezu in Nietzscheschen Zungen redete. Eine neue Wirkungsgeschichtsschreibung würde daher nicht mehr so sehr von der Frage bestimmt, wer genau welche Nietzsche-Deutungsoption vertreten habe, und ebenfalls nicht von der Frage, ob dieser oder jener Autor, diese oder jene Autorin Nietzsche richtig verstanden habe. Die Leitfrage einer neuen Wirkungsgeschichtsschreibung wäre vielmehr: Welche *Funktion* kam und kommt ›Nietzsche‹ in den unterschiedlichsten kulturellen Zusammenhängen zu?

»Nietzsche in Kürassierstiefeln«: Editionspolitik zwischen Tragödie und Satyrspiel

Elisabeth Förster-Nietzsche gelang es in kürzester Zeit, aus Nietzsche, der lange vergeblich nach öffentlicher Anerkennung gelechzt hatte, eine Marke und ein intellektuell-ökonomisches Großunternehmen zu machen. Besonders eine kreative und vor Zurechtfälschungen zu eigenen Gunsten nicht zurückschreckende Editionspolitik sowie eine mit dem Gestus familiärer Authentizität auftretende Biographik sicherten ihrem Weimarer Nietzsche-Archiv und dessen Produkten permanente Aufmerksamkeit. Förster-Nietzsches diverse Darstellungen von Friedrich Nietzsches Leben zehrten von Informationen, die entweder aus dem ihr exklusiv zugänglichen Nachlass des Bruders stammten, oder aber aus dem gesprochenen, mündlichen Wort zwischen den Geschwistern. Das machte sie unangreifbar, so lange es unmöglich war, das handschriftliche Material unabhängig von ihrer Zustimmung zu überprüfen. Aber das Problem, wie mit Nietzsches schriftstellerischen Hinterlassenschaften umzugehen sei, machte sich schon unmittelbar nach dem Zusammenbruch 1889 bemerkbar: Die verkaufsfertigen Exemplare der *Götzen-Dämmerung* kamen zwar bald in den Handel, aber eine Publikation des *Antichrist* war zuerst undenkbar. Erst 1895 konnte sich Elisabeth Förster-Nietzsche zur Herausgabe der ihr anrüchig erscheinenden Schrift durchringen – mit dem verharmlosenden Untertitel »Versuch einer Kritik des Christenthums«, den Nietzsche im Manuskript längst durch den viel schärferen »Fluch auf das Christenthum« ersetzt hatte. An ein paar Stellen griff sie ein, tilgte etwa die Charakterisierung Jesu als Idiot oder einen Angriff auf Kaiser Wilhelm II.

Gleichzeitig verschleierte die erste *Antichrist*-Edition, dass es sich bei diesem Werk um die vollständige »Umwerthung aller Werthe« handelt: Nietzsche hatte ja die Pläne weiterer »Umwerthungs«-Bücher im November 1888 aufgegeben, wie Förster-Nietzsche aus den von ihr fürs Archiv gesammelten, späten Briefen ihres Bruders sehr wohl wusste. Das hielt sie nicht davon ab, Franz Overbeck in einer publizistischen Kampagne zu beschuldigen, bei der Heimführung Nietzsches aus Turin die Manuskripte weiterer drei Bücher der »Umwerthung« mutwillig verloren zu haben. Die Agitation gegen Overbeck, der ihrem Nietzsche-Großunternehmen von Anfang an skeptisch gegenüberstand, ist charakteristisch für Förster-Nietzsches Umgang mit kritischen Stimmen und vermeintlichen Gegnern, die sie mit publizistischen Attacken oder Gerichtsprozessen überzog. Um jeden Preis wollte sie die Kontrolle über Nietzsches Nachleben in der Hand behalten. Und ein willfähriger Diener war ihr dabei Nietzsches alter Adlatus Heinrich Köselitz, der als einziger die oft kaum leserliche Handschrift des Philosophen entziffern konnte und sich als Herausgeber der Werkausgaben gerne hergab. Schließlich sollte aber auch er sich mit Förster-Nietzsche zerstreiten.

Drastisch zeigt sich die schwesterliche Eingriffsbereitschaft bei *Ecce homo*, von dem Anfang 1889 ein Druckmanuskript beim Verleger lag, das Köselitz bald an sich nahm und von dem er für Overbeck eine Abschrift anfertigte, die bereits besonders anstößige Stellen wegließ. Als dann das Originalmanuskript an

Förster-Nietzsche ging, hat sie es nicht nur für ihre Biographie ausgebeutet und daher lange Zeit der Veröffentlichung entzogen, sondern auch direkt in den Manuskriptbestand eingegriffen, wie sie bereits 1904 freimütig bekannte: »Auch in diesen Aufzeichnungen sind noch Stellen von hinreißender Schönheit, aber im Ganzen charakterisiren sie sich als krankhafter Fieberwahn. In den ersten Jahren nach meines Bruders Erkrankung, als wir noch die falsche Hoffnung hegten, daß er wieder gesund werden könnte, sind diese Blätter zum größten Theil vernichtet worden. Es würde das liebevolle Herz und den guten Geschmack meines Bruders auf das Tiefste verletzt haben, wenn ihm solche Niederschriften späterhin zu Gesicht gekommen wären.« Zu diesen vernichteten Texten dürfte etwa die revidierte Fassung des Abschnittes 3 im Kapitel »Warum ich so weise bin« gehört haben, von dem sich glücklicherweise eine Abschrift von Köselitz erhalten hat. Dort heißt es unter anderem: »Wenn ich den tiefsten Gegensatz zu mir suche, die unausrechenbare Gemeinheit der Instinkte, so finde ich immer meine Mutter und Schwester, – mit solcher canaille mich verwandt zu glauben wäre eine Lästerung auf meine Göttlichkeit.« Während die anderen Nachlasswerke schon Mitte der 1890er Jahre publiziert wurden, ließ sich das Weimarer Archiv mit *Ecce homo* bis 1908 Zeit, um es dann in einer spöttisch als ›Bankiersausgabe‹ bezeichneten, kastrierten Version dem zahlungskräftigen Publikum in der Ausstattung des Jugendstil-Künstlers Henry van de Velde zugänglich zu machen. Die Schwester hatte allen Grund, bei diesem Werk dem Lesepublikum nur eine verstümmelte Fassung zuzumuten, denn hätte dieses die vernichtenden Äußerungen über die Familie enthalten, wäre ihre Autorität als einzig berufene Nietzsche-Editorin und -Exegetin dahin gewesen.

Von dieser Autorität machte sie etwa Gebrauch, als sie mit ihren Mitarbeitern aus den Nachlass-Aufzeichnungen postum jenes Hauptwerk »Wille zur Macht« zusammenbastelte, von dessen Ausarbeitung Nietzsche ja Abstand genommen hatte.

Die 1901 erschienene Version dieses Werkes enthielt 483 nummerierte Abschnitte, die 1906 folgende bereits 1067. Als Gliederungsprinzip wurden Werkentwürfe aus dem Nachlass verwendet, denen dann thematisch irgendwie passende Notate zugeordnet wurden, den Anschein ausformulierter Aphorismen erweckend. Seit der Publikation dieses ungemein erfolgreichen *Willens zur Macht* geistert in der Nietzsche-Forschung die Vorstellung herum, das eigentlich Entscheidende finde sich bei Nietzsche im Nachlass, während das von ihm selbst publizierte Werk bloß Vordergrund vor dem eigentlichen denkerischen Tiefsinn sei. Eine solche Einschätzung öffnet nicht nur dem völlig willkürlichen Umgang mit Nietzsche Tür und Tor – denn im Nachlass findet jeder Interpret, was er gerade für seine Zwecke braucht. Sie verkennt auch fundamental den Charakter dieses Nachlasses, der ein riesiges Experimentierfeld ist, auf dem gerade nicht der ›eigentliche‹ und ›wirkliche‹ Nietzsche persönliche philosophische Glaubensbekenntnisse ablegt, sondern auf dem ständig erprobt wird, was geht und was nicht geht. Und häufig sind diese Texte Materialsammlungen, die verzeichnen, was es überall im Lektürehorizont Nietzsches zu greifen gab, ohne dass Nietzsche solche Übernahmen deutlich markiert hätte. So kommt es, dass eine Reihe scheinbarer Original-Nietzsche-Texte in der Druckfassung des *Willens zur Macht* bei näherem Hinsehen nichts weiter als Exzerpte und Paraphrasen anderer Autoren sind, die die Herausgeber nicht zu identifizieren vermochten. Der gedruckte *Wille zur Macht* wirkte wie eine Einladung, den notorisch uneindeutigen Denker zu vereindeutigen. Denn die darin gebüschelten Nachlass-Notate scheinen häufig – da bloße Notate und damit als Gedankenstützen eben keine Drucktexte – handgreiflich zu machen, was Nietzsches Bücher verrätseln. Erst die unsachgemäße Herausgabe des Nachlasses machte Nietzsche zu einem Autor, der sich auf bestimmte Lehren eindampfen lässt. Die Nachlassüberprivilegierung, die auch noch lange nach der Dekonstruktion des *Willens zur Macht* anhielt, ist ein Geburtsfehler der wissenschaftlichen Auseinandersetzung mit Nietzsche, in der bezeichnenderweise die Ideologen lange eine mächtige Stimme hatten.

Ums Eigene ging es Elisabeth Förster-Nietzsche da, wo sie als Person, ihr Gatte und der Rest der Familie involviert waren. Während sie im Falle des *Willens zur Macht* imerhin nicht systematisch Texte des Bruders fälschte, ließ sie bei den Briefen keine solchen Skrupel erkennen. Da das Archiv sämtlicher Briefschaften Nietzsches habhaft zu werden versuchte, schien die Gefahr klein, dass man die Fälschungen in den Briefen würde enttarnen können, zumal sämtliche Briefausgaben nur von Gnaden der Schwester produziert werden durften. Die spätere Forschung, die zu den Archivalien Zugang bekam, ohne sich der familiären Zensur unterwerfen zu müssen, konnte nachweisen, dass Förster-Nietzsche nicht nur im Detail geschönt, sondern das Verhältnis des Bruders zu ihr konsequent umgeschrieben hat: Sie ließ ihn die liebenswürdigsten Episteln an sie schreiben zu Zeiten, als er ihr jeden Kontakt aufgekündigt und sie wüst beschimpft hatte. Sie gaukelte in den Brieffälschungen eine Innigkeit des geschwisterlichen Verhältnisses vor, das so schon längst zerbrochen war, als sie sich Bernhard Förster und dem Antisemitismus, er sich der »Umwerthung aller Werthe« zuwandte. Diese systematischen Textklitterungen machen sämtliche Informationen in ihren Biographien wertlos, für die keine anderen Quellen zur Verfügung stehen.

Greifen wir ein Beispiel heraus: Im Sommer 1914 hatte Elisabeth Förster-Nietzsche alle Hände voll zu tun, um eine »Erinnerungsgabe« zum 70. Geburtstag ihres Bruders fertigzustellen. Entsprechend ungelegen kam der große Krieg. Es sollte ein dicker Wälzer erscheinen mit dem Titel: *Wagner und Nietzsche zur Zeit ihrer Freundschaft.* »Dieses Buch schildert die glückliche Zeit des Jugendsehnens«, hieß es später in einer handschriftlichen Widmung Förster-Nietzsches an Irma von Pfannenberg auf dem Vorsatz des Bandes. Jetzt aber, im Sommer 1914, musste das

Buch noch warten, um dem Jugendsehnen der Soldaten an der Front und überhaupt der patriotischen Pflicht Genüge zu tun: Förster-Nietzsche konfektionierte in aller Eile Bruchstücke aus dem Buchmanuskript in zeitungsbekömmliche Häppchen, die in einem am 10. September 1914 in der Tagespresse mehrfach abgedruckten Artikel »Nietzsche und der Krieg« veröffentlicht wurden. Darin schildert sie etwa, wie ihr Bruder im Deutsch-Französischen Krieg 1870 als »Vertrauensperson und Führer einer Sanitätskolonne« nicht nur »größere Summen anvertraut und eine Fülle persönlicher Aufträge mitgegeben« bekam, »so dass er von Lazarett zu Lazarett, von Ambulanz zu Ambulanz über Schlachtfelder hinweg, oft im Kugelregen, seinen Weg suchen mußte, sich nur unterbrechend, um Verwundeten und Sterbenden Hilfe zu leisten«. In Wirklichkeit dürfte Nietzsches Einsatz als ziviler (!) Kriegskrankenpfleger weit weniger heroisch ausgesehen haben, als es seine Schwester und auch er selbst gerne gehabt hätten: Vom 25. August 1870 an im Einsatz, traf er am 2. September in der Nähe des unmittelbaren Kriegsgeschehens ein, erkrankte aber bereits am 3. September bei einem Verwundetentransport, so dass er selbst den Rest des Krieges im Lazarett und in mütterlicher Pflege verbringen musste.

Unter dem tagespolitischen Druck, die Kriegstauglichkeit ihres unter Deutschfeindlichkeitsverdacht stehenden Bruders herauszustellen, vermehrte sich der Erinnerungsschatz der Schwester auf wundersame Weise. So fiel ihr plötzlich ein, was sie in all ihren Buchpublikationen vornehm verschwiegen hatte: Friedrich Nietzsche habe »eine zärtliche Vorliebe für Krupp« gehegt, »dessen Name so eng und so glorreich mit unseren Siegen 1870/71 wie auch jetzt wieder verbunden ist. ›Die Kruppwerke möchte ich doch einmal sehen‹, sagte mein Bruder öfters.« Trotz seiner antideutschen Invektiven soll er sich also seine Hochachtung für deutsche Wertarbeit in der Fabrik und an der Front bewahrt haben, was man sicher auch im Großen Generalstab mit Wohlwollen aufnehmen würde.

Mehr noch gilt das für ein Gespräch, das die eifrige Sammlerin apokrypher Bruder-Worte mit einem ungenannten »Franzosen« geführt haben wollte. Auf die Befürchtung, dass die Deutschen unter innerer Zerrissenheit litten und dass gerade unter ihren »größten Führern anhaltende Meinungsverschiedenheiten« herrschten, habe dieser geantwortet: »Aber durchaus nicht«, »sehen Sie doch Ihre beiden Hauptführer: Bismarck ist Nietzsche in Kürassierstiefeln, und Nietzsche mit seiner Lehre vom Willen zur Macht als Grundprinzip des Lebens ist Bismarck im Professorenrock«. Ob erinnert oder erfunden: Die Identität des politischen, militärischen und philosophischen Führerwillens zu beweisen, war fortan Kriegsprogramm in der Villa Silberblick – ebenso der Wille, Nietzsche dauerhaft unter Deutschlands »größten Führern« zu etablieren. Schließlich kam der Krieg doch nicht so ungelegen.

Leicht verspätet konnte Förster-Nietzsches *Wagner und Nietzsche* Ende 1914 erscheinen. Darin findet sich – vielleicht aus Furcht vor quellenkritischen Rückfragen kundiger Leser – keine Spur mehr von Krupp oder von Bismarck und seinen Kürassierstiefeln. So zögerte der Philosoph Hans Vaihinger, obwohl er in Nietzsche einen antinationalistischen und paneuropäischen Denker sah, keinen Augenblick lang, just dieses Buch nach Stockholm zu empfehlen und Elisabeth Förster-Nietzsche für den Literaturnobelpreis vorzuschlagen. Spätestens von 1914 an war Nietzsche dank seiner Schwester ein politisch kontaminierter Denker. Kriegsausgaben von *Also sprach Zarathustra* für die sehnende Jugend im Feld folgten konsequent der in der Villa Silberblick getroffenen Richtungsentscheidung. Spät erst wurde Nietzsches Nicht-Vereinnahmbarkeit entdeckt. Dafür war es nötig, eine zuverlässige, von schwesterlichen Zutaten bereinigte Ausgabe seiner Werke, seines Nachlasses und seiner Briefe zu erarbeiten. Die konnte erst ab 1967 dank der Pionierarbeit zweier italienischer Intellektueller, des Philosophen Giorgio Colli und des Germanisten Mazzino Montinari erscheinen. Und doch bleibt »Nietzsche in Kürassierstiefeln« ein mahnendes Leitmotiv in der Geschichte seiner ›Folgen‹: Immer wieder haben Interpreten aus den unterschiedlichsten weltanschaulichen Lagern versucht, Nietzsche zu uniformieren oder zu verkleiden.

Bierernst, prophetischer und kultischer Ernst

»Wie viel B i e r ist in der deutschen Intelligenz! Wie ist es eigentlich möglich, dass junge Männer, die den geistigsten Zielen ihr Dasein weihn, nicht den ersten Instinkt der Geistigkeit, d e n S e l b s t e r h a l t u n g s - I n s t i n k t d e s G e i s t e s in sich fühlen – und Bier trinken?«, rief Nietzsche in der *Götzen-Dämmerung* aus. Es hätte ihn kaum gewundert, dass bald solche jungen Männer auftreten würden, um seine Werke bierernst zu nehmen und in die Pfanne zu hauen. Da war etwa der Publizist und Kulturhistoriker Houston Stewart Chamberlain (1855–1927), der in seinem Wagner-Buch von 1896 die zähe Mär in die Welt setzte, Nietzsche sei bereits kurz nach seiner noch hymnischen *Unzeitgemässen Betrachtung* über Wagner in geistige Umnachtung gefallen, so dass seine bekanntesten Werke allesamt als Produkte des Wahnsinns zu gelten hätten. Beweisgrund: Wer Wagner verabscheut, muss wahnsinnig sein. In ihrem Brief an Chamberlain vom 14. August 1900 bestätigte Cosima Wagner dieses Urteil unverhohlen: »Daß noch keiner darauf gekommen ist, sich zu sagen, daß ein Mensch, welcher diejenigen, die ihm nur Gutes getan, verleugnet, ja insultiert, der sein Vaterland schmäht, seine Muttersprache verkennt, ohne irgend etwas wirklich Großes geleistet zu haben, sich als Prophet hinstellt, entweder ein Monstrum oder ein Wahnsinniger sein muß, zeigt uns die jämmerliche Beschaffenheit des Urteilsvermögens in unserer jetzigen Jugend. Es wundert mich auch, daß niemand auf den Gedanken kommt, zu zeigen, woher Nietzsche alles nahm.«

Aber die stramm rechte politische Gesinnung war keineswegs Voraussetzung, um Nietzsche bierernst zu nehmen. Auf der anderen Seite des politischen Spektrums stand da der kommunistische Philosoph und Literaturwissenschaftler Georg Lukács (1885–1971), der nach dem Zweiten Weltkrieg in seinen gesammelten Studien *Die Zerstörung der Vernunft* »Nietzsche als Begründer des Irrationalismus der imperialistischen Periode« abhandelte, der die »unzufriedenen, ja mitunter rebellischen Instinkte« der »parasitären Intellektuellenschicht durch faszinierend-hyperrevolutionär scheinende Gesten befriedigen und gleichzeitig alle diese Fragen so beantworten oder wenigstens ihre Beantwortung so andeuten« wolle, »daß aus allen Feinheiten und Nuancen der robustreaktionäre Klasseninhalt der imperialistischen Bourgeoisie entsteigt«. Großzügig gesteht Lukács Nietzsche zu, der »geistreichste und vielseitigste Exponent« für die »Selbsterkenntnis der Dekadenz« zu sein; »er unternimmt es, bei Anerkennung der Dekadenz als des Grundphänomens der bürgerlichen Entwicklung seiner Zeit, den Weg zu ihrer Selbstüberwindung aufzuzeigen. Denn bei den lebendigsten und gewecktesten Intellektuellen, die unter den Einfluß der dekadenten Weltanschauung geraten, entsteht zwangsläufig auch die Sehnsucht nach ihrer Überwindung.« Lukács wendet also nicht nur Nietzsches Dekadenz-Diagnose auf diesen selber an, sondern übernimmt auch die Diagnose selbst als Zentralkategorie der eigenen Geschichtsdeutung. Ausstaffiert mit allerlei marxistischer Klassenkampfrhetorik, dient diese Diagnose dann als Keule, um Nietzsches Philosophie als »Weltanschauung einer offensiven Abwehr des Hauptfeindes, der Arbeiterklasse, des Sozialismus« ins intellektuelle Jenseits zu befördern.

Dass Nietzsche jeder ideologisch zementierten Weltsicht gefährlich wird, ist in allen politischen Lagern zu beobachten, wenn man anfängt, ihn bierernst zu nehmen. Der reaktionäre, mit dem Nationalsozialismus sympathisierende Historiker

Christoph Steding (1903–1938) zum Beispiel macht schlagend klar, dass mit diesem unsicheren Kantonisten kein ›Drittes Reich‹ zu machen sei: »Dass Nietzsche Staats- und Reichsfeind ist, ergibt sich schon aus seinem Stil, der ein ganz klarer Ausdruck seiner verflatternd mädchenhaften ›launischen‹ Fahrigkeit und ›Undiszipliniertheit‹ ist, die notwendig den Staat ablehnen muß, weil jener alle seine Glieder zwingt, stets sich dafür bereit zu halten, um in Reih und Glied antreten zu können und nicht einen Zentimeter breit aus der Reihe abzuweichen.« Dennoch bleibt auch Steding, wie schon der Titel seines postum veröffentlichten Werkes *Das Reich und die Krankheit der europäischen Kultur* verrät, im geschichtsphilosophischen Dekadenzschema des »Staats- und Reichsfeindes« gefangen. Wer »nicht einen Zentimeter breit aus der Reihe« abweicht, hat offenkundig Mühe, sich eigene Gedanken einfallen zu lassen.

Nietzsches Sprache ist überhaupt eine unversiegbare Quelle der bierernsten Empörung für alle jene, die Vielstimmigkeit und Uneindeutigkeit als persönliche Beleidigung empfinden. Der Germanist Heinz Schlaffer (*1939) etwa machte 2007 den an sich sehr begrüßenswerten Versuch »Nietzsches Stil so genau« zu »beschreiben, daß es gelingt, Intentionen aufzudecken, die er verbirgt«. Dazu nahm er einen anderthalbseitigen Ausschnitt aus dem Vorwort zu *Der Fall Wagner* in näheren Augenschein, mit der Unterstellung, hier könne man den einen und einzigen »Stil Nietzsches« auf freier Wildbahn beobachten – so, als ob seine Werke nicht gerade durch eine irreduzible Vielfalt verschiedener Stile irritieren. Schlaffers Nietzsche erscheint als fataler rhetorischer Rattenfänger, dessen Stil das Ungemach über ganze Generationen deutscher Intellektueller heraufbeschworen habe – eine verbale und mentale Enthemmung des Schreibens, die das 20. Jahrhundert nahtlos in die Enthemmung des Tuns übersetzt habe. Schlaffer seinerseits sieht sich bei so ernsten Themen zu hermeneutischer Enthemmung befugt. Beispiel gefällig? Nach einem Nietzsche-Zitat über den »grossen Stil«, der entstehe,

»wenn das Schöne den Sieg über das Ungeheure davonträgt«, folgt die tiefschürfende Erklärung: »Wegen dieser Eigenschaften von ›Stil‹ ist seine Proklamation dazu prädestiniert, rigide Lebensformen in geschlossenen Gesellschaften zu empfehlen, zu erzwingen. ›Stil ist alles!‹, erkennt Goebbels' Romanfigur Michael, ›Stil ist Übereinstimmung zwischen Gesetz und Ausdruck.‹« Abgesehen davon, dass bei Goebbels, bei Nietzsche und bei Schlaffer das Wort »Stil« vorkommt, gibt es zwischen diesen Textbausteinen zwar weder einen logischen noch einen sachlichen Zusammenhang. Aber die Absicht ist überdeutlich: Nazismus und Nietzsche sollen zueinander so auf Tuchfühlung gebracht werden, dass an letzterem selbst bei erwiesener Unschuld ein Makel haften bliebe. Da vergisst man doch gern zu erwähnen, dass Nietzsche just in jenem Werk, aus dem Schlaffer die zu analysierende Passage bezieht, eben im *Fall Wagner* ausdrücklich »ohne die L ü g e des grossen Stils« auskommen möchte und diesen großen Stil als Ideologem entlarvt.

Statt auf »Biergemüthlichkeit«, von der Nietzsche seiner Schwester am 4. August 1863 berichtet hat, sind nicht nur die politischen Ideologen und die moralischen Vergangenheitsbewältiger unter den Nietzsche-(nicht-)Lesern auf Bierernst eingeschworen. In diesem üben sich auch diejenigen, die ihr eigenes philosophisches Programm derart hartnäckig verfolgen, dass sie aus dramaturgischen und malerischen Gründen ihren Weg mit den Leichnamen der philosophisch Altvorderen säumen müssen. Was beispielsweise der deutsche Hauptvertreter des sogenannten Neuen Realismus Vernichtendes über Vorgänger wie Kant und Nietzsche zu sagen hat, verbreiten die einschlägigen Gazetten genüsslich. In Sachen Nietzsche tut es ihm der italienische Kollege Maurizio Ferraris (*1956) nach, der in einem jüngst erschienenen Buch »Nietzsches Gespenster« beschwört. Da es unter Philosophen guter Brauch ist, sich einen Paten aus der Denkvergangenheit zuzulegen, der das Eigene schon vorweggenommen habe, könnte der bloß blätternde Leser zur Vermutung kommen, Ferraris wolle Nietzsche als Kronzeugen seiner neurealistischen Philosophie aufrufen. Denn hat die *Götzen-Dämmerung* nicht »einen verwegnen Realismus, eine Ehrfurcht vor allem Thatsächlichen« an Goethe gepriesen oder die »prachtvoll geschmeidige Leiblichkeit, den verwegenen Realismus und Immoralismus« der Griechen? Aber mitnichten: Ferraris' Nietzsche ist ein in sich selbst verkapselter Gescheiterter, ein Mann, der seine Philosophie nur erdacht hat, um sich über dieses Scheitern hinwegzutäuschen. Wenn Ferraris Nietzsche als manisch Besessenen und als moral- und ruchlosen Konstruktivisten darstellt, ist die leitende Absicht offenkundig: nämlich Nietzsches Denken so absurd wie möglich erscheinen zu lassen. Doch warum? Die Antwort liegt auf der Hand, auch wenn sie auf den 251 Buchseiten sorgfältig ausgespart wird: Weil kaum ein anderer Philosoph so konsequent wie Nietzsche darauf beharrt hat, dass die irdischen, weltlichen Wirklichkeiten die einzigen sind, auf die es ankommt. Ferraris wird nicht müde, Nietzsches Beobachtung, dass die Welt keinen feststehenden moralischen oder religiösen Hintersinn habe, als üblen, typisch konstruktivistisch-idealistischen Nihilismus zu brandmarken. Und doch ist das, was hier ›Nihilismus‹ heißt, nichts weiter als Realismus – die nüchterne Einsicht, dass unsere irdischen Realitäten metaphysisch ›alternativlos‹ sind und keine irgendwie natürlich gegebene moralische Substanz haben. Das eigentliche Gespenst, das hinter Ferraris' Buch lauert, ist der Realist Nietzsche. Vielleicht liegt das Neue am Neuen Realismus ja darin, dass er die Bemühung um Selbsterkenntnis verweigert: Die Selbsterkenntnis nämlich, dass jeder ehrliche Realismus Nihilismus sein müsste. Vielleicht sollte der Neue Realismus sich, seinem stolzen Namen die Ehre gebend, weniger mit Gespenstern beschäftigen, mehr mit Realitäten. Und den Bierernst mit einem Gläschen Prosecco vertreiben.

Diejenigen, die Nietzsche bierernst nehmen, sind gezwungen, die Vielstimmigkeit Nietzsches zum Verstummen zu bringen und nur eine – möglichst die schrillste – Stimme gelten zu lassen. Oft genug haben sie jene Entwicklung durchgemacht, die Nietzsche in der *Götzen-Dämmerung* aufzeigt: »Ich habe einmal in einem beinahe berühmt gewordnen Fall den Finger auf eine solche Entartung gelegt – die Entartung unsres ersten deutschen Freigeistes, des klugen David Strauss, zum Verfasser eines Bierbank-Evangeliums«. Und Nietzsche kann sich den Zusatz nicht verkneifen: »Nicht umsonst« habe Strauß »der ›holden Braunen‹ sein Gelöbniss in Versen gemacht« – nämlich in seiner *Elegie* auf die »braune Schöne«, also das Braunbier, das man in München genieße – im Unterschied zur »Blonden«, also dem hellen Bier in Weimar. Sogar Franz Mehring (1846–1919), Lukács' Hauptgewährsmann in Sachen Nietzsche und mit wüsten Beschimpfungen des intellektuellen Klassenfeindes sonst schnell bei der Hand, musste schon 1899 zugeben: »indem sich Nietzsche gegen Straussens ›Bierbankevangelium‹ erhob, wahrte er unstreitig die glorreichsten Überlieferungen deutscher Kultur«.

In einer Glosse zu George Bernard Shaw sprach Oscar Levy (1867–1946), der Herausgeber der ersten englischen Nietzsche-Ausgabe, 1924 über die vermeintliche »Weltmission« der Deutschen, die »keine Witze über sich selber« ertragen: »Der verdammte deutsche Bierernst hat denn auch auf dem Wege über das Bier und den Ernst uns richtig in die Verdammnis geführt. Moral: lernet zu lachen! (In Parenthese gesagt: die Deutschen sind das Volk ohne Satiriker. Ihr einziger großer Satiriker, Heinrich Heine, war ein Jude. Friedrich Nietzsche, der an satirischer Kraft ihm mindestens gleichkommt, rühmte sich polnischen Blutes).« Nietzsche benutzte zwar den Begriff des Bierernstes nicht, verfügt aber bis heute über mehr als genug satirisches Potential, um seinen Feinden und Freunden den Bierernst auszutreiben.

Nicht ganz so erfolgreich dürfte der Satiriker Nietzsche dabei gewesen sein, seinen Mit- und Nachläufern den prophetischen Ernst madig zu machen, mit dem sie seinen Pfaden zu folgen vorgaben. Denn Nietzsche hat sich selbst in prophetischem Sprechen geübt, so dass seine *Ecce-homo*-Beteuerung, in *Also sprach Zarathustra* rede »kein ›Prophet‹, keiner jener schauerlichen Zwitter von Krankheit und Willen zur Macht, die man Religionsstifter nennt«, nicht jeden zu überzeugen vermag. In *Ecce homo* gibt es auch Passagen wie die Folgende: »Dass ein Goethe, ein Shakespeare nicht einen Augenblick in dieser ungeheuren Leidenschaft und Höhe zu athmen wissen würde, dass Dante, gegen Zarathustra gehalten, bloss ein Gläubiger ist und nicht Einer, der die Wahrheit erst s c h a f f t, ein w e l t r e g i e r e n d e r Geist, ein Schicksal –, dass die Dichter des Veda Priester sind und nicht einmal würdig, die Schuhsohlen eines Zarathustra zu lösen, das ist Alles das Wenigste und giebt keinen Begriff von der Distanz, von der a z u r n e n Einsamkeit, in der dies Werk lebt. [...] Man rechne den Geist und die Güte aller grossen Seelen in Eins: alle zusammen wären nicht im Stande, Eine Rede Zarathustras hervorzubringen.«

Thomas Mann, Nietzsche sonst sehr gewogen, weist Nietzsches Selbstvergöttlichung zurück, wenn er zu diesem Passus bemerkt: »Natürlich muß es ein großer Genuß sein, dergleichen niederzuschreiben, aber ich finde es unerlaubt. Übrigens mag es sein, daß ich nur meine eigenen Grenzen feststelle, wenn ich weitergehe und bekenne, daß mir überhaupt das Verhältnis Nietzsches zu dem Zarathustra-Werk dasjenige blinder Überschätzung zu sein scheint. Es ist, dank seiner biblischen Attitude, das ›populärste‹ seiner Bücher geworden, aber es ist bei Weitem nicht sein bestes Buch. [...] Dieser gesicht- und gestaltlose Unhold und Flügelmann Zarathustra mit der Rosenkrone des Lachens auf dem unkenntlichen Haupt, seinem ›Werdet hart!‹ und seinen Tänzerbeinen ist keine Schöpfung; er ist Rhetorik, erregter Wortwitz, gequälte Stimme und zweifelhafte Prophetie, ein Schemen von hilfloser Grandezza, oft rührend und allermeist peinlich – eine an der Grenze des Lächerlichen schwankende Unfigur.« Dennoch blieb für viele Leserinnen und Leser Nietzsches prophetische Faszinationskraft ungebrochen. Die Journalistin Margarete Susman (1872–1966) ließ es sich 1943 im Schweizer Exil nicht nehmen, den Philosophen als »Vollstrecker eines Weltschicksals« anzusprechen: »Es gibt nur zwei Dinge, diese beiden völlig unvereinbaren Dinge, die Nietzsche zeitlebens beschäftigt haben: die Vollstreckung des Nichts und die Verewigung des Menschen.«

Nietzsche wollte selbst dann, wenn er sich eines historischen Propheten und Religionsstifters, des altpersischen Zoroaster als Ausdrucksmittel bediente, selbst nicht als Prophet verstanden werden – wohl nicht zuletzt deswegen, weil der Prophet gemeinhin als bloßer Künder, nicht als Verwirklicher künftiger Idealzustände angesehen wird und überdies als bloßer Abgesandter eines Höheren, eines Gottes. Mit einer derartig subalternen Rolle mochte sich zumindest der späteste Nietzsche im Zustand der Selbstvergöttlichung nicht bescheiden. Als seherischer Künder künftiger Weltereignisse hat man ihn allerdings schon bald nach seinem geistigen Erlöschen wahrgenommen, so dass der Literaturwissenschaftler Eugen Wolff (1863–1929) schon 1898 zu bedenken gab, man werde »der genialen Eigenart Nietzsche's nicht früher gerecht«, »als man völlig aufhört, ihn als Propheten der neuen Weltanschauung zu nehmen«.

Die Jugendbewegung um 1900 beanspruchte, Wolffs Bedenken ungeachtet, Nietzsche als Propheten ihrer eigenen Lebensweise, die der industriellen Welt zugunsten eines neuen Naturerlebens abschwor. Nietzsche verkörperte das Versprechen einer gänzlich andersartigen Daseinsart, als sie der Jugend von der bürgerlichen Umwelt vorgelebt wurde. So wurde er beispielsweise zum dramatischen Wendepunkt und zur Kippfigur des südbadischen Lebensreform-Dichters Emil Gött (1864–1908), der 1893 brieflich bekannte: »Was bei Schwächlingen und Absterbenden noch verzeihlich ist, das ist absurd bei einem

Künstler, also einem Könnenden, Schaffenden, Aufstrebenden. In ihm beweist sich ja eben der – uns allerdings sub specie humani unverständliche – Wert des Lebens, der doch mächtiger ist als der Tod, und jedenfalls bedeutungsvoller als das Nichtsein, das eben schlechterdings nichts bedeutet. Seufzend gestand ich mir dies schon lange ein, ohne aufzuwachen. Dazu bedurft es eines Rufers und der fand sich. Nur den Mund tat er auf, und beim bloßen Hauche, noch eh er zum Schall wurde, fuhr ich ahnend empor. Der Zündstoff lag ja schon hoch gehäuft, ja, die Lunte brannte schon, es bedurfte also nur eines schwachen Wehens. Du weißt, wen ich meine – den neuen Freund und Lehrer Nietzsche!«

Der Schriftstellerfreund Emil Strauß (1866–1960) berichtete, Gött habe ihn 1894/95 gebeten, den Winter bei ihm zu verbringen, »aber es gab kein Behagen mehr, auf die Dauer hielt ich es nicht mehr aus: er schwamm in Nietzsche, er war damals wie so viele ein Übermensch, und mir war, schicksalsgemäß Mensch zu sein und womöglich zu bleiben, eine noch ungelöste Aufgabe.« In Götts Tagebuch liest sich das dann am 12. Mai 1897 wie folgt: »Jetzt erst (seit Frühjahr 93) reißt mich jedesmal, so oft ich mich zu ihm wende und eine Seite aufschlage, ein Wirbelsturm von Rausch und Entzücken atemlos in die Höhe und läßt mich in seliger Trunkenheit zurücksinken, schwebend, so daß ich nicht spüre, wenn ich wieder auf meinem Boden anlange. Ach, und ein Rausch ohne Katzenjammer! schöner, frischer seliger als hintaumelnd erhebe ich mich wieder. Und ich habe das unbeschreibliche Wonne- und Triumphgefühl: Alles das schreibt er – mir! Er *liebt* mich, er glüht für mich …« Und am Neujahrstag 1901 heißt es ebenfalls im Tagebuch: »Jahr 1 nach Nietzsches Tod und hoffentlich Jahr 1 von Götts Aufstand.« Nun, aus Götts Aufstand wurde ebenso wenig wie aus dem Bestreben, »Friedrichs des Tiefen« prophetisches Voranschreiten im eigenen Werk zur Erfüllung zu bringen.

Aber das Vertrauen in Nietzsches Prophetenkraft erlahmte

auch unter jüngeren Jugendbewegten nicht – obwohl der Dichter Otto Ernst (1862–1926) 1914 in hoher Auflage eigens eine Streitschrift *Nietzsche der falsche Prophet* in die Welt schickte. Das breitenwirksamste Zeugnis dafür ist die 1916 erschienene autobiographische Erzählung *Der Wanderer zwischen beiden Welten* von Walter Flex (1887–1917), die nach dem Kriegstod ihres Verfassers ein grandioser Bestseller wurde. Deren Protagonist, der Theologie-Student und Frontsoldat Ernst Wurche macht dem Ich-Erzähler gleich gehörigen Eindruck: »Wie der schlanke, schöne Mensch in dem abgetragenen grauen Rock wie ein Pilger den Berg hinabzog, die lichten grauen Augen ganz voll Glanz und zielsicherer Sehnsucht, war er wie Zarathustra, der von den Höhen kommt«. Der Krieg führt zusammen, was zunächst nicht zusammenzugehören scheint: »Im Eisenbahnwagen kamen wir ins Gespräch. Er saß mir gegenüber und kramte aus seinem Tornister einen kleinen Stapel zerlesener Bücher: ein Bändchen Goethe, den Zarathustra und eine Feldausgabe des Neuen Testaments. ›Hat sich das alles miteinander vertragen?‹ fragte ich. Er sah hell und ein wenig kampfbereit auf. Dann lachte er. ›Im Schützengraben sind allerlei fremde Geister zur Kameradschaft gezwungen worden. Es ist mit Büchern nicht anders als mit Menschen. Sie mögen so verschieden sein, wie sie wollen – nur stark und ehrlich müssen sie sein und sich behaupten können, das gibt die beste Kameradschaft.‹« Für die Verbindung zwischen der irdischen und der himmlischen Welt sorgen nicht nur das Neue Testament und Goethes Lieder, sondern auch »Zarathustras trotzige Reden«, die »die Stille« »zerbrachen«. Denn »an Zarathustra gefiel ihm der schwingentragende Gedanke, daß der Mensch ein Ding sei, das überwunden werden muß. Immer war seine Seele auf der Streife nach dem Ewigen.« Wurche ist wie Zarathustra ein großer Wanderer, der sich zwar in die kriegsideologischen Erfordernisse seiner Lebenszeit passgenau einfügte, aber doch, mit dem prophetischen Nietzsche im Gepäck, auch darüber hinauswies, so dass *Der Wanderer zwi-*

schen beiden Welten für die Jugend auch nach dem verlorenen Krieg ein Leitmedium der heroischen Selbstverständigung blieb, ein Treibmittel zu nietzschescher Weltfrömmigkeit trotz allem, trotz einer bejahungsunwürdigen Welt. »Großen Seelen ist der Tod das größte Erleben.«

Flex' Erzählung führt es deutlich vor Augen: Das Prophetische, das man früh an Nietzsche zu entdecken glaubte, ohne recht sagen zu können, woraufhin es Prophezeiungen mache, wird in Stereotypen eingefroren. Es sind Stereotype von Nietzsches Großartigkeit und Umwälzungskraft – Gestaltstereotype im Unterschied zu den Schlagwortstereotypen, mit denen man Nietzsches Denken behängte. In gewisser Weise widerfährt dem Propheten Nietzsche genau das, was Nietzsche über das Schicksal der alttestamentlichen Propheten aus Julius Wellhausens *Skizzen und Vorarbeiten* (1884) gelernt hatte – dass sie nämlich ursprünglich in fundamentaler Opposition zur herrschenden Religion gestanden hatten, bevor man sie postum selber als Repräsentanten der herrschenden Religion in Anspruch nahm. *Der Antichrist* handelt von Jesaja als »typischem Propheten«, »das heisst Kritiker und Satyriker des Augenblicks«.

Schon 1893 polemisierte der Philosoph Ludwig Stein (1859–1930) gegen den »Nietzsche-Kultus« – der Soziologe Ferdinand Tönnies (1855–1937) sollte 1897 ein ganzes Buch unter diesen Titel stellen –, und zwar bevor sich ein Nietzsche-Kultus quasi institutionell etabliert hatte. Dies geschah dann im Weimarer Nietzsche-Archiv, das laut Satzung der 1908 errichteten Stiftung mit dem Anspruch auftrat, als einziges »Zentrum für die Nietzsche-Forschung« sowie als »Sammelpunkt für alle geistig-schöpferischen, künstlerischen und wissenschaftlichen Bestrebungen im Sinne meines Bruders Friedrich Nietzsche dauernd« zu wirken. Die Bemühung um Nietzsche nahm im strengen Sinne kultische Formen an: Sie formierte sich um die als heiligmäßig verehrte, in einen ehrwürdigen Trancezustand der Umnachtung gefallene Sehergestalt, die ihren Verehrungsort und ihre Kultstätte in Weimar fand, wo sich schnell eine Gemeinde bildete. Und bei der Gedenkfeier am 27. August 1900 im Nietzsche-Archiv ließ Ernst Horneffer (1871–1954) die Trauergemeinde wissen: »So weckte er Sehnsucht und Sehnsucht. Je mehr er hinschwand, um so lebendiger ward er. Das ist von diesem Tode zu sagen: um Tote soll man klagen und nicht um Lebendige. Dieser Mann, der hier im Sarge liegt, der ist nicht tot: wir, die wir ihn umstehen, wir sind Schatten, leichenfahle Schemen gegen das üppige Leben, das hier im Sarge blüht. Es gab nie einen lebendigeren Toten! Und dieser sieghafte Gedanke, glaube ich, könnte Trost bringen auch in das bekümmertste Herz, in eine Schwesterseele, die ihres Lebens ganzen Inhalt in der sorgenden Gemeinschaft mit dem Verstorbenen sah. Es ist keine Nacht, die mit diesem Tode hereinbricht, wie bei anderen Menschen; es ist ein Morgen, ein neuer Tag. Unendliche Morgenröten sehen wir aufleuchten. Wie alles in ihrem Lichte gebadet liegt! Spüren wir es nicht? Ich glaube zu sehen, wie der Tote sich aufrichtet, wie er hoch aufsteht – und zu seinen Füßen stürzt sich eine Welt.«

Der Philosoph als Auferstandener, als Erlöser der Welt. Darunter war Nietzsche im schwesterlichen Archiv fortan nicht zu haben – oft jedoch auch nicht jenseits dieses Archives und seiner kultischen Bedürfnisse. Scharfsinnig hat Ernst Troeltsch in einer Studie zur *Kirche im Leben der Gegenwart* 1911 die parareligiöse Rolle des Nietzscheanismus auf den Punkt gebracht: »Nietzsche hat viel zu tief mit dem innersten Gehalt des religiösen Problems selber gerungen, um nicht durch seine reine und scharfe Antithese den Rück- und Umschlag in das Religiöse selbst am stärksten zu bewirken, während für die Massen der Nietzsche-Kultus eine Mode ist, in der neurasthenische Sklavenseelen sich am Jargon der Herrensprache berauschen oder vergnügen.« Und noch 1985 ließ Martin Walser (*1927) eine Figur seines Romans *Brandung* feststellen: »Für mich ist Nietzsche nämlich der letzte

Großversuch der philosophischen Magd, die Priester zu stürzen, um selber Oberpriesterin zu werden.«

Gegenüber der zunehmend kollektiv hysterisierten Kasuistik des kultischen Nietzsche-Ernstes wirken die Formen der privaten Nietzsche-Verehrung geradezu wohltuend, mitunter anrührend. Da ist beispielsweise ein Brief im Nietzsche-Archiv überliefert, in dem eine junge Schweizerin der Archivleiterin 1935 berichtet, sie habe »dem Gedächtnis Ihres verewigten Herrn Bruders« ein »geweihtes Eckchen« ihres Zimmers vorbehalten: Nietzsche an Jesu Statt im Herrgottswinkel. Oder Emil Schenk (1821–1902), ein angeheirateter Onkel Nietzsches und während der letzten Lebenszeit dessen Vormund, begleitete den Neffen nicht nur bis zum Tod und unterschrieb schließlich die Sterbeurkunde. Er hat ihm offensichtlich auch auf dem Sterbebett einige Haare abgenommen und sie vom Weimarer Hofjuwelier Karl Koch in einen schlangenförmigen Goldring mit Rubinaugen einarbeiten lassen – mit der Innengravur »25. Aug. 1900 zur Erinnerung an Friedrich Nietzsche«. Dieser Ring wurde in der Familie Schenk bis heute weitervererbt und konnte 2016 erstmals in einer Ausstellung des Nietzsche-Dokumentationszentrums Naumburg der Öffentlichkeit vorgestellt werden. Diese persönlich-familiäre Nietzsche-Anhänglichkeit ist weit entfernt vom bald politisch kontaminierten Personenkult der offiziellen Familienrepräsentanten.

Politischer Ernst

Kein Bild steht so für die Schatten- und Nachtseite von Nietzsches Nachwirkungen wie jene Aufnahme, die sofort hundertfach aufpoppt, wenn man mit den Worten ›Nietzsche‹ und ›Hitler‹ eine Internet-Suchmaschine füttert. Sie zeigt am linken Bildrand den ›Führer‹ im Dreiviertelprofil und dunklen Dreiteiler, den grimmig entschlossenen Blick fest auf eine steinerne, überlebensgroße Nietzsche-Büste am rechten Bildrand gerichtet. Geschaffen wurde die Steinskulptur von Fritz Röll; sie steht ein wenig höher als Hitler auf einem Sockel und ist frontal dem Bildbetrachter zugewandt. Die beiden Figuren haben keinen Blickkontakt; auf allen bekannten Abzügen ist Nietzsches Kopf mehr oder weniger angeschnitten. Die Hauptfläche des Bildes wird von einem Fenster eingenommen, in dem sich die Konturen eines Baumes abzeichnen. Man pflegt zu behaupten, die Photographie sei 1934 während einer der beiden Hitler-Besuche im Weimarer Nietzsche-Archiv (20. Juli oder 2. Oktober) entstanden. Diese Besuche freilich bringt man auch mit jenen Bildern in Verbindung, die Hitler umrahmt von anderen Nazi-Größen bei der herzlichen Begrüßung von Elisabeth Förster-Nietzsche wohl an der Tür der Villa Silberblick zeigen. Nun hätte auffallen müssen, dass Hitler bei dieser Gelegenheit keinen dunklen Anzug, sondern eine helle Uniformjacke trug, ebenso später übrigens bei der offiziellen Trauerfeier nach Förster-Nietzsches Tod am 8. November 1935, wo er am blumengeschmückten Sarg zu sehen ist. Die Aufnahme mit der Nietzsche-Büste ist viel früher gemacht worden, nämlich bereits am 31. Januar 1932, und zwar von Hitlers Leibphotographen Heinrich Hoffmann, der sie ebenfalls 1932 in dem Band *Hitler wie ihn keiner kennt* veröffentlicht hat, mit der Bildunterschrift: »Im Nietzsche-Archiv. Der Führer an der Büste des deutschen Philosophen, dessen Ideen zwei große Volksbewegungen befruchteten: die nationalsozialistische Deutschlands und die faschistische Italiens«.

Nicht nur bei digital frei flottierenden Bildquellen, auch bei Augenzeugen-Textquellen scheint Vorsicht geboten: Der NS-Funktionär und Architekt Albert Speer (1905–1981) glaubte sich 40 Jahre später daran erinnern zu können, Hitler 1934 nach Weimar begleitet zu haben, »wo er der Schwester Nietzsches seine Aufwartung machte, bei der Begrüßung sich formvollendet verbeugte, ein riesiges Bukett Blumen übergab, was gleich darauf sein Diener wieder abnahm, weil es für die Dame zu voluminös war und das Ungetüm sie sichtlich in Verlegenheit setzte. Im Salon verwendete Hitler überaus gewundene Floskeln, die mich immer verblüfften und die ich noch heute rekapitulieren kann: ›Hochverehrte, gnädige Frau‹, konnte er anheben, ›welche Freude, Sie wieder in Ihrem geschätzten Hause in bester Gesundheit begrüßen zu dürfen. Mit meiner immer bleibenden Verehrung für Sie und Ihren hochgeschätzten Herrn Bruder verbinde ich gleichzeitig den Wunsch, daß Sie mir gestatten, aus Anlaß dieses Besuchs eine bescheidene Gabe zu überbringen, einen von mir zu spendenden Anbau an dieses traditionsgebundene Heim.‹ Elisabeth Förster-Nietzsche bot uns einigermaßen sprachlos Stühle an.« Offensichtlich war mit »Anbau« die geplante Nietzsche-Gedenkhalle gemeint, die freilich nie ihrer ursprünglichen Bestimmung zugeführt wurde. Auffällig ist, dass Speer in seinen *Erinnerungen* dieselbe Geschichte anders erzählt: »Weiter ging es in das Haus Nietzsches, wo dessen Schwester, Frau Förster-Nietzsche, Hitler erwartete. Die exzentrisch-versponnene Frau konnte mit Hitler offensichtlich nicht zu Rande kommen, es entspann sich ein eigentümlich flaches, verquer laufendes Gespräch. Der Hauptgegenstand wurde jedoch zur Zufriedenheit aller gelöst: Hitler übernahm die Finanzierung eines Anbaues an das alte Haus Nietzsches, und Frau Förster Nietzsche war damit einverstanden, daß Schultze-Naumburg dazu die Pläne entwarf: ›Das kann er eher, sich dem alten Haus angleichen‹, meinte Hitler. Er war sichtlich froh, dem Architekten einen kleinen Ausgleich bieten zu können.« Wer war jetzt also exzentrisch-versponnen: der Herrscher Deutschlands oder doch eher die Herrin des Archivs?

Aus der etwas widersprüchlich anmutenden Quellenlage abzuleiten, das Nietzsche-Archiv, das schon lange Benito Mussolini zu seinen eifrigsten Förderern gezählt hatte, habe doch vielleicht eine letzte Reserve gegenüber den neuen Machthabern in Deutschland gewahrt, würde gründlich fehlgehen. Es mag sein, dass Hitler nicht nur auf dem Bild mit der Büste nicht ganz auf Nietzsches Augenhöhe war. Aber die Repräsentanten des Archivs, unter ihnen Nietzsches Vetter Richard Oehler (1878–1948), waren eifrig darum bemüht, Hitler und den Nationalsozialismus zu Nietzsche auf Augenhöhe zu bringen. In seinem Büchlein *Friedrich Nietzsche und die deutsche Zukunft* demonstrierte Oehler nicht nur, dass man sich mit den Wagnerianern in Bayreuth um Deutschlands Zukunft willen bestens würde vertragen können – bis dahin herrschte erbitterte Feindschaft zwischen den Nietzsche- und den Wagner-Gralshütern –, sondern auch, dass man Nietzsche als strammen Antisemiten und Rassenideologen zu verstehen habe. Bei derlei Verlautbarungen handelt es sich keineswegs um bloße Anpassung an die neuen politischen Rahmenbedingungen. Denn schon vor der Machtergreifung durch die Nazis waren die Sympathien klar verteilt, wenn man Harry Graf Kessler (1868–1937) trauen darf, der in seinem Tagebuch am 7. August 1932 von einem Besuch bei Elisabeth Förster-Nietzsche berichtet: »Das Nietzsche-Archiv ist jetzt, wie sie selbst sagt, ›mitten in der Politik‹.« »Im Archiv ist alles vom Diener bis zum Major hinauf Nazi. Nur sie selbst ist noch, wie sie sagt, deutschnational. Sie erzählte, wie Hitler sie besucht hat nach der Premiere von Mussolinis Stück im National-Theater.« Und Kessler weiter: »Ich fragte sie, welchen Eindruck Hitler menschlich auf sie gemacht habe? Ob er nach ihrem Gefühl Format habe? Sie sagte: aufgefallen seien ihr vor allem seine Augen, die faszinierend seien und einen durch und durch blickten. Aber er habe mehr den Eindruck eines religiös als politisch bedeutenden Menschen auf sie gemacht.« Kessler resümiert: »Man möchte weinen, wohin Nietzsche und das Nietzsche-Archiv gekommen sind!«

1936 nutzte der Overbeck-Schüler und Nietzsche-Archiv-Kritiker Carl Albrecht Bernoulli (1868–1937) in der neutralen Schweiz die Gelegenheit einer Besprechung von Karl Jaspers' neuem Nietzsche-Buch dazu, über Nietzsches Formel der »großen Politik« nachzudenken. Dazu geführt worden sei Nietzsche durch die ernüchternden Erfahrungen, die er mit Demokratisierungsbewegungen in Europa gemacht habe. »Daraus folgert er, die Europa bedrohende politische Gefahr kann nur beschworen werden durch den Geist eines schaffenden Gesetzgebers.« Bernoulli sieht daraus fundamentale Gefahren für die Moderne erwachsen: »Als Nietzsche der Verteidigung der Moral den Abschied gab, als er darauf verzichtete, diesen Willen zur Macht pädagogisch auf eine systematische Durchsittlichung der Menschheit zu verwenden, da riss ihn sein gewaltiges Grundziel der Grossen Politik persönlich in den Abgrund.« »Wir schliessen mit den notorischen Tatsachen unserer Zeitgeschichte: die heutigen Alleinherrscher unserer mitteleuropäischen Großmächte sind überzeugte Nietzscheaner. Mussolini gesteht, er habe den Faschismus nur schaffen können, nachdem er bei Nietzsche gelernt habe. Der deutsche Reichskanzler Adolf Hitler erlaubte die Verbreitung einer Aufnahme von sich, die ihn darstellt, wie er im Nietzsche-Archiv zu Weimar ein Heft mit Originalzetteln des Meisters durchblättert. Und der französische Regierungspräsident, Léon Blum, war einer der frühesten Nietzscheschriftsteller mit seinem bedeutenden Buche von 1903 ›En lisant Nietzsche‹.«

Aus der Perspektive des Jahres 1936 ist der nietzscheanische Wille zur großen Politik also keineswegs auf die faschistischen Machthaber beschränkt; auch der französische Sozialist Léon Blum (1872–1950) hat daran prominenten Anteil. 1947 sollte sich Thomas Mann zu glauben weigern, »dass Nietzsche den Faschismus gemacht hat, sondern der Faschismus ihn«. Demgegenüber hat Joseph Goebbels am 23. Januar 1943 von einem Gespräch berichtet, in dem Hitler Nietzsche als »den Philosophen« bezeichnete, »der unserer ganzen Gedanken- und Gefühlswelt am allernächsten steht. Er ist nicht ganz modern, er steht der Moderne aber am nächsten. Was er vorbereitet hat, so meint der Führer, müßte Rosenberg vollenden. Stattdessen baut er ein Ostministerium auf, das keinen Schuß Pulver wert ist«. Von Elisabeth Förster-Nietzsche hatte Hitler früher schon Nietzsches Spazierstock – war es ein Stockdegen? – geschenkt bekommen. Für einen Moraldichter wie Rolf Hochhuth (*1931) bot dieser Sachverhalt, zudem Hitlers Suizid evozierend, 2004 die willkommene Gelegenheit, über Nietzsche im Titelgedicht seines Buches *Nietzsches Spazierstock* den Stab zu brechen:

> »Blonde Bestien« verbrennen mit Hitlers Gebein
> Nietzsches Stock, als sie Benzin auf den gießen,
> der 56 Millionen Europäer gemordet – nicht *allein:*
> Ihm halfen, die Nietzsche mitherrschen ließen.

Nietzsches also als ›der Stellvertreter‹ – Hitlers. Nun wird ein Apologet die populäre und politische Rezeption Nietzsches leicht als populistisches Missverständnis abtun können und sich auf Nietzsches Geistesaristokratismus berufen, der sich jeder pöbelhaften Massenbewegung widersetzt habe. Nicht so leicht zu übersehen ist aber, dass es durchaus ambitionierte Versuche gab, Nietzsche im Sinn des Nationalsozialismus philosophisch auf Augenhöhe zu begegnen und mit ihm Blickkontakt zu halten. Unter den nazistischen Nietzsche-Deutern ragt – von

Martin Heidegger einmal abgesehen – Alfred Baeumler (1887–1968) heraus, der 1931 bei Reclam eine einschlägige Monographie vorlegte. Übereinstimmend mit Nietzsches eigenen, wiederholten Bekenntnissen glaubte er in dessen Denken eine »Einheitlichkeit des Willens« zu erkennen: »Nietzsche und seine Sache sind eins; Einheit nicht Vielheit ist der Charakter dieses Lebens.« Baeumler stellt den ›Willen zur Macht‹ ins Zentrum, blendet die ›Ewige Wiederkunft‹ als unwesentliche Zutat aus und verlagert den Schwerpunkt vom Individuum, dessen Größe Nietzsches Texte immer wieder beschwören, auf das Kollektiv: »Was die große Politik vorwärts treibt, ist das Bedürfnis des Machtgefühls, welches nicht nur in den Seelen der Einzelnen, sondern auch in den niederen Schichten des Volkes aus unversieglichen Quellen von Zeit zu Zeit hervorstößt.« Die Lösung sehe Nietzsche nur in einem Mittel: »Gegen die zunehmende Angleichung, Vermittelmäßigung und Verkleinerung des europäischen Menschen gibt es nur e i n Gegenmittel: die Gefahr und den Krieg.« Über Baeumler als nietzscheanisierenden Philosophen wird später noch zu reden sein.

Das Bestreben, Nietzsches vielgestaltiges Denken auf eine einzige politische und kriegerische Linie zu bringen, ist indes keine Exklusivität der Nazis. Auch die Gegenseite, die Verschwörer des 20. Juli 1944, gefiltert wohl über den nietzscheanisierenden Elitismus des Kreises um Stefan George (1868–1933), nahmen Nietzsche politisch ganz ernst. Wenige Wochen vor dem Attentat kam Claus Schenk Graf von Stauffenberg (1907–1944) mit seinen Mitstreitern zusammen. Sie legten gemeinsam einen Schwur ab, der sich einerseits – ganz fern von Nietzsche – »zu den großen Überlieferungen unseres Volkes« bekennt, »das durch die Verschmelzung hellenischer und christlicher Ursprünge in germanischem Wesen das abendländische Menschentum schuf«. Andererseits jedoch wollen die Widerstandskämpfer »eine Neue Ordnung« installieren, »verachten aber die Gleichheitslüge und fordern die Anerkennung der naturgegebenen Ränge«. Das wiederum ist nichts weiter als die Paraphrase antiegalitärer Phrasen aus Nietzsches letzten Werken. Diese pochen auf eine natürliche Rangordnung und erklären – so in Abschnitt 43 des *Antichrist* – ausgerechnet das von den Verschwörern hochgehaltene Christentum zur Ursache des weltgeschichtlichen Niedergangs: »Der Aristokratismus der Gesinnung wurde durch die Seelen-Gleichheits-Lüge am unterirdischsten untergraben.« Im Nachlass von 1885 hatte Nietzsche über das gegenwärtige »Zeitalter« bemerkt, es wolle, »daß jeder mit tiefster Unterthänigkeit vor der größten aller Lügen – diese Lüge heißt ›Gleichheit der Menschen‹ – auf dem Bauche liegt, und ehrt ausschließlich die g l e i c h m a c h e n d e n, g l e i c h s t e l l e n d e n Tugenden.«

Die Attentäter des 20. Juli greifen die bei Nietzsche zu findende Polemik gegen die »Gleichheitslüge« ebenso auf wie die Nazis es getan haben. Jedoch rechristianisieren, renationalisieren und renormalisieren sie sie – während die Nazis sie entgrenzen und enthemmen, um einen rassischen Weltherrschaftsanspruch jener Deutschen zu begründen, die bei Nietzsche Zielscheibe unausgesetzten Spottes waren.

Joseph Viktor Widmann (1842–1911) hatte 1886 in einer Rezension zu *Jenseits von Gut und Böse* nicht nur gesagt, es sei ein »gefährliches Buch«, sondern auch, es sei »Dynamit«. Zugleich bändigte er dessen zerstörerische Kraft, indem er in Erinnerung rief, dass man den Sprengstoff für den Bau des Gotthard-Bahntunnels gebraucht habe. Nietzsche liebte es fortan, diese Rezension zu zitieren und sich selbst mit Dynamit zu identifizieren – in der Schwebe lassend, ob der Sprengstoff zu destruktiven oder konstruktiven Zwecken verwendet werden soll. Die Nazis nahmen ihn in destruktiven Gebrauch, wohingegen die Attentäter vom 20. Juli – mit echtem Sprengstoff hantierend – seinen Antiegalitarismus zur kulturellen Regeneration nutzen wollten.

2007 machte sich Florian Henckel von Donnersmarck (*1973) in der *Frankfurter Allgemeinen Zeitung* über die Empörung lustig, mit der das gebildete Deutschland der Aussicht entgegensah, dass der Schauspieler und bekennende Scientologe Tom Cruise in einem Hollywoodstreifen Stauffenberg spielen würde. Er notierte, uns sei »heute selbst der größte Star der Siegernation nicht gut genug, unseren Übermenschen Stauffenberg zu spielen«. Über den naiven Filmregisseur brach eine hohe Woge der Entrüstung herein, weil es nicht anzugehen schien, den Widerstandshelden mit Nietzsches Wortprägung – die man mit den Nazis kurzschloss – zu verunstalten, und dies auch noch mit ironischem Unterton. Überhaupt wäre es erleichternd einfach, wenn man Nietzsche politisch eindeutig in der faschistisch-nazistischen Ecke platzieren könnte. So einfach wird man es sich allerdings nicht machen dürfen: Nietzsche-Erleichterungen und Nietzsches Erleichterungen übersteht man selten unbeschadet. Dass ausgerechnet der Gedenkstein für den SPD-Politiker und Widerstandskämpfer Julius Leber (1891–1945) auf dem Ehrenfriedhof von Lübeck einen Spruch aus dem dritten Teil von *Also sprach Zarathustra* nicht ganz zeichengetreu zitiert – »Aufrecht geht mir beizeiten, o Brüder!« –, aber die Herkunft und den Verfasser des Spruches verschweigt, zeigt die Verschämtheit im politischen Umgang mit Nietzsche.

Dazu liefert der gegenwärtige politische Gebrauch, den man von Nietzsche macht, das Satyrspiel: Ein Artikel über die damalige AfD-Parteichefin Frauke Petry im *New Yorker* endet mit deren Ausfälligkeit gegen die »Gutmenschen« und einem Ausblick auf den notorischen Dunkelmann, der offenbar heute noch als politischer Bürgerschreck *bella figura* macht: »›There's this saying of Nietzsche‹ – she took out her phone and pulled up the quote almost instantly. ›Here it is, in *Zarathustra:* ›The good have always been the beginning of the end‹.‹«

Nietzsche wird für die sich angenehm gruselnden Journalisten, die ihn allen alten und neuen Rechten als Hausgott andichten, zum Synonym des Leibhaftigen. So kundschaftete Malte Henk mit einem fingierten Facebook-Profil für die ZEIT die rechte Szene aus: »Ich gab mir den falschen Namen Matthias Weiß, stellte als Profilfoto ein Bild von Friedrich Nietzsche ein und schickte fünf Fremden eine Kontaktanfrage. Alle fünf hatten ihr Profilfoto mit dem Logo der AfD hinterlegt«. »Alle fünf wollten sich mit mir anfreunden. Einer lobte das Profilbild von Matthias Weiß, er schrieb kühn und knapp: ›Spitzenmann!‹« Und als Peter Wehner in der *New York Times* vom 5. Juli 2016 unter dem Titel »The Theology of Donald Trump« von der Wahl dieses Kandidaten abraten wollte, geschah dies mit der Begründung, Trump sei viel eher ein Anhänger Nietzsches als ein Christ. Trumps Parteinahme für die Starken und seine Verhöhnung der Schwachen seien doch nichts weniger als die Umsetzung von Nietzsches antichristlichem Katechismus. Wehners Warnung hat bekanntlich nicht gefruchtet.

Jenseits solch plakativen Nietzsche-Gebrauchs zu durchaus durchsichtigen dämonisierenden Zwecken ist es bemerkenswert, dass Nietzsche auch heute noch von Rechtsaußen mit Beschlag belegt wird. Es scheint so, als übe der Denker der Nicht-Identität auf alle Identitären eine magische Anziehungskraft aus. Wie kommt es, dass gerade der radikale Individualist Nietzsche, der sich aller Vergemeinschaftung und allem Völkischen verweigerte, auf Kollektivisten und Korpsgeister unwiderstehlich wirkt? Gewiss gibt es bei Nietzsche durchaus Stellen, die den Zwang zur Vereinheitlichung des Volkswillens visionieren, eine kastenartig durchstrukturierte Gesellschaft und ein Europa, das, autoritär regiert, sich durch Abgrenzung gegen außen definiert. Nietzsches politische Rhetorik ist alles andere als entspannt liberal. Das versäumen auch Vorzeige-Faschisten wie Julius Evola (1898–1974) nicht, vielfach vorzutragen – mit dem Argument, Nietzsche habe wie kein anderer die Notwendigkeit erkannt, der allgemeine Zerfall der Moral und die gottferne Sinnlosigkeit der Moderne müsse durch einen aktiven Nihilismus bekämpft werden.

Aber Nietzsche ist politisch polymorph. So wird in der jüngeren anglo-amerikanischen Debatte, die sehr viel stärker als die kontinentaleuropäische an der Einspeisbarkeit des Philosophen in gegenwärtige Problemzusammenhänge interessiert ist, bei Autoren wie Lawrence Hatab (*1946) Nietzsche *für* Demokratie in Anspruch genommen. Diese Inanspruchnahme geschieht im Wissen darum, dass die historische Person sich – von kurzen Sympathien in der Phase von *Menschliches, Allzumenschliches* abgesehen – augenscheinlich zeitlebens von den realen und idealen Demokratien angeekelt fühlte und in ihnen eine fundamentale Behinderung für die Selbstprofilierung des starken, großen Individuums meinte sehen zu müssen. Das Hauptargument, Nietzsche trotzdem für die Demokratie in Anspruch zu nehmen, besteht darin, gerade in der Demokratie jene Staats- und Gesellschaftsform zu sehen, die die von Nietzsche so hochgehaltene Agonalität, den Wettkampfcharakter des Daseins auf bestmögliche Weise verwirkliche: Da können alle Individuen miteinander in Wettstreit treten und sich aneinander, gegeneinander bewähren.

Diese Debatte um die Demokratietauglichkeit von Nietzscheschen Denkansätzen ist bislang allerdings genauso im akademischen Reservat verblieben wie diejenige, ob der sich notorisch misogyn äußernde Philosoph nicht in Wahrheit einer radikalen Emanzipation der Geschlechter und womöglich von aller Geschlechtlichkeit das Wort geredet habe. Auch als Gender-Philosoph bleibt Nietzsche politisch ein Fall für Eingeweihte.

Mehr politisch-publizistischen Staub wirbelt es auf, wenn ein medial massentauglicher Philosoph wie Peter Sloterdijk (*1947) in seinen *Regeln für den Menschenpark* laut über die Züchtbarkeit des Menschen nachdenkt und ihre Möglichkeit auf Nietzsches Fährte zum philosophischen Problem erklärt. Biopolitik ist das Stichwort, das sich auch Transhumanisten auf die Fahnen schreiben, wenn sie unter Berufung auf Nietzsches Reizwort des Übermenschen die Chancen der neurotechnischen Veränderung und Verbesserung des Menschen, sein *enhancement* abwägen. So heftig darüber auch gestritten werden mag – Nietzsche bleibt dabei doch eher Randfigur, allenfalls ein verlässlicher Lieferant für knackige Zitate. In der Science-Fiction-Serie *Gene Roddenberry's Andromeda* sind die Nietzscheans eine genetisch optimierte, menschliche Subspecies (›homo sapiens invictus‹), robuster, stärker und schneller als andere Menschen, weswegen sie sich viel auf ihre Übermenschlichkeit einbilden. Bei und mit ihnen geht es ausgesprochen ruppig zu: Anstatt sich auf die ihnen eigentlich zugedachten Sphären der Kunst oder der Wissenschaft zu verlegen, sind sie vornehmlich damit beschäftigt, andere und sich selbst gegenseitig umzubringen. Falls dies die angeblich von Nietzsche gedachte, agonale Selbstoptimierung sein sollte, wird man biopolitische Pläne noch zu überdenken haben.

Kurzatmig bleibt die politisch-publizistische Aufregung auch dort, wo ein Schriftsteller wie Michel Houellebecq (*1956) in seinem Roman *Soumission* (2015) intellektuelle Islamisten ausgerechnet und ausdrücklich das Hohelied auf den Islam aus Nietzsches *Antichrist* aufgreifen und gegen die christlich-säkulare Mehrheitsmeinung als Waffe einsetzen lässt. Nun ist es nicht so, dass sich Nietzsche unter echten Islamisten eines besonderen Zuspruchs erfreuen würde. So liest man 2016 in *Dabiq*, dem Hochglanz-Propagandahetzblatt des sogenannten *Islamischen Staates*: »Seit den Tagen der sogenannten Französischen Revolution im Westen und nach der Oktoberrevolution im Osten werden die christlichen Länder des Unglaubens von Philosophien beherrscht, die mit *fitrah*, der eingeborenen menschlichen Natur, auf Kriegsfuß stehen. Die Lehren von Darwin, Marx, Nietzsche, Durkheim, Weber und Freud fanden ihren Weg in die meisten westlichen Gesellschaften durch die Erziehungssysteme und die Medienindustrie, darauf ausgerichtet, Generationen bar jeder Spur von *fitrah* heranzuzüchten.« Und weiter heißt es zu dieser exquisiten Gruppe repräsentativ-dekadenter Philosophien: »Sie zerstörten die Grundlage der Religion – obwohl eine verderbte, gebildet aus Heidentum und einer befleckten Heiligen Schrift – und was sie in Moral und Gesellschaft nach sich zog.«

Kriegerischer Ernst, krimineller Ernst

Der kriegerische Umgang mit Nietzsche reicht schon in die Zeit vor 1914 zurück. Elisabeth Förster-Nietzsche lässt ihre Leser schon 1904 an einem angeblich 1885 erfolgten, gemeinsamen Spaziergang mit ihrem Bruder teilhaben. Der habe sich an seine Zeit als Krankenpfleger im Deutsch-Französischen Krieg 1870 erinnert und erzählt, »wie er einmal abends nach solchen entsetzlichen Wanderungen, das Herz von Mitleid fast gebrochen, in eine kleine Stadt gekommen sei, durch welche eine Heerstraße führte. Als er um eine Steinmauer biegt und einige Schritte vorwärts geht, hört er plötzlich ein Brausen und Donnern, und ein wundervolles Reiterregiment, prachtvoll als Ausdruck des Mutes, und Übermutes eines Volkes, flog wie eine leuchtende Wolke an ihm vorüber. Der Lärm und Donner wird stärker, es folgt seine geliebte Feldartillerie im schnellsten Tempo – ach, wie es ihn schmerzt, sich nicht auf ein Pferd werfen zu können, sondern tatenlos an dieser Mauer stehen bleiben zu müssen! Zuletzt kam das Fußvolk im Laufschritt: die Augen blitzten, der gleichmäßige Tritt klang wie wuchtige Hammerschläge auf den harten Boden. Und als dieser ganze Zug an ihm vorüberstürmte, der Schlacht, vielleicht dem Tode entgegen, so wundervoll in seiner Lebenskraft, in seinem Kampfesmut, so vollständig der Ausdruck einer Rasse, die siegen, herrschen oder untergehen will –, ›da fühlte ich wohl, meine Schwester‹, fügte mein Bruder hinzu, ›daß der stärkste und höchste Wille zum Leben nicht in einem elenden Ringen ums Dasein zum Ausdruck kommt, sondern als Wille zum Kampf, als Wille zur Macht und Übermacht!‹«

Karl Schlechta (1904–1985) hat zwar schon vor einigen Jahrzehnten nachgewiesen, dass diese schöne Geschichte mit an Sicherheit grenzender Wahrscheinlichkeit gänzlich der Phantasie der Autorin entsprungen sein dürfte. Das allerdings konnte Ernst Jünger (1895–1998) noch nicht gewusst haben, als er 1925 in *Wäldchen 125*, seiner *Chronik aus den Grabenkämpfen 1918* diese Stelle zitierte: »Es ist unnötig zu sagen, wer solche Worte sprach. Mögen auch unsere Taten einer neuen, großen und harten Weltanschauung die Gasse brechen.« Der »einsame Nietzsche, dem wir fast alles verdanken, was uns am stärksten bewegt«, galt Jünger als Hauptinspirator einer Kriegsweltanschauung, wie er sie sich enthusiastisch zu eigen gemacht hatte.

Bemerkenswert ist, dass der martialische Dichter in späteren Ausgaben des *Wäldchens 125* diese Nietzsche-Stellen stillschweigend beiseiteließ. Offenbar vertrug es sich nicht mehr mit dem Selbstbild des abenteuerlichen Herzens und brachial-intellektuellen Draufgängers, seine Frontberichte wie ein gewöhnlicher Bildungshuber mit Klassiker-Zitaten zu garnieren – mochte dieser Klassiker auch Friedrich Nietzsche sein. Aber auch innerlich schien sich Jüngers nietzscheanischer Bellizismus nach und nach aufzuweichen. So tilgte er beispielsweise in der *Wäldchen-125*-Ausgabe von 1933 eine Passage, die 1925 zwar ohne Nietzsche-Namensnennung ausgekommen war, aber doch starke Nietzsche-Anleihen gemacht hatte: Wer darf im Krieg welche Ansprüche erheben? »Diese Ansprüche mögen sogar auf der Gegenseite noch begründeter sein, das ist gleichgültig, denn nicht auf ihrer Richtigkeit beruht die Entscheidung, sondern auf dem stärkeren und gefühlteren Willen zur Macht. Sonst wäre ja die Blutprobe des Krieges ohne jeden Sinn, alle Streitfälle ließen sich vorher, rein intellektuell und sicher bedeutend billiger schlichten.«

Je stärker sich die Vorstellung politisch bei Deutschlands Pöbel verankerte, die Stärke des jeweiligen Willens zur Macht müsse letzte Entscheidungsgrundlage sein, desto mehr fühlte sich Jünger davon abgestoßen. Zur nazistischen Machtwillensideologie ging er auf Distanz. *Auf den Marmorklippen* von 1939 räumte dem »Alten Pulverkopf« Nietzsche nur noch wenig Kredit ein. Bemerkenswert ist auch, dass Jüngers ursprüngliches *Kriegstagebuch* von 1914 bis 1918 Nietzsche mit keiner Silbe erwähnt. Die häufigen Nietzsche-Bezüge in den späteren Kriegsbüchern könnten nachträgliche Überformungen von Kriegserfahrungen sein, die Jünger noch ohne Nietzsches Schützenhilfe gemacht hatte.

Im populären Kontext erschien Nietzsche weit über Deutschland hinaus bereits 1914 als der exemplarische Kriegsphilosoph: Der britische Verleger T. N. Foulis brachte in diesem Jahr eine Neuausgabe einer bereits früher publizierten, englischen Übersetzung von *Jenseits von Gut und Böse* auf den Markt und versah sie mit einem riesigen Schutzumschlag-Aufdruck: »NIETZSCHE / THE PREACHER OF WAR / BEYOND GOOD & EVIL / WAR EDITION«. Auch wenn Alfred Richard Orage (1873–1934) in einer Rezension für *The New Age* diese Charakterisierung Nietzsches als Kriegsprediger zurückwies und den Verleger des Opportunismus bezichtigte (»Hat Herr Foulis, frage ich mich, je *Jenseits von Gut und Böse* gelesen? Weiß er, worum es darin geht? Das Buch hat, selbstredend, genau so viel zu tun mit dem Krieg wie die Schriften von Locke oder Epiktet«), haftete Nietzsche fortan der Makel an, für die Kriegsführung der Achsenmächte die theoretische Fundierung geliefert zu haben.

Da half es auch nicht, dass der deutsche Schriftsteller Hanns Heinz Ewers (1871–1943) während des Ersten Weltkriegs in der *New Yorker Staatszeitung* Nietzsche dagegen in Schutz nahm, ein »Kriegsphilosoph« oder gar ein »wahnsinniger Prophet des Krieges« zu sein und dazu zahlreiche Stellen aufführte, die Nietzsches Kriegsverachtung demonstrieren sollten. Tatsächlich war Nietzsche in der britischen und amerikanischen Öffentlichkeit mit Krieg und Gewaltsamkeit eine unauflöslich erschei-

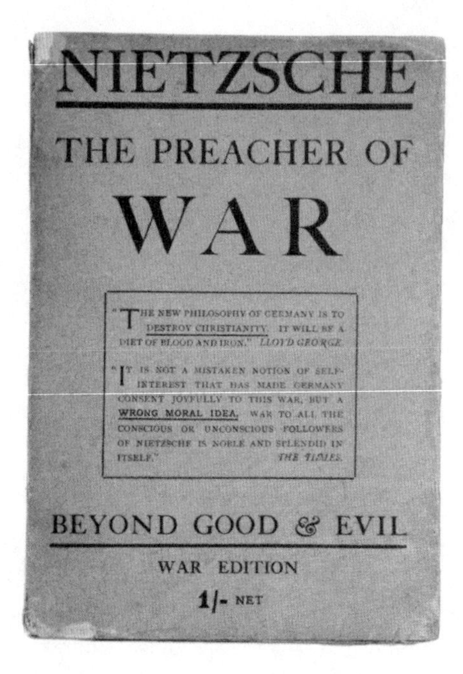

nende Verbindung eingegangen, mochten Fachleute und genaue Leser noch so sehr protestieren.

Dass diese Verbindung von Krieg und Nietzsche überhaupt zustande kam und sich so fest fügen konnte, verdankt sich nicht breiter, intensiver Nietzsche-Lektüre, sondern ironischerweise nur fünf mageren Textzeilen: »Der Krieg und der Mut haben mehr große / Dinge getan als die Nächstenliebe. Nicht / euer Mitleiden, sondern eure Tapferkeit / rettete bisher die Verunglückten. / Was ist gut? fragt ihr. Tapfer sein ist gut.« So stand es, korrekt nachgewiesen, »Nietzsche, Also sprach Zarathustra, 1. Teil, 10. Rede«, auf dem Titelblatt eines berühmt und berüchtigt gewordenen Buches, das auch sogleich in englischer Übersetzung erschienen ist, nämlich Friedrich von Bernhardis (1849–1930) *Deutschland und der nächste Krieg* von 1912. Bernhardi war Kavallerie-General im Ruhestand und sein Werk redete dem Angriffskrieg gegen Frankreich ebenso das Wort wie einem enthemmten Kolonialismus, um Deutschland eine Weltmachtstellung zu sichern. In Frankreich und Großbritannien, wo das Werk viel größere Resonanz fand als in Deutschland, nahm man es als quasi offizielle Darstellung der aggressiven Absichten der deutschen Militärs, obwohl das Werk nicht einmal unter den Mitgliedern des Großen Generalstabes breite Zustimmung gefunden hatte. Nietzsche aber war, seit er Bernhardi als Stichwortgeber hatte dienen müssen, in militaristische Sippenhaft genommen, zumal auf internationalem Parkett.

In Deutschland hingegen haftete Nietzsche ein Makel an, der Philosophen seit Sokrates hartnäckig begleitet hatte: Er galt als Verderber der Jugend. Der Berufsantisemit Theodor Fritsch (1852–1933) titulierte schon 1887 Nietzsche als »Seicht-Fischer«, der »seinen Narren am Juden fraß«, um ihn dann 1911 für das angeblich epidemische Auftreten von Selbstmorden unter Jugendlichen verantwortlich zu machen. Aber Nietzsche war nicht bloß einer Suizidalphilosophie verdächtig, sondern galt überdies als Anstifter zum Verbrechen. Als der Lehrer und erfolglose Schriftsteller Ernst Wagner (1874–1938) 1913 zuerst in Stuttgart-Degerloch seine Familie erschlug, danach in Mühlhausen an der Enz vier Häuser anzündete und auf zwanzig flüchtende Menschen schoss, neun davon tötete, tat er dies ausdrücklich unter Berufung auf Nietzsches Immoralismus. Wie Bernhardi legte er ihn sozialdarwinistisch aus: »Gewiß wird man es von mir anmaßend finden, wenn ich mich mit Nietzsche in Vergleich stelle. So ein armseliges Dorfschulmeisterlein! Aber dessenungeachtet behaupte ich, daß das, was bei Nietzsche nur Redefigur und Geistreichelei, bei mir ernste, lebenvernichtende Überzeugung ist. Ich sage gleich ihm: Das Mitleid mit dem Schwachen, Siechen, Verkrüppelten ist Verbrechen und allererst Verbrechen gegen den Bemitleideten selbst. Nietzsche hat aber keinen einzigen davon ›gestoßen‹, nicht einmal sich selbst.«

Auch die beiden gutsituierten Studenten Nathan Leopold Junior (1904–1971) und Richard Loeb (1905–1936) sollen 1924 den Mord an einem Vierzehnjährigen begangen haben, weil sie sich für nietzscheanische Übermenschen hielten. Patrick Hamilton (1904–1962) ließ sich davon 1929 zu einem Theaterstück inspirieren, das wiederum Alfred Hitchcock (1899–1980) seinem filmischen Kammerstück *Rope (Cocktail für eine Leiche)* von 1948 zugrunde legte. Zu Beginn erdrosseln dort zwei Studenten mit dem titelgebenden Strick einen Freund, nicht aus Hass oder Habgier, sondern einfach nur, weil sie den perfekten Mord begehen und sich über die herkömmliche Moral erhaben fühlen wollen. Ein Buffet wird aufgebaut auf der Truhe, in der die Leiche liegt; ahnungslose Angehörige und Freunde des Ermordeten finden sich als Partygäste ein. Der Party-Talk nimmt bald eine abgründige Wendung; man spricht darüber, ob Mord nicht eine Kunst sein könne – für die meisten Menschen zwar ein Verbrechen, aber für höhere Menschen ein Privileg. »Ich bin für Mord«, bekennt der Kaltblütigere der beiden Mörder, von denen noch niemand weiß, dass sie Mörder sind. »Sie vertreten also Nietzsches Theorie vom Übermenschen – genauso wie Hitler«, hält ihm der Vater des Ermordeten entgegen, der noch nichts vom Tod seines Sohnes weiß. Am Ende wird die Tat aufgedeckt, die Täter werden entlarvt – und zwar ausgerechnet vom ehemaligen Lehrer der jungen Männer, der ihnen Nietzsches vorgeblichen Übermenschen-Immoralismus einst nahegebracht hatte und jetzt reumütig Abbitte leistet.

Spätestens seither gehört die Nietzsche-Immoralismus-Reverenz für intellektuell ambitionierte Mörder zum guten Ton. Beispiele unter vielen: Eric Harris, der 1999 zusammen mit einem Mitschüler das Columbine-High-School-Massaker anrichtete, vertraute seinem Tagebuch an: »Ich liebe einfach Hobbes und Nietzsche.« Der damals erst angehende Massenmörder Anders Behring Breivik nahm 2011 in seinem Online-Manifest gegen die Islamisierung Europas »den brillanten deutschen Philosophen Friedrich Nietzsche« für sich in Anspruch. Denn der habe es als fluchwürdige »›Umkehrung der Moral‹« beschrieben, »wenn die Schwachen, die Armen, die Demütigen, die Unterdrückten und die Erbärmlichen als die Tugendhaften und von Gott Gesegneten angesehen werden, während die Starken, die Reichen, die Vornehmen und Machtvollen als die Unmoralischen und Verdammten gelten«. Diese positive Bezugnahme auf Nietzsche ist bemerkenswert für jemanden, der sich als neuer Kreuzritter geriert. Ein paar Seiten später kommt der Grund dafür ans Licht: »Multikulturalismus und die Phantasiewelt der Gleichheit gelten nur für den Westen und werden in Kraft gesetzt, indem genau jene moralische Umkehrung benutzt wird, die Nietzsche vorausgesagt hat«. Breivik zieht aus Nietzsche also kein Rollenvorbild für den immoralistischen Verbrecher, sondern für den antiegalitären Multi-Kulti-Kritiker. Nietzsche dient ihm als Referenzfigur für Vornehmheit, der er mordend nacheifern will. Die ironische Pointe dabei ist, dass der selbsternannte nietzscheanische Kreuzritter sich hier keineswegs vornehm gebärdet, sondern einfach nur von einer rassistischen Website die Nietzsche-Passagen ohne Quellenangabe in seinen Text hineinkopiert hat. Auf Nietzsche als Autorität scheint auch ein Massenmörder nicht verzichten zu wollen.

Auf dem Grabstein eines männlichen Mordopfers, das exhumiert wird, steht der Spruch »Alles am Weibe ist ein Räthsel«. Der Pathologe Karl-Friedrich Boerne klärt Kriminalhauptkommissar Frank Thiel darüber auf, dass der Spruch von Nietzsche stamme (nämlich aus dem ersten Teil von *Also sprach Zarathustra*), und fügt hinzu: »Der Spruch könnte auf dem Grabstein eines jeden Mannes stehen.« Erst als der Kommissar viel später die Fortsetzung erfährt, kommt er der Lösung des Falles näher: »Alles am Weibe hat Eine Lösung: sie heisst Schwangerschaft«. Schließlich erweist sich im Münsteraner *Tatort* »Das ewig Böse« (2006) sogar der unter schweren Verdacht geratene Philosophie-Professor als überraschend unschuldig. Eine Unschuld, die man dem durch echte Serienkiller kompromittierten Nietzsche für's erste erleichtert gerne attestiert. Der tödliche kriminelle Ernst lässt sich wenigstens populärkriminalistisch mit Nietzsche auch ironisch brechen.

Künstlerischer Ernst

»Wir brauchen Nietzsche, er ist wirklich unser Goethe«, schrieb 1895 der Kunsthistoriker und Kunstunternehmer Eberhard von Bodenhausen (1868–1918) seinem Kollegen Alfred Lichtwark. Anlass zu diesem Bekenntnis bot das Erscheinen von Nietzsches *Antichrist* und es lautet im Zusammenhang: »Bitte lehnen Sie bloß Nietzsche nicht ab, weil er den Antichrist geschrieben hat. Wir brauchen Nietzsche; er ist wirklich unser Goethe, und für mich ist er mehr.« Am Vortag der Geburt von Oskar Schlemmer (†1943), am 3. September 1888 entstand die Vorrede zur »Umwerthung aller Werthe«, zum *Antichrist:* »die stolzeste Vorrede, die vielleicht bisher geschrieben worden ist«, wie Nietzsche gegenüber Meta von Salis am 7. September 1888 meinte. Wenige Monate später fiel der Philosoph in geistige Umnachtung, und *Der Antichrist* erschien erst 1895 in einer von seiner Schwester verstümmelten Fassung. Diese Fassung – in ihrem boshaften Ernst – stand Bodenhausen vor Augen, als er Nietzsche als Goethe-gleiche Epochennorm propagierte. Zwanzig Jahre später, am 13. April 1915 vertraute der junge Maler Schlemmer seinem Tagebuch an: »Nahm von Berlin den Nietzsche. Der Philosoph meiner Jugend. Jugenderinnerungen daher. Spitz, Spitzfindigkeit. Findig. Ich möchte seinen Antichrist widerlegen. Die Künstler lieben Christus. Den Urchrist, – nicht das Christentum.«

Die Eintragung verrät zunächst zweierlei: Erstens ist der in Schlemmers Geburtsjahr öffentlich noch kaum wahrgenommene Nietzsche zu einem Epochenphänomen geworden, der die »Jugend« jener zur Zeit des Ersten Weltkriegs erwachsen gewordenen Künstlergeneration geprägt hat. Schlemmer abwandelnd: Die Künstler lieben Nietzsche. Zweitens ist Nietzsche für Schlemmer ein Philosoph, der nicht zur Identifikation, sondern zum Widerspruch reizt – zu künstlerischer Selbstbehauptung gegen den dionysischen Furor des Philosophen. Und darin unterscheidet er sich von zahlreichen Künstler-Kollegen, egal, ob sie nun bildhauend, malend, schreibend oder schauspielernd unterwegs waren: So reserviert sich akademische Gelehrte und Philosophieprofessoren in den ersten Jahren seines Ruhmes Nietzsche gegenüber gaben, so enthusiastisch war doch die Reaktion vieler Künstler, die sich als Avantgarde verstanden. Nicht nur denjenigen, die wie Hans Olde 1899, Max Klinger 1902/03, und Edvard Munch 1906 in graphischer und plastischer Form die epochentypischen und epochenprägenden Nietzsche-Porträts schufen oder wie Richard Strauss 1896 mit seiner Zarathustra-»Tondichtung nach Nietzsche« das philosophische Pathos musikalisch umzusetzen suchten, galt Bodenhausens Satz: »Wir brauchen Nietzsche, er ist wirklich unser Goethe«. Man könnte hinzufügen: Überdies ›unser Bach‹, ›unser Mozart‹, ›unser Michelangelo‹, ›unser Raffael‹.

Nietzsche normativ und Nietzsche monumental: So steht er bronze-, marmor- und felsenfest für eine ganze Generation junger ›Kreativer‹, die den Philosophen im Modus übersteigerter Erhabenheit und überpointierter Tragik als Befestigungswerk gegen die Zumutungen der verabscheuten Väter- und Großväterkunst brauchten. Das einzige, was im künstlerischen Repertoire der damaligen bildkünstlerischen Nietzsche-Umsetzungen noch fehlte, war das überlebensgroße Reiterstandbild. Die Künstler liebten Nietzsche – sie liebten ihn eifersüchtig und mit giftigem Pinsel gegen die Altvorderen und gegen einander. Und das taten keineswegs nur die Maler in Deutschland, sondern beispielsweise auch die Literaten in Italien, wie Gabriele D'Annunzio (1863–1938), der schon 1894 in der Zueignung seines Romans *Il trionfo della morte* das Ohr der Stimme des weitherzigen Zarathustra lieh und bekundete, dass »wir in der Kunst mit sicherem Glauben die Ankunft des Übermenschen vorbereiten«. 1900 ließ der Dichter die Ode »Per la morte di un distruttore«, »Auf den Tod eines Zerstörers« folgen. Sie rühmt den mit Zarathustra in eins gefügten Philosophen nicht nur mehrfach als »Barbar«, sondern auch als »Bruder« des lyrischen Ichs, das in Nietzsches Gefolge der großen Kulturerneuerung die Bahn brechen will. Unverblümt fordert D'Annunzio die als neue Antigone angesprochene Schwester Nietzsches auf, den Leichnam des Verstorbenen nach Italien zu überführen und dort an würdigem Ort zu bestatten.

Ganz anders Schlemmer: Sich Nietzsche anzueignen und anzugleichen, war offensichtlich nicht sein Bestreben. Sein Schaffen prägten apollinischer Formwillen sowie die Fokussierung auf Einfachheit und Klarheit – vermeintlich keine Spur von dionysischem Furor. Jedoch hätte er sich kaum als einseitig apollinischer Künstler verstanden: Wenn er bei Matthias Grünewald Anfang September 1915 die »dionysischste Form und die apollinischste« pries, dann dürfte er eine solche Synthese beider in der *Geburt der Tragödie* unterschiedener Ursprungsmächte auch für sich selbst in Anspruch genommen haben. Nietzsche hatte sein exemplarisch experimentelles Denken unter die Leitmetapher des Tanzes gestellt. Schlemmers »Triadisches Ballett« mit seinen Elementen »Raumtanz«, »Formentanz« und »Gestentanz« inszenierte dieses tänzerische Denken praktisch und mehrdimensional. In Schlemmers Worten an Otto Meyer-Amden vom 28. Dezember 1919: »Dem Tänzer gehöre, um es mit Nietzsche zu sagen, die Welt. Ist Tanz nicht aber der Effekt par excellence?«

Schlemmer traute der Kunst Ungeheures zu. Und wähnte sich darin mit Nietzsche verbunden. Programmatisch dazu ein Tagebucheintrag vom 10. April 1915: »Was tut der Künstler? Er macht Unklares klar, Unbewußtes bewußt, Unmögliches möglich; stellt aus dem Chaos das Eine heraus, aus dem Vielfachen das Einfache.« Nietzsche hingegen hat gegenüber der Kunst und ihrer Macht durchaus einiges Misstrauen bewahrt, das auf seinen Erfahrungen mit Richard Wagners Kunstallmachtsphantasien gründete. Trotz seiner eigenen künstlerischen Ambitionen hat er die Kunst im Verdacht behalten, am Ende doch nur schönen Schein zu produzieren. Erlösung durch Kunst? Er fragt sich und seine Leser, ob wir denn einer Erlösung überhaupt bedürftig seien. Vielleicht ist Erlösungsbedürftigkeit ja selbst nicht mehr als eine moral-optische Täuschung.

»Tiefer hängen!« begleitet als Devise die Mehrzahl der bildkünstlerischen Nietzsche-Adaptionen nach 1945. Der Heroismus der frühen Jahre, der sich in monströse Politik übersetzt hatte, war verflogen. Nietzsche rückte wenigstens in Deutschland ein in den Horizont jenes Selbstkritik- und Selbstreflexionsprozesses, den man Vergangenheitsbewältigung zu nennen pflegt. Gerade die prekäre Nähe, in die Nietzsche zum NS-Regime geraten war, schrie nach dem antitotalitären und antiheroischen Bildersturm. Vom hohen Podest, auf dem die Nietzsche-Büste bei Hitlers Besuch im Nietzsche-Archiv nach Heinrich Hoffmanns Aufnahme noch stand, wurde sie unsanft heruntergeholt. Im Osten Deutschlands war Nietzsche fortan ohnehin *persona non grata*, auch wenn man die beiden italienischen Forscher Giorgio Colli und Mazzino Montinari gewähren ließ, als sie sich anschickten, eine neue, kritische Nietzsche-Edition anhand der in Weimar liegenden Handschriften zu erstellen. Der Lukács-Adept Wolfgang Harich (1923–1995) hat sich auf die Kunst berufen, als er 1987 gegen eine vermeintliche Nietzsche-Renaissance in sozialistischen Landen, gegen die »Wiedererrichtung eines Denkmals« in den Ring stieg: »Und das, meine ich, darf unter keinen Umständen geschehen. Lieber sollte dann schon für Friedrich Nietzsche bei uns der Ruf gelten, mit dem Brecht die Verurteilung des Feldherrn Lukullus enden läßt: ›Ins Nichts mit ihm!‹« Das hat Harich wörtlich gemeint. Ein Jahr später hat er in einem Brief an den DDR-Ministerpräsidenten

Willi Stoph gefordert, man solle angesichts der befürchteten Zusammenrottung staatsfeindlicher Elemente zu Nietzsches anstehendem 150. Geburtstag dessen Grab in Röcken dem Erdboden gleichmachen. Als dieses Jubiläum 1994 eintrat, hatte dieses Schicksal stattdessen längst die DDR ereilt.

Aber auch als Rudolf Augstein (1923–2002) 1981 im *Spiegel* fragte: »Ein Nietzsche für Grüne und Alternative?«, war einem im westlichen Teil Deutschlands mit Nietzsches Erbe ausgesprochen unbehaglich zumute. Davon zeugt wiederum eine malerische Umsetzung, nämlich just das Titelblatt der fraglichen *Spiegel*-Nummer, die – ganz ohne Fragezeichen – titelt: »Täter Hitler, Denker Nietzsche«. Das Bild – ein Aquarell von Michael Mathias Prechtl (1926–2003) – zeigt Nietzsche und Hitler als janusköpfige Doppelherme: Der Philosoph stiert mit aufgestütztem Kopf und wahnsinnigem Blick nach unten, der Diktator mit gezückter Pistole, Finger am Abzug, schaut gen Himmel. Es ist klar, was hier geschehen ist: Der künstlerische Ernst, in Nietzsche allerletzte Antworten auf die Frage nach der Bestimmung der Welt, des Menschen und des Künstlers finden zu wollen, musste dem moralischen Ernst weichen. Gegen diesen moralischen Ernst ist auch in der Kunst kaum ein Kraut gewachsen, mochte man in Jugendtagen noch so sehr von Nietzsches Moralgenealogie hingerissen gewesen sein.

Auf den ersten Blick vom selben moralischen Ernst getragen scheint auch Joseph Beuys' (1921–1986) Collage *Sonnenfinsternis und Corona*, die oben Hans Oldes berühmtes Nietzsche-Porträt aus dem *Pan* von 1899 wiedergibt, unten die Photographie eines zerstörten Innenraumes aus der Reichsprogromnacht 1938. Die Vorlagen sind jeweils diagonal drei Mal gelocht, und die Lochung jedes Mal mit brauner Farbe umrandet, so dass der Eindruck jener Corona entsteht, die bei einer Sonnenfinsternis zu beobachten ist. So plakativ die moralische Botschaft mit der Zusammenschau von Nietzsche und Nazismus zunächst anmutet, so sehr ist bei einem zweiten Blick doch Vorsicht geboten:

Beuys war, wie eine Studie von Kirsten Claudia Voigt im Detail nachweist, ein genauer Leser Nietzsches und nicht gewillt, simplen Verunglimpfungen seine Stimme zu leihen. Im Unterschied zu vielen Künstlerkollegen, die sich damit begnügen, Nietzsche als den Vorzeige-Bösewicht der Kulturgeschichte ins Lächerliche zu ziehen, indem sie ihn mit ihrem moralischen Ernst traktieren, bemüht Beuys sich bei Nietzsche um Augenhöhe – wie es nach ihm unter deutschen Malern vielleicht nur noch Thomas Ziegler gelungen ist, über den später noch zu reden sein wird. Die billige Verzwergung Nietzsches in moralischer Absicht, wie sie ansonsten in der jüngeren Kunstgeschichte als Reaktion auf die frühere Verherrlichung vorherrscht, löst vor allem eines aus: großes Gähnen.

Dieses Gähnen verfliegt freilich schnell, wenn man die deutsche Bildkunstwelt verlässt, in der die Moral Nietzsches Irritationskraft offenbar weithin zur Strecke gebracht hat. Ganz anders bei den Beatniks und Rock-Idolen in den USA, die aus Nietzsche die Aufforderung zu einer sozial ungebundenen und moralisch enthemmten Lebensform herauslasen. Bei Jack Kerouac (1922–1969) beispielsweise. Schon im allerersten Absatz seines Kultromans *On the Road* (1957) wird das erwachende Interesse des Ich-Erzählers für den zweiten Protagonisten damit erklärt, dass er von diesem Briefe zu Gesicht bekommen habe, die vom Adressaten verlangten »to teach him all about Nietzsche«. Für die vagabundierende Existenz ist Nietzsche weniger persönlich ein Rollenvorbild, obwohl bekanntlich auch er rastlos quer durch die Lande zog, aber im Unterschied zu den Figuren in *On the Road* weder Autos klauen noch ständige Sex- und Drogen-Exzesse durchleben musste. Was an Nietzsche interessiert, ist vielmehr das große Versprechen der Befreiung, das große Versprechen der Entgrenzung, das Versprechen des Lebens selbst, das in äußerster Intensität gelebt werden will. Schon 1944 hatte Kerouac in einem Manuskript unter dem Titel »I Bid You Lose Me« (archivalisch auch als »I Bid You Love Me«

geführt), das seinen Romanerstling *The Town and the City* präludiert, jenes berüchtigte Wort aus dem ersten Teil von *Also sprach Zarathustra* aufgerufen: »Von allem Geschriebenen liebe ich nur Das, was Einer mit seinem Blute schreibt.« Und Kerouac hat damit buchstäblich ernst gemacht: Er schnitt sich in die Hand und benutzte sein Blut als Tinte.

Diesem blutigen Ernst haftet etwas Überspanntes, Karnevaleskes an. Auch Jim Morrison (1943–1971) machte aus dem Dionysischen, das er sich aus der *Geburt der Tragödie* besorgte, mehr als nur Gesangskunst: Während Nietzsche in *Ecce homo* vermerkt hatte: »Alkoholika sind mir nachtheilig; ein Glas Wein oder Bier des Tags reicht vollkommen aus, mir aus dem Leben ein ›Jammerthal‹ zu machen«, glaubte Morisson im exzessiven Rauschmittel-Missbrauch die ideale Nietzsche-Nachfolge zu realisieren. Später gab der Mitbegründer der *Doors*, Ray Manzarek, zu Protokoll: »Friedrich Nietzsche killed Jim Morrison.« Während seiner Zeit an der High-School war Morrison 1959 an Nietzsche geraten und fühlte sich ihm und seiner Vision eines weltbewegenden, weltumgestaltenden Künstler-Ausnahmemenschen zeitlebens verbunden. Er erneuerte dabei die hochgestimmten Erwartungen, die die Künstler um 1900 in Nietzsche hineinprojiziert hatten. Dass er ihn – namentlich den berüchtigten Spruch aus der *Götzen-Dämmerung:* »Was mich nicht umbringt, macht mich stärker« – ein bisschen zu wörtlich nahm, hat vielleicht seinem Leben, aber nicht seiner Kunst Abbruch getan. Er verfügte am Ende eben doch nicht über die Gift-Resistenz und die allgemeine Widerstandskraft der hochgezüchteten Nietzscheans in *Gene Roddenberry's Andromeda.* Der dionysische Ernst endete tödlich. Diese letale Perspektive zeichnet sich auch in Oliver Stones Film *The Doors* von 1991 ab, in dem die Geschichte der Band und Morrisons Biographie als nietzscheanisierende Erzählung von Selbstüberwindung und Selbstverlust inszeniert wird. Dabei wird Morrison gleich eingangs als Nietzsche-Leser und Nietzsche-Adept ins Bild gesetzt.

Als bemerkenswertes Gegenstück zu D'Annunzios fein durchkomponierter, hochgradig künstlicher Ode aus Anlass von Nietzsches Tod steht eine am 1. September 1968 in Saratoga Springs, Bundesstaat New York von Morrison improvisierte »Ode to Friedrich Nietzsche«, die begleitet von zunächst neuromantischen, dann immer kakophoner werdenden Klavierklängen Nietzsches Zusammenbruch und Abtauchen in den Wahnsinn vorführt. Sie endet mit den Zeilen: »And they took Frederick to the asylum / And his mother joined him / And for the next fifteen years / They cried / And cried / And laughed / And looked at the sun / And everyone«. Ob Morrison am Ende in Zarathustras Sonne blickte, sei dahingestellt.

Und wie steht es um nietzscheanisierenden Ernst in der Kunst der Gegenwart? Der Blick zumal auf literarische Unternehmungen mit künstlerischem Anspruch ernüchtert. Da ist beispielsweise 2014 bei einem sehr renommierten Münchner Verlag ein Roman unter dem Titel *Ein Gruß von Friedrich Nietzsche* erschienen, der von Wende-Schicksalen handelt, mit extravagant aufgeputzten Charakteren und einer messerscharfen Gut-Böse-Scheidelinie zwischen den sympathisch-schrägen Regimegegnern und dem widerwärtig-gemeinen Stasi-Hauptmann. Nietzsche, den einer der Protagonisten liest, weil er die in Ost-Berlin verbotene Kost irgendwie erregend findet, ist ein reiner Etikettenschwindel. Oder was will der Autor seinen Lesern näherbringen, wenn er einen seiner Helden skandieren lässt: »Nietzsche liest man nicht, Nietzsche muss man einatmen«? Wie bei Serienkillern geht es offenbar bei Schriftstellern auch heutzutage nicht ohne gutplatzierte Nietzsche-Referenz. Künstlerischer Ernst? Woher auch – und wozu? Die Hauptsache ist doch: *Nietzsche sells.*

Philosophischer und wissenschaftlicher Ernst

In der Kulturgeschichte der Moderne wirkte und wirkt Nietzsche katalytisch – nicht nur in der griechischen Wortbedeutung von *katálysis:* Auflösung. Chemisch gilt als Katalysator bekanntlich ein Stoff, der die Geschwindigkeit einer Reaktion erhöht, ohne dabei selbst verbraucht zu werden. Die kulturellen Veränderungsprozesse im späten 19. und im 20. Jahrhundert hätten vielleicht auch ohne Nietzsche ähnlich stattfinden können wie sie stattgefunden haben. ›Nietzsche‹ aber – als Summe all dessen genommen, was mit der historischen Figur Friedrich Nietzsche zu Recht oder zu Unrecht in Verbindung gebracht wurde – hat diese Prozesse wesentlich beschleunigt und steht doch nach all diesen reaktiven Prozessen erstaunlich frisch und unverbraucht vor seinen Lesern.

Von alters her auf Ernst verpflichtet, sind philosophische Aneignungen besonders dazu angetan, Nietzsches katalytische Wirkung zu studieren. Was verraten diese Nietzsche-Aneignungen über die Selbstpositionierungen von Philosophen im 20. Jahrhundert – und was bringen sie so über das Verständnis von Philosophie überhaupt zum Ausdruck? Dieses Kapitel ist eine Probebohrung, und zwar bei einer bestimmten Art von Schlüsseltexten, die gewöhnlich durch Bündigkeit und programmatische Schärfe viel nicht nur über ihren Gegenstand, sondern ebenso über die Intentionen und Interessen ihrer Verfasser verraten. Gemeint sind die Vorworte, Einleitungen oder Eingangskapitel zu mehr oder weniger bekannten und vielrezipierten Nietzsche-Monographien. Für diese Probebohrung wurden zehn deutschsprachige Nietzsche-Bücher mit philosophischem Anspruch ausgewählt, die zwischen 1894 und 1961 erschienen sind. Es handelt sich um Lou Andreas-Salomés *Friedrich Nietzsche in seinen Werken* (1894), Alois Riehls *Friedrich Nietzsche. Der Künstler und der Denker* (1897/1920), Richard M. Meyers *Nietzsche. Sein Leben und seine Werke* (1913), Ernst Bertrams

Nietzsche. Versuch einer Mythologie (1918/22), Theodor Lessings *Nietzsche* (1925), Alfred Baeumlers schon erwähntes Buch *Nietzsche der Philosoph und der Politiker* (1931), Karl Löwiths *Nietzsches Philosophie von der ewigen Wiederkunft des Gleichen* (1935/56), Karl Jaspers' *Nietzsche. Einführung in das Verständnis seines Philosophierens* (1936/47), Eugen Finks *Nietzsches Philosophie* (1960) und schließlich Martin Heideggers *Nietzsche* (1961). Für die Probebohrung soll Kontextwissen zunächst einmal ausgeblendet werden, also beispielsweise das Wissen darum, dass Karl Jaspers (1883–1969) ein Existenzphilosoph war, dass Martin Heidegger (1889–1976) *Sein und Zeit* geschrieben hat, dass Theodor Lessing (1872–1933) von Nazi-Schergen ermordet wurde, während Alfred Baeumler zum »Amtsleiter des Amtes Wissenschaft des Beauftragten des Führers für die Überwachung der geistigen Schulung und Erziehung der NSDAP« aufstieg. Nehmen wir überdies einmal an, wir wüssten gar nichts von Nietzsche und gar nichts von den Autoren, deren Nietzsche-Bücher hier herangezogen werden. Wir stellen uns also für eine Weile vor, von Nietzsche und von der deutschsprachigen Philosophie des 20. Jahrhunderts seien nur die Vorworte, Einleitungen oder Eingangskapitel der zehn genannten Bücher überliefert.

Alois Riehls (1844–1924) akademisch auftretende Nietzsche-Monographie kommt in der Auflage von 1898 noch ganz ohne einleitende Hinführung des Lesers aus. Aber doch nur fast: »*Ein Aphorismus Nietzsches* / statt des Vorwortes: ›Einen bedeutenden Gegenstand wird man am besten darstellen, wenn man die Farben zum Gemälde aus dem Gegenstande selber nimmt: so dass man die Zeichnung aus den Grenzen und Übergängen der Farben erwachsen läßt.‹« So schweigsam sich Riehl einleitend gibt, so sehr macht der an Vorwortstelle zitierte Aphorismus doch deutlich, dass Riehl den auf dem Titelblatt seines Buches genannten Friedrich Nietzsche nicht für irgendeinen, sondern für einen »bedeutenden Gegenstand« hält. Immerhin. Worin diese Bedeutung liegt, ob sie eine rein historische oder eine nachhaltig philosophische ist, bleibt offen. Auskunftsfreudiger gibt sich Riehl in späteren Auflagen seines Buches. Dort bleibt zwar das Motto stehen, aber nunmehr als Motto eines Vorwortes, in dem es trocken heißt: »Diese Schrift soll hauptsächlich charakterisieren und darstellen, nicht abwerten; sie läßt daher so viel als möglich Nietzsche selber zu Worte kommen, auch wo er gegen sich selber redet. Dadurch wird Das, worin Nietzsche sich widerspricht, also widerlegt, aufgehoben, und was bei diesem Scheideprozesse zurückbleibt, ist das Klassische, das heißt das Gesunde in Nietzsches Schriften.« Charakterisierung und Darstellung des Gegenstandes, nämlich Nietzsches als »Künstler« und »Denker«, ist die Aufgabe, die sich der Verfasser stellt; dann aber offensichtlich auch – durch die Entgegensetzung widersprüchlicher Aussagen in Nietzsches Schriften – einen, wie es in Anlehnung an berühmte Worte des alten Goethe heißt, harten, klassischen und gesunden Kern von allerlei überflüssigem Ballast zu reinigen. Genau besehen, fehlt in Riehls Vorwort eine eigentliche Gegenstandsbestimmung; der Gegenstand wird als »Klassiker der Philosophie« schon vorausgesetzt und bedarf keiner weiteren Explikation.

Ebenfalls ohne explizites eigenes Vorwort geht Lou Andreas-Salomé heran, die es im »Ersten Abschnitt« ihres Werkes als Aufgabe ansieht, »die Hauptzüge von Nietzsches geistiger Eigenart zu schildern, aus denen allein seine Philosophie und ihre Entwicklung begriffen werden können«. Auch Andreas-Salomé lässt Nietzsche selbst einleitend sprechen, steht bei ihr anfangs doch »Ein Brief Friedrich Nietzsches zum Vorwort«. Es handelt sich um das Faksimile jenes Schreibens, das Nietzsche an die damals noch Lou von Salomé heißende Verfasserin vermutlich am 16. September 1882 geschrieben hat. Es liefert ihr die Vorlage für die Gegenstandsbestimmung: »Meine liebe Lou, Ihr Gedanke einer Reduktion der philosophischen Systeme auf Personal-Acten ihrer Urheber ist recht ein Gedanke aus dem ›Geschwistergehirn‹: ich selbst habe in Basel in diesem Sinne

Geschichte der alten Philosophie erzählt und sagte gern meinen Zuhörern: ›dies System ist widerlegt und todt – aber die P e r s o n dahinter ist unwiderlegbar, die Person ist gar nicht todt zu machen‹ – zum Beispiel Plato.« Andreas-Salomé versteht Nietzsches Schriften als »Summe von Monologen«, die »ein einziges großes Memoirenwerk« bildeten, »dem sein Geistesbild zu Grunde liegt. Dieses Bild ist es, das ich hier zu zeichnen versuche: das *Gedanken-Erlebnis* in seiner Bedeutung für Nietzsches Geisteswesen – das *Selbstbekenntnis* in seiner Philosophie.« Bei ihrer Gegenstandsbestimmung ist Andreas-Salomé also um einiges präziser als Riehl: Ihr Gegenstand ist Nietzsches Werk, insofern es eine ganz individuelle Denkerpersönlichkeit zum Ausdruck bringt. Zu Andreas-Salomés Programm gehört es nicht, Zensuren für richtiges oder falsches Philosophieren zu verteilen, wie das bei Riehl anklingt.

Richard M. Meyer (1860–1914) hat nach Ausweis des Vorworts zu seinem Nietzsche-Buch mit den »Vorarbeiten« bereits 1894 begonnen, also in dem Jahr, in dem Andreas-Salomés Werk erschienen ist. Als »der erste lebende Stilist« war Nietzsche bei Andreas-Salomé in Erscheinung getreten – im Unterschied zu Riehl behandelt sie den geistig Umnachteten also nicht als eigentlich bereits (so gut wie) toten »Klassiker«, sondern als lebenden Zeitgenossen. Auch Meyer stellt ihn ein Jahrzehnt nach seinem Tod als »großen Stilisten« vor – »viele Leute sprechen bei uns dies geringschätzig aus, was bei anderen Nationen allein schon die Unsterblichkeit sichern würde!« Meyer geht es jedoch hauptsächlich um »Friedrich Nietzsches Bedeutung für die deutsche Kultur« – und damit »vor allem« um »die Persönlichkeit des Mannes, der mit leidenschaftlichem Eifer nach Wesen und Aufgabe der deutschen Kultur suchte und der, mochte er sich auch gleich andern großen Patrioten eine lange Zeit verbittert abseits stellen, doch nie dies Ziel innerlich aufgegeben hat.« Auch bei Meyer gilt wie bei Andreas-Salomé, jetzt jedoch in übertragenem Sinne: »wir haben es mit dem lebendigen

Nietzsche zu tun.« Während Meyers Vorwort sehr stark Nietzsches Interesse an der deutschen Kultur herausstreicht, fallen in der anschließenden Einleitung diese nationalistischen Töne weg: »ich will Nietzsche darzustellen versuchen nicht bloß als Künstler oder Philosophen oder Reformator, sondern als Mitschöpfer und Symbol der Kultur unserer Tage und künftiger Tage.« Zugleich stellt Meyer fest, dass Nietzsches »Grab von einer unendlichen Literatur überbaut worden« sei – »ein paar Schlagworte [...] schweben um sein Grab wie Gespenster, die eine wirkliche Annäherung verhindern wollen. ›Übermensch‹, ›blonde Bestie‹, ›Jenseits von Gut und Böse‹, ›Umwertung aller Werte‹ –; alle Schlagworte des Mythenzerstörers haben neue Mythen erzeugt, hinter denen die Wirklichkeit erst wieder zu suchen ist.«

Während Meyer hinter den Mythen den historischen Kern ausmachen will, wählt Ernst Bertram (1864–1957) am Ende des Ersten Weltkrieges einen erklärtermaßen mythologischen Ansatz. Nach dem ersten Satz seiner Einleitung soll gelten: »Alles Gewesene ist nur ein Gleichnis.« Er verweigert sich damit der Vorstellung, man könne das Vergangene einfach so darstellen, wie es gewesen ist. Geschichte sei immer »eine Wertsetzung, nicht eine Wirklichkeitssetzung«. Damit nimmt er jene erkenntniskritischen Vorbehalte gegenüber der Historie auf, die Nietzsche selbst formuliert hatte, und versteht diese Vorbehalte als Vorbedingung seines eigenen Schreibens. »Was als Geschichte übrigbleibt von allem Geschehen, ist immer zuletzt – das Wort ganz ohne kirchliche, romantische oder gar romanhafte Obertöne genommen – die Legende.« Wie Meyer hält Bertram indes das Postulat aufrecht, Nietzsche sei nach wie vor eine Kulturkraft erster Güte: »Die Legende eines Menschen, das ist sein in jedem neuen Heute neu wirksames und lebendiges Bild.« Diesem Muster der Legende seien antike Heroenmythen und mittelalterliche Heiligen-Viten gleichermaßen gefolgt, aber auch heute noch lebe die Legende fort: »Und so ist alles ein

Mythos, was wir vom Wesen der Menschen aussagen können, deren Gedächtnis auf die Lebenden gekommen ist.« Den Mythos könne man nicht zu Ende dichten. »In solcher Begrenzung wollen die folgenden Blätter Studien zu einer Mythologie des letzten großen Deutschen bieten; einiges von dem festhalten, was der geschichtliche Augenblick unserer Gegenwart in Nietzsche und als Nietzsche zu sehen scheint.« Während ›Mythos‹ bei Meyer ein negativer Abgrenzungsbegriff ist, gegen den er nicht nur den Mythenzerstörer Nietzsche, sondern auch seine eigene entmythologisierende Darstellung in Anschlag bringt, zeigt Bertram keinerlei Bedürfnis, Nietzsche aus der Umstrickung des Mythos zu befreien, sondern versteht augenscheinlich seine eigene Rolle als die eines Mythos-Chronisten und -Gestalters. Heute sehe man schon einen ganz anderen Nietzsche als noch vor einer Generation. Wir stünden ihm aber noch zu nahe, »um den Höhenmaßstab für eine so fremdartige Gestalt – eine namentlich unter Deutschen zunächst so fremdartig scheinende Gestalt – im Vergleiche zu ihren unmittelbaren Vorgängern festzulegen«. Dennoch spricht Bertram vom »tiefen Eindruck des Erlebnisses Nietzsche auf eine ganze Generation«, die »von solcher vergleichenden Höhenwertung ja ganz unabhängig« sei. Der Mythos wiederum erscheint als unabschließbar; entsprechend versteht Bertram es als seine Aufgabe, Nietzsche als Mythos so einzufangen, wie er ihm im Augenblick des Schreibens erscheint: »Das Bild Nietzsches, wie es sich aus diesen Kapiteln zusammenschließt, ist das Bild des Augenblicks, in dem sein Mythos uns eben zu stehen scheint. Mit dem Vorrücken seiner Bahn wird er in andere Häuser des Himmels eintreten.«

»Die Zeit hatte Petri Felsen unterhöhlt.« So beginnt die Einleitung von Theodor Lessings Nietzsche-Buch von 1925. Luther und Kant werden als erste Protagonisten dieser »Loslösung des Menschen aus traumhaft vorbewußtem Element« ins Treffen geführt. Von da an »vollzog sich die Auflösung. Die Relativierung unseres Wissens; die Atomisierung unserer Arbeit; die Funktionalisierung der Gestalt. Dies war der Fortschritt zum europäischen Nihilismus.« Am »Ende« zweier Jahrtausende Christentum, die dieses destruktive Ergebnis gezeitigt hätten, »erscheint Friedrich Nietzsche. Zugleich der letzte in der großen Reihe germanisch-protestantischer Anarchisten des Geistes, zugleich der erste, welcher eine Morgenröte entzündete, die weit hinausbricht über die Grenzen kaukasischer Bildungsmenschheit, weit hinaus auch über die Grenze unseres kleinen Deutschland ...«.

Hatte sich Meyer noch damit begnügt, die Bedeutung seines Gegenstandes für die deutsche Kultur oder für die Kultur im Allgemeinen herauszustellen, und hatte Bertram seinen Mythos zwar als wirkmächtig, aber doch letztlich nur in subjektiver Brechung relevant erscheinen lassen, bestimmt Lessing seinen Gegenstand als Kulminations- und Wendepunkt der Weltgeschichte. »Treten wir ein in ungeheures Schicksal. In das Schicksal der tragischen Seele, die alles, was sie liebt, und zuletzt sich selbst opfern muß.«

Weniger pathetisch gestaltet sich der Einstieg in Alfred Baeumlers *Nietzsche der Philosoph und Politiker* von 1931, der gleich im ersten Satz des Vorwortes eine Gegenstandsbestimmung vornimmt: »In dieser Schrift wird Nietzsche als Denker von europäischem Rang behandelt und neben Descartes, Leibniz und Kant gestellt.« Das bedarf in Baeumlers Augen allerdings einiger Erläuterung, insbesondere dahingehend, dass man an seiner »Darstellung das bunte Farbenspiel vermissen« werde, »das man von anderen Schilderungen her gewohnt ist«. Es gehe eben »nicht um den Dichter und Schriftsteller, sondern um den Philosophen und Politiker Nietzsche«. Der erschließe sich nur demjenigen, »der Vordergrund und Hintergrund, Polemik und Philosophie zu sondern weiß«. Direkt gegen Bertram geht Baeumlers Bemühen, durch seine »Interpretation einige Hauptbegriffe deutlich zu machen und damit etwas Unlegendarisches über den letzten der großen europäischen Denker zu sagen.« Im Unterschied zu Meyer interessiert sich Baeumler zunächst nicht für den spezifischen Beitrag Nietzsches zur Kultur. Stattdessen erscheinen Philosophie und Politik als »die notwendigen Ausgangspunkte für eine methodische Interpretation der Gesamterscheinung«. In dieser Gesamterscheinung sei überall die »Einheit des Gedankenganges« sichtbar. Die Einleitung spezifiziert, was nach Baeumler falsche Voraussetzungen für das Verständnis seien: Zunächst einmal, Nietzsche wie »bisher immer vom Boden des Christentums aus« zu verstehen und damit misszuverstehen. Dies verhindere, Nietzsches wahres, verstecktes Gesicht zu sehen. »Das Leitende ist aber immer das verborgene Pathos seines Wesens.« Baeumler spricht vom »Ereignis Nietzsche«: »Nietzsche und seine Sache sind eins; Einheit, nicht Vielheit ist der Charakter dieses Lebens.« Das »Erlebnis Nietzsches« sei es gewesen, dessentwegen die Dinge ihren Schwerpunkt verloren hätten – es sei im Übrigen töricht, in dieser Situation von Nietzsche als Propheten zu sprechen. Wie bei Lessing markiert Nietzsche bei Baeumler eine Epochenscheide, nachdem Europa seit Jahrhunderten »unter einem Druck« gestanden habe, ohne dass Baeumler freilich wie Lessing (und Bertram) die Zwiespältigkeit, die Verwurzelung Nietzsches im Alten, im Christentum zugestände. »Wenn man die Erscheinung Nietzsches historisch charakterisieren will, dann muß man sagen: sie bedeutet das Ende des Mittelalters.« Nietzsche stelle weder einen »Revolutionär« noch einen »Aufklärer« dar. Er habe im »Demokratismus« seinen »eigentlichen Gegner« gefunden und erkannt, dass es sich dabei um eine moderne Form des Christentums handle. Nietzsche sei kein »Moralist, Humanitarier oder Pazifist«; er habe sich vielmehr an der Vorstellung orientiert, dass der »Kampf [...] der Vater aller Dinge« sei: »nicht dionysisch, sondern heraklitisch nennen wir das Bild der Welt, das Nietzsche geschaut hat«. »Will man eine Formel für diese Weltsicht, so möge man sie heroischen Realismus nennen.«

Das Nietzsche-Motto, das Karl Löwith (1897–1973) dem Vorwort der ersten Ausgabe seines Buches *Nietzsches Philosophie der ewigen Wiederkunft des Gleichen* von 1935 voranstellt, beginnt mit dem Satz: »Mein Werk hat Zeit«. Man kann dies als Hinweis auf Löwiths Überzeugung lesen, dass auch sein eigenes Werk Zeit brauchen würde: Wenngleich wir uns vorgenommen haben, allfälliges Hintergrundwissen ausklammern wollen, wie also auch das Wissen, dass Löwith wegen seiner jüdischen Herkunft emigrieren musste und sein Buch in Italien schrieb, so macht doch schon die Ortsangabe in der Datierung des Vorwortes deutlich, dass der Verfasser seinem deutschen Publikum geographisch ferngerückt ist: »*Rom*, Juni 1934«. Löwith setzt mit Nietzsches Selbstverständnis als Schicksal ein – »sein eigenes, einsamstes, wie unser aller öffentliches und gemeinsames« Schicksal. Nietzsche erscheint »als eine Frühgeburt des kommenden Jahrhunderts und einer noch unbewiesenen Zukunft«. Er habe in *Also sprach Zarathustra* die Antwort auf die Frage verweigert, was er denn eigentlich sei: »ein Versprechender oder ein Erfüller, ein Erobernder oder ein Erbender, [...], ein Befreier oder ein Bändiger – weil er wußte, daß er weder das eine noch das andere, sondern beides ineins war.« Obwohl sich das zunächst so anhört, als verkörpere Nietzsche eine glückende, in sich ruhende Synthese widerstrebender Tendenzen, wird man gleich eines Besseren belehrt: »So zweideutig wie Nietzsche selbst ist aber auch seine Philosophie als eine doppelte ›Wahrsagung‹ des *Nihilismus* und der *ewigen Wiederkehr des Gleichen.* Diese Lehre war bewusstermaßen sein ›Schicksal‹, weil sein Wille zum Nichts als ein ›doppelter Wille‹ zurück zum Sein der Ewigkeit wollte.« Während Baeumler die innere systematische Einheit hervorhob, setzt Löwith auf den Zwiespalt und attestiert seinen Interpreten-Kollegen, sie seien »ohne Verständnis für diese Bewegung des ›neuen Kolumbus‹ zum Untergang der Sonne des Seins am Rande des Nichts«. Sie hätten ihm deshalb nachgesagt, »daß er einen ›heroischen Realismus‹ oder auch eine Philosophie des

›Orgiasmus‹ lehre«. Die Polemik gegen Baeumler ist deutlich, ebenso auch, dass Löwith mit demselben Anspruch auftritt wie Baeumler (und eigentlich schon Meyer und Andreas-Salomé), nämlich hinter aller entstellenden Überformung den wahren Nietzsche ausfindig zu machen: »Entgegen diesen Verhüllungen seines Gedankens ist die vorliegende Interpretation ein Versuch, Nietzsches Aphorismen im verborgenen Ganzen ihrer eigentümlichen Problematik nach ihrem philosophischen Grundriß zu begreifen.« War es nach Autoren wie Meyer und Baeumler Nietzsche selbst, der seine Gedanken gut verborgen gehalten hatte, werden bei Löwith Nietzsches Interpreten für Verschleierungen verantwortlich gemacht. Ohne Namen zu nennen, unterstreicht dieser konfrontative Gestus Löwiths Anspruch, einen neuen Zugang zu Nietzsche zu finden. Dabei stellt er als das »eigentliche Problem« und damit als Gegenstand seiner Untersuchung die Frage heraus, die »im Grund« »immer schon« akut gewesen sei: »welchen Sinn hat das menschliche Dasein im Ganzen des Seins?«

Das Vorwort zur zweiten, veränderten Ausgabe des Werkes von 1956, das im Titel die »Wiederkunft« mit »Wiederkehr« vertauscht, rückt Nietzsche in den zeitgeschichtlichen Horizont. Einige seiner »Vorhersagen über die Zukunft Europas« hätten sich auf unerwartete Weise verwirklicht; viele seiner »Aussagen sind zu Gemeinplätzen geworden«. Löwith entlastet Nietzsche nicht von einer Mitverantwortung für die Ereignisse des 20. Jahrhunderts: »Er hat den ›europäischen Nihilismus‹ nicht nur erstmals beim Namen genannt, sondern ihm auch zum Dasein verholfen und durch seine Besinnung eine geistige Atmosphäre geschaffen, in welcher der ›Wille zur Macht‹ besinnungslos praktiziert werden konnte.« Das ist nach den politischen Katastrophen des 20. Jahrhunderts offensichtlich die Kehrseite jener Bedeutung, die die Interpreten des ersten Jahrhundertdrittels Nietzsche nachzurühmen nicht müde wurden. Löwith gibt auch eine kurze Übersicht über die Stationen der Nietzsche-

Rezeption, die er von der Bewunderung für den »glänzenden Moralisten und Psychologen« über die Zarathustra-Begeisterung im Ersten Weltkrieg bis zur »Nietzsche-Karikatur des Dritten Reiches« in die »endgeschichtliche These« seines namentlich nicht genannten Lehrers Martin Heidegger münden sieht, »daß sich in Nietzsche die gesamte Metaphysik des Abendlandes folgerichtig vollende«. Angesichts dieser Interpretationskapriolen stellt sich Löwith die Frage, ob Nietzsche denn »wirklich ein großer Denker« gewesen sei, um sie dahingehend zu beantworten, dass er »in der Tiefe und im Hintergrund« »ein wahrer Liebhaber der Weisheit« gewesen sei, »der als solcher das Immerseiende oder Ewige suchte und darum seine Zeit und die Zeitlichkeit überhaupt überwinden wollte«. Diesen Überwindungsversuch findet Löwith in der Lehre von der ewigen Wiederkehr des Gleichen. Entsprechend gilt sein Buch, das er als eine »Umarbeitung und Ergänzung einer Veröffentlichung des gleichen Titels vom Jahre 1935« bezeichnet, der »Auslegung von Nietzsches ganzer Philosophie als einer Lehre von der ewigen Wiederkehr des Gleichen«. Es soll sich also nicht um eine Spezialmonographie zu einem einzelnen Thema aus Nietzsches Denkuniversum handeln, sondern um eine Gesamtinterpretation, die dieses Gesamte, den Kulminationspunkt von Nietzsches Denken in der Lehre von der ewigen Wiederkunft dingfest macht. Im Unterschied zum Vorwort der Erstausgabe wird jetzt direkt in dieser Lehre ein »Widerspruch« geltend gemacht: »Die Lehre von der ewigen Wiederkehr des Gleichen ist in sich selber so zwiespältig und zweideutig wie ihr zeitliches Sinnbild: der ›Mittag‹. Er bedeutet als ›Mittag und Ewigkeit‹ die höchste Zeit eines Stillstands und einer Vollkommenheit; er bedeutet aber auch, und vor allem, die höchste Zeit einer äußersten Not und Gefahr und als solcher eine kritische ›Mitte‹, in der es um eine Entscheidung geht. An diesem Widerspruch bricht die erstaunliche Einheit und Folgerichtigkeit von Nietzsches Gedankengang auseinander.«

Der Gegenstand des Buches ist mit anderen Worten nicht nur die Darstellung von Nietzsches Philosophie als Wiederkunftslehre, sondern auch der Aufweis der inneren Widersprüchlichkeit, die nach Löwiths Lesart zum existentiellen Scheitern führen musste: »Sein Versuch, aus dem endlichen Nichts des sich selber wollenden Ich in das ewige Ganze des Seins zurückzufinden, mündet schließlich in der Verwechslung seiner selbst mit Gott«. Ersichtlich ist Nietzsche nun nicht mehr der Denker, von dem Löwith sich für die Gegenwart Rettung verspricht. Die zwanzig Jahre, die zwischen den beiden Vorworten liegen, haben augenscheinlich die Historisierung des Gegenstandes erheblich beschleunigt.

Auch zwischen den beiden Auflagen von Karl Jaspers' *Nietzsche* liegt der Zweite Weltkrieg, jedoch lässt der Autor 1947 nach Ausweis des Titelblatts den unveränderten Text der Ausgabe von 1936 erneut abdrucken, immerhin um ein Vorwort ergänzt. Das Vorwort der ersten Ausgabe beginnt weder mit einem Motto noch mit der Beschwörung von Nietzsches weltgeschichtlicher Sendung, sondern mit einem Resümee von Lektüreerfahrungen: Manchen gälten Nietzsches Werke als leicht lesbar, seine Sprache als berauschend. »Jedoch entstehen Störungen, wenn man, stehendbleibend bei solchen Eindrücken, viel lesen will; die Begeisterung für den unmittelbar ansprechenden Nietzsche schlägt in Abneigung gegen ein scheinbar unverbindliches Vielerlei um; immer anderes bei ihm zu lesen wird unerträglich.« Eine solche Erfahrung haben die bisher herangezogenen Vorworte und Einleitungen nicht artikuliert; trotz ihrer gelegentlichen Insistenz auf ›Widersprüchen‹ erschien die Nietzsche-Lektüre als solche bislang stets als große Beglückung. Bei der eigentlichen Gegenstandsbestimmung bleibt Jaspers in seinem Vorwort für die erste Ausgabe sehr allgemein, indem er nicht den besonderen Gehalt seines eigenen Nietzsche-Buches betont und von anderen unterscheidet, sondern den Zweck eines ganzen Genres bestimmt: »Jeder Philosoph von Rang verlangt ein ihm angemessenes Studium. In diesem erst kann das innere Tun erwachsen, das das Wesen des rechten Verstehens ist. Schriften über einen Philosophen haben den Sinn, dies innere Tun zu fördern«.

Spezifischer wird Jaspers erst im Vorwort zur zweiten Auflage, wonach das Buch »ein Versuch« sei, »den Gehalt der Philosophie Nietzsches herauszuarbeiten gegen den Strom des Mißverstehens seitens der bisher ihn aufnehmenden Generationen und gegen die Abgleitungen in den eigenen Notizen des sich dem Wahnsinn nähernden Mannes. Der Schein soll verschwinden zugunsten des prophetischen Ernsts des bisher vielleicht letzten großen Philosophen.« Den »letzten der großen europäischen Denker« hatte bereits Baeumler beschworen, Bertram hingegen den »letzten großen Deutschen«. Während sich Baeumler die Rede von Nietzsche als Propheten verbeten hat, kehrt Jaspers zu ihr zurück und tritt nun erheblich selbstbewusster als vor dem Krieg als derjenige auf, der den »Schein« in Sachen Nietzsche vertreiben will – und dabei Nietzsche nicht nur vor der ihn verzeichnenden Nachwelt, sondern auch vor sich selbst in Schutz nimmt. Einerseits möchte Jaspers, dass seine »Interpretation« »unabhängig vom Augenblick ihrer Entstehung sachlich gültig« sei, andererseits habe sie 1934/35 zugleich »gegen die Nationalsozialisten die Denkwelt dessen aufrufen« wollen, »den sie zu ihrem Philosophen erklärt hatten.« Das Nietzsche-Buch erscheint so als Manifest eines inneren Widerstandes.

Schon Andreas-Salomé und nach ihr Löwith hatten auf den Aphorismus als wesentliches Vehikel von Nietzsches Denken aufmerksam gemacht. Jaspers hingegen behauptet in seiner langen, auf die Vorworte folgenden Einleitung, Nietzsches Denken sei »weder a p h o r i s t i s c h im Sinne der berühmten Aphoristiker [...] noch s y s t e m a t i s c h im Sinne der philosophischen Systeme, die als solche entworfen sind«. Dieses Denken stelle ein Ganzes dar, das jedoch wie bei einer gesprengten

Bergwand in Trümmern vor uns liege und so etwas wie ein großartiges Bauwerk nun erahnen lasse. »Es scheint die Aufgabe zu sein, durch die Trümmer hindurch den Bau suchen zu sollen, wenn dieser auch niemandem als ein einziger und eindeutiger im fertigen Ganzen sich zeigen wird.« Nietzsche gewähre den »Nachkommenden« »kein Gehäuse zum Unterschlupf«.

An den Ton der Zwanziger Jahre erinnert der Anfang von Eugen Finks (1905–1975) *Nietzsches Philosophie* von 1960 – ein Werk, das zwar ohne Vorwort oder Einleitung auskommt, dessen erstes Kapitel »Die Philosophie Nietzsches hinter Masken« aber deren Funktion übernimmt. Nietzsche sei, heißt es da, »eine der großen Schicksalsfiguren der abendländischen Geistesgeschichte, ein Mensch des Verhängnisses, der zu letzten Entscheidungen zwingt, ein furchtbares Fragezeichen am Weg, den bislang der abendländische Mensch ging«. Wer hier zu welchen letzten Entscheidungen gezwungen wird, bleibt zunächst unklar. Deutlich ist aber die Rezeptionshaltung nicht mehr die einer beschaulichen Versenkung in ein vergangenes Philosophieren, das aus diesen oder jenen Gründen bedeutsam erscheint, sondern vielmehr die eines unmittelbaren Betroffen-Seins. Denn in Nietzsche verkörpert sich nach Fink »das schonungslose, schneidende Nein zur Vergangenheit, die Verwerfung aller Traditionen, der Appell zu einer radikalen Umkehr«. Fink nimmt hier, ohne es ausdrücklich zu sagen, Nietzsches eigenen Anspruch auf und konfrontiert seine Leser damit ohne jede relativierende Einschränkung – als ob ausgemacht wäre, dass Nietzsches Selbstcharakterisierung als Schicksal die weltgeschichtliche Wahrheit sei. Nietzsche wird dann Hegel gegenübergestellt: »beide sind Herakliteer«. Dieses Stichwort wiederum konnte Fink aus der Einleitung zu dem mittlerweile verfemten und nicht genannten Nietzsche-Buch von Alfred Baeumler aufgreifen. »Hegel und Nietzsche verhalten sich wie das alles-begreifende Ja zum alles-bestreitenden Nein.«

Hegel habe die »metaphysische Geschichte« zu einem krönenden Abschluss gebracht; Nietzsche hingegen betrachte diese Geschichte als einen kolossalen Irrtum und bekämpfe sie mit allen Mitteln. Jedoch solle man über diesem Kampf, der »die Form einer umfassenden Kulturkritik« angenommen habe, nicht aus den Augen verlieren, »daß es bei Nietzsche wesentlich nur um eine *philosophische* Auseinandersetzung mit der abendländischen Metaphysik geht«. Er sei »der Wahrsager des europäischen Nihilismus«. Dabei wendet sich Fink scharf dagegen, Nietzsche »in die Tagespolitik zu zerren« und ihn etwa »als germanischen Amokläufer gegen alle Werte der mediterranen Kultur darzustellen«. Es dürfe nicht als Argument gegen Nietzsche eingewandt werden, dass er »politisch mißbraucht« worden sei. Nach Finks Diagnose gibt es zwar eine »immer noch steigende Woge des Nietzsche-Einflusses«, jedoch sei seine Philosophie »vielleicht immer noch unverstanden« und harre »wesentlicher Deutungen«. Bisher habe man nur den »Masken Nietzsches« Gefolgschaft geleistet, aus »Lebensgeschichte und Werk« werde, heißt es in einem unverkennbaren Seitenhieb gegen Bertram, »das Kunstwerk einer ›Legende‹ zusammengedeutelt«. Auch wenn es in jüngerer Zeit nicht an Nietzsche-Interpretationen mit »einem härteren Realitätssinn« gefehlt habe, so neigten die wiederum dazu, Nietzsches »Entlarvungspsychologie« auf diesen selbst anzuwenden und ihn als Leidenden zu diskreditieren. »Das Nietzsche-Bild wird mehr von peripheren Momenten seines Werkes bestimmt als aus der Mitte seiner Philosophie.« Diese Mitte habe Nietzsche erfolgreich verhehlt; »kein Philosoph hat vielleicht sein Philosophieren unter soviel Sophisterei versteckt«. Als Vorbegriff seiner Interpretation endet Finks erstes Kapitel ähnlich wie die Einleitung Baeumlers: »Nietzsche kehrt zurück zu Heraklit.«

Ausgesprochen sparsam mit Gegenstandsbestimmungen verfährt schließlich das letzte Werk unserer Auswahl, Martin Heideggers *Nietzsche* von 1961. »›Nietzsche‹ – der Name des Denkers steht als Titel für *die Sache* seines Denkens.« Die Veröffentlichung wolle »unser Denken auf die Sache eingehen lassen, jenes auf diese vorbereiten«. Dies wiederum nimmt scheinbar den von anderen erhobenen Anspruch zurück, den schon Fink mit seiner explizit »vorläufigen Interpretation« abgeschwächt hatte, dass nämlich das jeweilige Buch den Gegenstand doch exklusiv und vor allem mehr oder weniger erschöpfend erschließe. Heidegger reflektiert sogleich auf die Form des eigenen Buches, das aus Freiburger Vorlesungen der Jahre 1936 bis 1940 bestehe, an die sich Abhandlungen von 1940 bis 1946 anfügten. »Die Abhandlungen bauen den Weg aus, auf dem die Vorlesungen, jede selbst noch unterwegs, die Aus-einander-setzung anbahnen.« Jeder Hinweis auf den zeitgeschichtlichen Kontext, den Jaspers und Löwith in den Vorworten zur jeweils zweiten Auflage ihrer Bücher zur Selbst- und zur Nietzsche-Deutung heranziehen, fehlt bei Heidegger, vielmehr wird man auf den inneren Denkweg des Verfassers selbst verwiesen: »Die Veröffentlichung möchte, als Ganzes nachgedacht, zugleich einen Blick auf den Denkweg verschaffen, den ich seit 1930 bis zum ›Brief über den Humanismus‹ (1947) gegangen bin.« Aber trotz aller »Aus-einander-setzung« wird nicht recht absehbar, ob es sich beim »Ganzen« um das Ganze Nietzsches oder das Ganze Heideggers handelt – oder ob womöglich alles-in-eins geht. Liest man zwei Seiten über das Vorwort hinaus, erfährt man auch schon: »Die Auseinandersetzung mit Nietzsche hat weder schon begonnen, noch sind die Voraussetzungen geschaffen.« Die Bescheidenheit des Vorwortes verfliegt also rasch. An ihre Stelle tritt der denkerische Alleinvertretungsanspruch in Sachen Nietzsche.

Versuchen wir nach diesem Durchgang durch die Eingangstexte deutschsprachiger Nietzsche-Literatur die Erkenntnisse zu sortieren und zu katalogisieren. Erinnern wir uns noch einmal an die für die Probebohrung gewählte Versuchsanordnung: Wir nahmen an, uns wäre von der Philosophie des 20. Jahrhunderts nichts weiter überliefert als die vorgestellten Vorworte und Einleitungen der zehn deutschen Nietzsche-Bücher: Was verraten sie uns über die Gestalten dieser Philosophie? Welches Profil geben sie ihr? Inwiefern wirkt das unter dem Namen ›Nietzsche‹ Gefasste als Katalysator dieser, wie wir sahen, unterschiedlichen Gestalten von Philosophie? Anders gefragt: Was wollen die Philosophen von Nietzsche, was wollen sie mit ihm? Und warum dieser entschiedene Ernst?

Verunsicherungsresistentes Philosophieren. Zu Beginn steht eine Form des Umgangs mit dem ›Gegenstand Nietzsche‹, die von ihm eigentlich nichts will, nichts von ihm erwartet. Bei Alois Riehl ist die Philosophie von ›Nietzsche‹ offenkundig nicht dazu aufgefordert, sich selbst in Frage zu stellen oder sich gar neu zu definieren. Verräterisch ist dabei die chemische Metapher, mit der die Untersuchungsmethode charakterisiert wird: Einen »Scheideprozess« kündigt Riehl an. Der philosophische Chemiker, der dabei zu Werke geht, behält jederzeit die Oberhand. Philosophie erweist sich in diesem Falle als veränderungs- und verunsicherungsresistent – so sehr, dass keine Auskunft darüber erforderlich ist, wie sich denn diese Philosophie selbst versteht. Sie begreift sich als selbstverständlich und kann über Irritationen wie den ›Gegenstand Nietzsche‹ souverän zu Gericht sitzen.

Philosophie im Horizont der Kulturgeschichte. Richard M. Meyer beansprucht als Fachfremder nicht, einen neuen Begriff von Philosophie zu gewinnen, notiert aber doch die Nietzsche-Resistenz der traditionellen Philosophiegeschichtsschreibung. Stattdessen will er ›Nietzsche‹ als Kulturphänomen begreifen und macht vergangenes Philosophieren damit zu einem Forschungsgegenstand der Kulturgeschichte. Allerdings bleibt er nicht bei dieser Historisierung stehen, sondern rühmt – ohne genauere Spezifikation – die Kulturerneuerungskraft, die von ›Nietzsche‹ ausgeht. Die Leitmetapher, unter die Meyer sein Tun stellt, ist das Vertreiben von Gespenstern, die Nietzsche selbst um sein Grab versammelt habe. Meyers Ansatz versteht sich damit als aufklärerisch – wobei das zugrundeliegende Konzept von Aufklärung sich auf Nietzsche als »Mythenzerstörer« beruft. Wie tief dieser Einfluss reicht, bleibt offen.

Philosophiegeschichte als Denkbiographik. Lou Andreas-Salomé benutzt Nietzsche nicht, um einen eigenen Begriff von Philosophie zu entwerfen. Jedoch entwickelt sie ihre Methode in direkter Auseinandersetzung mit Nietzsche, indem sie Werke und Philosopheme als Ausdruck einer spezifischen Persönlichkeit begreift. Sie verabschiedet damit den Herrschafts- und Gerichtsgestus, mit dem die herkömmliche Philosophiegeschichtsschreibung als »Klassiker«-Behandlung und -Benotung etwa bei Riehl auftrat. Ihr Konzept von Philosophiegeschichte als Denkbiographik lässt sich als erster ernsthafter Versuch verstehen, Nietzsches Denken im Denken über ihn fruchtbar zu machen. Dieses Konzept verwirklicht damit an einem konkreten Fall Nietzsches eigene verstreute Hinweise zu einem historisch-genealogischen Philosophieren.

Neues Schreiben und Philosophie jenseits von Wissenschaft. Unterstrich schon Meyer das von Nietzsche vermeintlich ausgehende Kulturerneuerungspotential, will Ernst Bertram dieses Potential konkret ins Werk setzen, indem er in Nietzsche den Inspirator einer neuen Art mythologisierenden Schreibens sucht und findet. Zwar beansprucht er nicht explizit, der Philosophie einen neuen Begriff von sich selbst zu geben, aber seine Art der Darstellung macht deutlich, dass er Philosophie mit und nach Nietzsche jenseits der Gepflogenheiten normaler Wissenschaft verortet. Philosophie kann nach Nietzsche nicht mehr das sein, was sie lange war, eine Wissenschaft unter Wissenschaften. ›Nietzsche‹ würde, in der Konsequenz von Bertrams Ansatz, nicht nur zu einer neuen Art des Schreibens, sondern zu einer neuen Art des Denkens anleiten. Unbestimmt bleibt, wie es in der Sache um diese neue Art des Denkens bestellt sein könnte.

Philosophie als Eschatologik. Dass Nietzsche eine völlig neue Art des Denkens initiiert hat, ist der Befund, von dem Theodor Lessing ausgeht. Mit ›Nietzsche‹ versinken zwei Jahrtausende Geschichte im Staub; er ist der tragische Wendepunkt, mit dem etwas völlig Neues begonnen hat. Nach Lessing sind die heutigen Menschen in Nietzsches Nachfolge gezwungen, eine völlig neue Welt zu erschaffen. Damit weist Lessing der Philosophie eine eminent weltverändernde Kraft zu: Dass die Welt eine neue zu werden im Begriffe steht, ist wesentlich das Verdienst einer neuen Art zu philosophieren, die sich in Nietzsche verkörpert hat. Nietzsche nötigt zu Entscheidungen – zu Entscheidungen gegen die christlich-abendländische Tradition und ihren Wertekanon. So verwandelt sich Philosophie aus einer akademischen Disziplin in eine welthistorisch entscheidende Macht. An dieser Macht partizipieren die vermeintlich so ohnmächtigen Philosophen der Gegenwart.

Philosophie als Gesetzgebung. In der geschichtsphilosophisch-endzeitlichen Positionierung Nietzsches folgt Lessing sein weltanschaulicher Antipode Alfred Baeumler. Auch er sieht die Gegenwart unter einem enormen, vom Denken Nietzsches ausgehenden Entscheidungsdruck. Baeumler macht deutlich, in welche Richtung sich dieser Entscheidungsdruck politisch wenden soll, nämlich gegen die Demokratie als Christentum mit anderen Mitteln. Der Kampf wird dabei zur leitenden Metapher, die sich in die säkulare Eschatologik folgerichtig einpasst. Bei Baeumler ist die Philosophie gleichfalls ein entscheidender Machtfaktor, an der er teilzuhaben gedenkt. Er sympathisiert mit der von Nietzsche (im Gefolge Platons) definierten Rolle des Philosophen als Gesetzgebers. Philosophie, Baeumlers Philosophie, soll Gesetz werden.

Philosophie als Desillusionierung, Historisierung und Vereinheitlichung. Dass die Philosophie Eines will und dass Nietzsche ein Denker der Einheit sei, ist erklärtermaßen Baeumlers Überzeugung. Eine solche Fokussierung auf *eine* Lehre nimmt auch Karl

Löwith vor, freilich nicht in der Absicht, der Philosophie gesetzgeberische Kompetenzen zuzuweisen, sondern im Bestreben, Nietzsches Philosophie zu neutralisieren und ihr Antwortpotential auf die (an Heideggers *Zeit und Sein* erinnernde) große Sinnfrage zu relativieren. Die Aufgabe zeitgemäßen Philosophierens liegt für Löwith nicht in der Gesetzgebung, sondern im Stellen der Sinnfrage. Dabei hält er Nietzsches Antwort auf diese Frage für gescheitert; Nietzsche erscheint als Anreger, der seine Leser dazu animiert, sich die Sinnfrage immer wieder neu zu stellen. Im Umgang mit Nietzsche selbst setzt Löwith auf Desillusionierung: Nietzsche gibt uns nicht die richtigen Antworten. Und Löwith setzt auf Historisierung: Nietzsches Antworten sind zeitbedingt. Nietzsche auf die eine Lehre verdünnt, wird eingehegt, enteschatologisiert und neutralisiert. Beruhigung tritt ein, obwohl die Sinnfrage nach wie vor nicht beantwortet ist.

Philosophie auf der Suche nach existentieller Relevanz. Scheitern als Nietzsches persönliche Tragödie wird bei Karl Jaspers zur Signatur menschlichen Daseins überhaupt. Sein ›Nietzsche‹ ist Ansporn zum Nachdenken über das Eigene, indem man mit ihm mitdenkt. Dieser ›Nietzsche‹ ist der Steigbügelhalter der Selbstreflexion, der Reflexion über die *condition humaine.* Nietzsche verliert seine eschatologische Dringlichkeit, sein politischer Anspruch entfällt, der Entscheidungsdruck wird von der welthistorischen Bühne ins Innenleben des nachdenkenden Individuums verlagert. Ob sich Jaspers' Philosophieren unter dem Eindruck Nietzsches verändert oder ob er nur ein Anwendungsfall für dieses Philosophieren ist, ist zumindest aufgrund der Eingangstexte nicht zu entscheiden.

Neue Philosophie als noch nicht absehbare. Eugen Fink nimmt Nietzsches Aufforderung, zu einer neuen Philosophie zu gelangen, als Aufforderung ernst. Dies wiederum lässt ihn wie schon Lessing zu eschatologischen Bildern greifen. Zugleich aber erscheint ihm Nietzsche als ein Denker, der in seinem Versuch, die Philosophie gänzlich zu erneuern, zum Ältest-Bekannten, zu den Vorsokratikern seine Zuflucht nehmen musste. Damit ist Nietzsche domestiziert und rubriziert – und dennoch bleibt die Aufgabe bestehen, die Philosophie neu zu erfinden, die Fink in seinem Nietzsche-Buch nicht erfüllen will. Hat Martin Heidegger dies womöglich getan, indem er dort, wo er über Nietzsche sprechen sollte, über sich selbst sprach?

Hat Nietzsche das Denken verändert? Die Tatsache, dass man sich so vielfältig zu ihm stellen, sich zu ihm verhalten muss, legt das zumindest nahe. Man könnte aus einiger Entfernung misstrauischer sein: Das Pathos, die Weltgeschichtserzählungen und die Reduktion auf die jeweils eine Lehre würden dann genauso wie die Ausrufung ganz neuer Arten zu denken als wiederholte Versuche erscheinen, sich und vor allem die Philosophie wichtig zu machen. Philosophie als Pathosbefriedigungsanstalt, als Einheitsbefriedigungsanstalt, als Neuigkeitsbedürfnisanstalt.

Zwei Beobachtungen drängen sich auf. Erstens: Die Pluralität der untersuchten Nietzsche-Deutungsansätze steht in einem merkwürdigen Missverhältnis zum Umstand, dass diese Ansätze Nietzsche überwiegend als Einheitsdenker mit einem leitenden Gedanken sehen. Die Vielfalt gilt ihnen bei Nietzsche als eine nur scheinbare. Kaum einer der herangezogenen Autoren kann in Nietzsche den Denker des Vielfältigen und Vielfachen erkennen. Es scheint, als fänden all die neuen Philosophie-Konzepte, die in der Auseinandersetzung mit Nietzsche erprobt werden, noch nicht den Mut zur Pluralität.

Zweitens: Von ›Nietzsche‹ geht ersichtlich ein starker Drang zur Entakademisierung von Philosophie, damit freilich auch zu ihrer Pluralisierung aus. Hatte Platon die Philosophen aus der Polis heraus- und in die Akademie als Schutzraum hineingenommen, so entlässt Nietzsche sie wieder in die Obdachlosigkeit. Mit dieser Freiheit ist, wie das 20. Jahrhundert nicht nur in Sachen Nietzsche-Rezeption zeigt, nur schwer umzugehen. Muss der Ernst das letzte Wort behalten, wie beispielsweise auch in der Nietzsche-Diskussion der Analytischen Philosophie der angelsächsischen Welt, die Arthur C. Danto (1924–2013) 1965 mit seinem Buch *Nietzsche as Philosopher* angestoßen hat? Danto stellt heraus, wie sehr Nietzsches Probleme die Probleme des Logischen Positivismus und der Analytischen Philosophie vorweggenommen haben; wie wichtige Beiträge zur Destruktion metaphysischer Gespenster von ihm ausgegangen sind und noch ausgehen können, ohne dass man ihn als Übervater des Irrationalismus verdammen müsste. Auch die bis heute anhaltende analytische Nietzsche-Diskussion ist indes nicht weniger als die vorangegangene deutsche vom Bemühen geprägt, Nietzsche auf letzte Begriffe zu bringen, jüngst etwa auf die Begriffe der Willensunfreiheit oder des Naturalismus. Hat man solche Schubladen erst einmal gefunden, in die man Nietzsche packen kann, erlahmt die Leseraufmerksamkeit und man begnügt sich fortan mit scholastischen Subtilitäten: Das philosophische Bedürfnis, Ordnung zu schaffen, prägt sich in den jüngsten analytischen Nietzsche-Debatten mitunter bis zur Karikatur aus. Wird der philosophische Ernst aber von unfreiwilliger Komik angenagt, ist er von akutem Zerfall bedroht. Die Frage bleibt: Wie sollen wir, nach Nietzsche, philosophieren?

Wort- und Ernstzerfall

Am 22. August 1603 schrieb Philip Lord Chandos seinem Freund, dem berühmten Philosophen Francis Bacon, es sei ihm »allmählich unmöglich« geworden, »ein höheres oder allgemeineres Thema zu besprechen und dabei jene Worte in den Mund zu nehmen, deren sich doch alle Menschen ohne Bedenken geläufig zu bedienen pflegen. Ich empfand ein unerklärliches Unbehagen, die Worte ›Geist‹, ›Seele‹ oder ›Körper‹ nur auszusprechen.« Der junge Aristokrat konnte freilich nur so empfinden, weil er vorher Nietzsche gelesen hatte, namentlich die begriffskritischen Passagen in *Jenseits von Gut und Böse* und in der *Götzen-Dämmerung*. Auch eine gehörige Portion Sprachskepsis, wie sie die im November 1895 erstmals veröffentlichte Nachlassschrift *Ueber Wahrheit und Lüge im aussermoralischen Sinne* geltend macht, die Begriffe als bloße Metaphern begreift, hat in den Brief Eingang gefunden: »die abstrakten Worte, deren sich doch die Zunge naturgemäß bedienen muß, um irgendwelches Urtheil an den Tag zu geben, zerfielen mir im Munde wie modrige Pilze«. Worte, die zerfallen wie modrige Pilze: Das ist das Resultat einer tiefgreifenden Ernüchterung über die Leistungskraft wissenschaftlicher Erkenntnis und begrifflichen Sprechens. Nimmt man sich Lord Chandos' Brief zu Herzen, wirkt es geradezu rührend, wie wissenschaftliche und philosophische Nietzsche-Deuter mit todernster Miene die modrigen Pilze aufsammeln und in ihrem Körbchen malerisch arrangieren. Mitunter wirkt es rührend komisch.

Die Mühe der Nietzsche-Lektüre hat Hugo von Hofmannsthal (1874–1929) dem dafür ein paar Jahrhunderte zu früh geborenen Lord Chandos abgenommen und sich überdies die Mühe gemacht, den Lord samt seinem 1902 veröffentlichten *Brief* überhaupt erst zu erfinden. Er hat ihn mit Worten, mit einer hinreißenden Beredsamkeit ausgestattet, die das von Chandos in Aussicht gestellte Verstummen Lügen straft. Das ist überhaupt charakteristisch für die Sprachkritik schon bei Nietzsche selbst ebenso wie in seinem Gefolge: Je stärker und entschiedener sie sich ausprägt, desto redseliger wird sie. Diese Sprachkritik benötigt immer mehr Worte, weil es das eine Wort, die wenigen Worte, die die Wirklichkeit und die Wahrheit abbilden könnten, nicht mehr gibt. Im Zeichen Nietzsches ist das 20. Jahrhundert im Sprachunglauben ungemein mitteilsam, mitunter geschwätzig geworden.

Zu denken gibt allerdings, dass die nachgeborenen Intellektuellen trotz des ihnen von Nietzsche eingeimpften Unglaubens – gleichgültig ob gegenüber Gott, Moral, Wissenschaft oder Sprache – keineswegs kollektiv in Konvulsionen der Verzweiflung oder in lähmende Leere gefallen sind. Das ist nicht einmal Hofmannsthal selbst widerfahren, wenn er Gianino aus dem *Tod des Tizian* im Stil von Nietzsches Spätlyrik »eine überstarke, schwere Pracht« erleben lässt, »die Sinne stumm und Worte sinnlos macht«: Nicht aus Verzweiflung, aus Verzückung verstummt der junge Künstler. Trotz aller Nihilismus-Unkenrufe ist auch Nietzsche selbst weder am Leben, an der Welt oder an sich selbst verunglückt, sondern fand Freiheit zu schöpferischem, sprachschöpferischem, denkschöpferischem Mut. Nicht zuletzt auch zum Lachen, zu Heiterkeit. Umso mehr machen all die Schattierungen des Ernstes misstrauisch, mit denen die Nachgeborenen Nietzsche und ihren Nietzsche-Erfahrungen zu Leibe rücken wollen. Diejenigen, die Nietzsche und die mit ihm verbindbare Befreiung leicht nehmen, sind entschieden in der Minderheit. Wenn es schon kein religiöser oder metaphysischer Ernst mehr sein soll, dann doch wenigstens ein existenzieller. Wo sind denn die »Luft-Schifffahrer des Geistes« geblieben, die nach unbekannten und unbedachten Horizonten gieren? Die sich von nichts, erst recht nicht vom Nichts einschüchtern lassen? Warum ist der Ruf aus Abschnitt 289 der *Fröhlichen Wissenschaft*, obwohl oft zitiert, offenbar weitgehend ungehört verhallt: »Es gibt noch eine andere Welt zu entdecken – und mehr als eine! Auf die Schiffe, ihr Philosophen!«? Warum macht Nietzsche – namentlich Deutsche! – nicht frohgemuter, gelassener, lüsterner auf eine Vielzahl neuer Meere des Denkens, Fühlens und Sprechens? Warum so viel Bleischwere, so viel Wagemutsverweigerung, so viel Tristesse?

Sucht man nach Antworten auf all diese Fragen, kommen missmutige Mutmaßungen auf, die einem leicht die gute Laune vergällen: der existenzielle Ernst, mit dem die Deutschen ihren Nietzsche traktieren, als Akt der Rache an einem Philosophen, der das zunfttypische Ernstgebot so tollkühn unterlief? Dem Engländer Chandos und seinem österreichischen Erfinder wird man bei aller Schwerblütigkeit eine leichte komödiantische Schlagseite nicht absprechen wollen. Aber in der Breite und namentlich unter Deutschen ist die enthemmende, ernstaufsprengende Wirkung Nietzsches nicht so recht zu empfinden. Da gibt es noch viel Luft nach oben; offenkundig wurde Nietzsches Ernstzertrümmerungspotential noch nicht hinreichend aktiviert – er ist zu früh all den Tiefsinnigen in die Hände gefallen.

Tiefsinnige, denen Nietzsche zu Lebzeiten seine gesammelte Bosheit hatte zuteilwerden lassen. Im *Grossen Bestiarium der modernen Literatur* stellte Franz Blei (1871–1942) 1922 die Repräsentanten des Literaturbetriebes in tierischer Gestalt dem abwechselnd lachenden und weinenden Publikum vor die Nase – beispielsweise Hofmannsthal als »Kreuzung aus italienischer Windhündin – Züchter d'Annunzio – und englischem Northumberlandhirsch«, Gottfried Benn als »Lanzettfisch, den man zumeist in Leichenteilen Ertrunkener festgestellt hat«, Stefan George als »hochbeinigen Watvogel, der durch die außerordentlich schöne Proportion seiner Glieder wie auch durch seine Größe weit über seine Genossen im Wasser hinausragt«. Thomas und Heinrich Mann schließlich »gehören zu einer Familie mittelgroßer Holzböcke«. Der bei weitem umfangreichste Artikel ist keinem »Literatier«, sondern dem »bedeutendsten Zoologen des Naturparkes« gewidmet, der wie der Verfasser des *Bestiariums* selbst getrieben ist vom »Haß gegen alles Angemaßte«. Und ausgerechnet die Deutschen sind es, die den vereinigten Zorn des Zoologen und des Bestiaristen auf sich ziehen: »Sie machen mit nichts Ernst, diese Deutschen. Sie spielen Nation und Bekenntnis, Krieg und Frieden«. »Daß sie aber irgendwo mit irgend etwas anfingen, endlich Ernst zu machen, dazu bedarf ihr Leben des Paradoxes, denn bloße Belehrung tuts nicht: Cesare Borgia als Papst. Des Zoologen Nietzsche Böses ist das Gladiatorennetz, worin der deutsche Spiegelfechter endlich sich verfinge, ist das erstgeborne Konkrete, woran der Spiegelnde endlich Lust fände zu Verhaftung, dieser Nein sagende Deutsche aus Bequemlichkeit, aus Komödianterie, aus Koketterie des Geistes mit den allerletzten Dingen endlich Ja und Eins sagte in der Zeit.« Nun, mit dem Ernst, den Blei mit seinem Zoologen Nietzsche den Deutschen meint ins Stammbuch schreiben zu müssen, haben sie es dann im Umgang mit Nietzsche zu ernst genommen – und leider auch mit der ganz großen Politik. Bemerkenswert: Im Umgang mit Nietzsche, der, immerhin, »Lust zur Geschichte macht«, vergeht selbst Blei die satirische Leichtfüßigkeit, so dass er am Ende des Nietzsche-Artikels in theologisch-prophetische Verzückung gerät: »der Antichrist als Provokation des Christos. Die letzten Dinge und Gestalten, in die Zukunft projiziert, sind da vom bisher kühnsten Protestanten entdeckt als heuristische Prinzipe für die höchste Not des Glaubens, anzuwenden vom fast Übermenschlichen gegen sich selbst, gegen das Phantomatische in ihm, entdeckt als die verzweifeltsten Aphrodisiaca zum amor dei.« Das ist starker Tobak und nicht dazu angetan, den Glauben an die befreiende Ausgelassenheit von Nietzsches Œuvre zu bestärken.

Vielleicht können da ja jene Satiriker helfen, die an Nietzsche und an der Nietzsche-Betriebsamkeit ihre Feder gewetzt haben. Schon 1893 schicken die beiden Wiener Literaten Ferdinand Gross (1849–1900) und Julius von Gans-Lúdassy (1858–1922) unter dem Deckmantel der Anonymität *Also sprach Confusius / von einem Unmenschen* in die Welt, um *Also sprach Zarathustra* mit einem parodistischen Seitenstück zu adeln. Sie treffen dabei durchaus den Zarathustra-Ton, den sie ins endgültig Groteske weitertreiben. 1932 dokumentierte Robert Neumann (1897–1975) unter dem Titel *Nietzsche und die Folgen* sehr anschaulich die Editionspraxis von Elisabeth Förster-Nietzsche, nämlich die Entstehungsgeschichte des auf Bestellung einer Rasierklingenfabrik entstandenen, postumen *Also-sprach-Zarathustra*-Kapitels »Von den Messerwetzern«. Dort heißt es, für die Messerindustrie einschlägig: »Nehmt eines andern Messers zur Atzung und eines andern wider den Bart. Denn jedes werde geschnitten mit seiner

Klinge. / Die Hoch-Klinge lehre ich euch; sie werde in euerer Hand zur Über-Klinge!« Neumann verdanken wir ebenso die Herausgabe von Sigmund Freuds Aufsatz *Nietzsches Verdauungsbeschwerden als Symbol einer prae-embryonalen Tantenliebe*, der zum kanonischen Mustertext aller psychoanalytischen Nietzsche-Deutungen geworden ist. Das ganze Konvolut, einschließlich der einschlägigen Korrespondenz der Schwester hat Neumann »dem Nietzsche-Archiv in Weimar zu dauernder Unterschlagung zugeeignet«. Elisabeth Förster-Nietzsche schien sich überhaupt als Gegenstand höchster literarischer Kunst zu eignen, wie das von Alfred Kerr (1867–1948) aus Anlass ihres 60. Geburtstages 1912 in der Zeitung *Der Tag* am 27. Juli 1906 veröffentlichte Gedicht veranschaulicht:

Die Übermenschin

Nietzsches Schwester sechzigjährig.
Aktus. Feiert sich gehörig.
Jubel-Dame, Bild geschenkt,
Festlich ins Archiv gehängt.
Im Hotel ist unterdessen
Großes Gala-Nietzsche-Essen.
Oben um den Lüster schwebt
Friedrich. Hätt' er's doch erlebt!
Komplimente. Wundersame
Blumenspenden. Telegramme.
Toaste. Reden. Dank. Sperenzchen.
Übermenschenkaffeekränzchen.

Grimmiges, gelegentlich gequältes Grinsen provozieren Parodien wie diese. So sehr man sich an ihnen ergötzt, so wenig setzen sie doch Nietzsches eigenes Erheiterungspotential frei. Dazu sind unfreiwillige Parodien womöglich sogar besser geeignet als diejenigen, die bewusst und bemüht auf den parodis-

tischen Effekt abzielen. Da wäre etwa das von Otto Sebaldt gestaltete Titelblatt der in Dresden erscheinenden Nudisten-Zeitschrift *Die Schönheit. Mit Bildern geschmückte Monatsschrift für Kunst und Leben*, die 1927 ihre November-Nummer Nietzsche widmete.

Ist die von nackten Leibern umspielte Sonnenscheibe mit Nietzsche-Antlitz nicht eher dazu angetan, Nietzsches ernstemanzipatorische Energie zu erwecken als ganze Bibliotheken philosophischer Nietzsche-Literatur? Zumal dann, wenn man noch die Gedichtzeilen im Herzen bewegt, die Sebaldt seiner Lithographie beigibt: »Du letzter, größter der Propheten / im Pfuhle leuchtend Meteor / schleuderst empor, / lehrst wiederum uns beten.«

Oder der 1933 in die Kinos kommende Film *Baby Face*, in dem Barbara Stanwyck unter der Regie Alfred E. Greens ein junges

Mädchen aus der Provinz spielt, das in New York sein Glück machen will. Bevor sie dahin aufbricht, verrät ihr ein väterlicher Vertrauter mit schrecklichem deutschen Akzent, wie sie das anstellen soll: »A woman, young, beautiful like you, can get anything she wants in the world. Because you have power over men. But you must use men, not let them use you. You must be a master, not a slave. Look here – Nietzsche says, ›All life, no matter how we idealize it, is nothing more nor less than exploitation.‹ That's what I'm telling you. Exploit yourself. Go to some big city where you will find opportunities! Use men! Be strong! Defiant! Use men to get the things you want!« Diese Nietzsche-Szene fiel dann zwar der Zensur zum Opfer – auch wenn die Heldin tat, wie ihr geheißen. Aber heute ist die ursprüngliche Version frei im Internet zugänglich. Eine Frau schläft sich hoch, mit einem Vulgär-Nietzsche im Handgepäck. Da könnte man beinah auf den Gedanken kommen, den ein Jahr später, 1934, der argentinische Schriftsteller Juan Filloy (1894–2000) der Titelfigur seines Romans *Op Oloop* in den Mund legte: »Die Kultur ist eine krankhafte Erscheinung für die, deren Fähigkeiten auf den niedrigen Stufen des Geistes verharren.« Und auch hier liefert der Allzweckphilosoph die Garnitur: »›Der Mensch ist ein Zufall in einer Welt aus Zufälligkeiten‹, hat Nietzsche gesagt.« Wo immer er das gesagt haben mag – nachweisen lässt es sich jedenfalls nicht. Und am Ende hält der falsche Nietzsche Op Oloop nicht von der Selbsttötung ab.

Warum verdunstet der existenzielle Ernst nicht in der Hitze des Genusses, den das Losketten von allen Altlasten des metaphysisch-religiös-moralischen Daseins durch Nietzsche verspricht? Drei von beliebig vielen Antworten:

Da gibt es erstens den in der Wolle gefärbten Kantianer, der unter dem Pseudonym Nonnescius Nemo 1976 Franz Blei in einem *Bestiarium philosophicum* meinte nacheifern zu müssen. Er will sich den existenziellen Ernst nicht ausreden lassen, weil er auf ein transzendentalphilosophisches Glaubensbekenntnis eingeschworen ist, das keinen Zollbreit Abweichung gestattet (denn der Gott der Kantianer ist ein eifersüchtiger Gott). Also kein Losketten von Altlasten, sondern der böse Eindringling in die metaphysisch heile Welt muss geschmäht und der Schein der Verdunstungsresistenz aufrechterhalten werden: »NIETZSCHE, eine in Deutschland nicht häufig vorkommende, in einem Exemplar jedoch gefährliche Viper, d. h. eigentlich eine Brillenschlange von kurzem Wuchs, extremer Kurzsichtigkeit und durchaus unscheinbarer Zeichnung; ob gereizt oder nicht, dauernd giftgeschwollen, stets angriffslustig, immer tödlich verletzend«.

Oder da gibt es zweitens den erotisch Enthusiasmierten, dem das Losketten von den Altlasten bei Nietzsche nicht weit genug geht und der daher den existenziellen Ernst des Erregend-Sexuellen zurückfordert. 1951 ist mit dem Namen Friedrich Nietzsche in New York ein Buch mit dem Titel *My Sister and I* erschienen, angeblich die englische Übertragung eines von Nietzsche während seiner Zeit in der Jenaer Nervenklinik geschriebenen Manuskripts, angeblich übersetzt und mit einem Vorwort versehen vom damals schon längst verstorbenen Nietzsche-Übersetzer Oscar Levy. Der Text berichtet, neben nietzscheanisierenden Girlanden, von Nietzsches sexuellen Eskapaden und vor allem ausgiebig von seinem inzestuösen Verhältnis mit der eigenen Schwester. Nun hat man dieses Buch, zu dem nie eine deutsche Vorlage aufgetaucht ist, in der Nietzsche-Forschergemeinde meist entweder ignoriert oder als Fälschung verurteilt – zumal ihm der Geruch der Pornographie anhing. Aber ein paar Stimmen gab es doch, die das Ganze oder Teile daraus für authentisch hielten – unter ihnen der ›Orgon‹-Forscher Wilhelm Reich (1897–1957). Der meint in seinem Buch *The Murder of Christ* von 1953, erst dem Nietzsche von *My Sister and I* sei es gelungen, sich aus der Falle des sozial-moralisch reglementierten Daseins, dem aufgezwungenen emotionalen Korsett zu befreien: »erst in der Falle einer Irrenanstalt schrieb er, endlich, die volle Wahrheit über sich selbst – zu spät ...« Man wundert sich vielleicht ein bisschen, dass der Nietzsche des Jahres 1889/90 so geschrieben haben soll, wie das trivialpsychoanalytisch in den 1940er Jahren Mode gewesen sein mag, und plötzlich auch ganz genau über Karl Marx Bescheid gewusst haben soll, den er bis 1889 mit keinem einzigen Wort auch nur erwähnt hatte. Aber vielleicht wundert man sich rückblickend noch mehr, dass Nietzsche sich in *Ecce homo* zur Selbsterläuterung ausführlich über das ihm tunliche Klima, seine Ernährung, Erholungsarten und Lektüren verbreitet und sich so selbst geradezu exhibitionistisch als Produkt seiner Umstände thematisiert hat, aber über Sex sich vollständig ausschwieg. Dass da Nachgeborene als existenziell-ernste Nietzsche-Nachschreiber in die Bresche springen mussten, um seine sexuelle Revolution nachzuholen und sexualtherapeutisch zu erklären, warum jemand so weise, so klug ist und so gute Bücher schreibt, war wohl zu erwarten.

Und drittens gibt es da den am Existenzernst Leidtragenden, der von Nietzsche die Frage nach dem Sinn des Leidens und nach dem Sinn des Ganzen meint geerbt zu haben. Und er ist davon mit keinem Lächeln, erst recht mit keinem Lachen abzubringen. Zu seinem Glück hat ein bekanntes IT-Unternehmen aus Cupertino, Kalifornien, da Abhilfe geschaffen, indem es Siri, ein »intelligentes Sprachassistenz-Programm« entwickelte. Das antwortet auf die Frage »Was ist der Sinn des Lebens?« – nur unter anderem, zugegeben – mit einem Nietzsche-Plagiat: »Ohne Musik wäre das Leben ein Irrtum.«

Ironie

Der Maler und Bildhauer Max Ernst (1891–1976) hat 1909 *Die fröhliche Wissenschaft* gelesen und später dazu gemeint: »Wenn überhaupt ein Buch in die Zukunft weist, so ist es dieses. Der ganze Surrealismus steckt darin, wenn man es zu lesen versteht.« Der berühmte Philosoph Harald Schmidt (*1957) hat in seiner die deutsche Hochkultur prägenden *Harald Schmidt Show* im Jubiläumsjahr 2000 nicht nur vom »Nietzsche-Entchen« Besuch bekommen, sondern später über Nietzsches zukunftsweisende Perspektiven nicht weniger wohlwollend geurteilt als Max Ernst: »Niemand hat eigentlich so viel Spaß verbreitet wie Nietzsche«, der »große, sympathische Gute-Laune-Entertainer«. Daraufhin trägt Schmidt mit dem »Kathedralen-Sound Chartres« und der »Lichtstimmung Sils-Maria II« das Kapitel »Vom neuen Götzen« aus *Also sprach Zarathustra* vor: »Staat heisst das kälteste aller kalten Ungeheuer. Kalt lügt es auch; und diese Lüge kriecht aus seinem Munde: ›Ich, der Staat, bin das Volk.‹« Dann jedoch kommen Theodor W. Adornos *Minima moralia* ins Spiel: »Das ist das Buch für alle, die sagen, Nietzsche ist mir zu oberflächlich. Der hat nur auf Pointe geschrieben, kein Lacher ist ihm zu billig.« Auch sonst macht *Also sprach Zarathustra* große mediale Karriere, etwa das Kapitel »Vom freien Tode«, wo steht: »Stirb zur rechten Zeit: also lehrt es Zarathustra«. Dazu singen Sandra Kreisler und Roger Stein von *Wortfront* die Variante: »Stirb bevor's zu spät ist!« Und im *Wortfront*-Grillgedicht hat der »tolle Mensch« aus der *Fröhlichen Wissenschaft* endlich die langersehnte Antwort bekommen: »Gott ist tot – uns bleibt nur noch Wurst mit Brot«.

Gediegenere Ironie gefällig, jenseits all der Schlacken der Populärkultur? Sicher, Jacques Derridas (1930–2004) Dekonstruktion wäre eine erste Option, intellektuelles Fastnachtstreiben, weithin unterschätzt in seinem magenumstülpenden Potential. Oder zweitens Richard Rortys (1931–2007) Werk *Contingency, Irony, and Solidarity*, das Nietzsche in eine Tradition ironischer Theoriebildung stellt. Freilich sei dieser sich, wie die meisten seiner Kollegen, nicht klar darüber gewesen, dass Philosophie nicht so sehr einen öffentlichen und politischen Auftrag habe, sondern vielmehr nur der privaten Selbsterschaffung dienen solle. »Nietzsche realisiert, dass jemand, der sich selbst erschaffen will, es sich nicht leisten kann, allzu apollinisch zu sein.« Daher inszeniere er das Exzessive – »als Mensch zu scheitern, würde, für Nietzsche, heißen, die Beschreibung eines anderen für sich selbst zu übernehmen, bloß ein vorgängig vorformuliertes Programm auszuführen«. Ironisch sind Nietzsches Theorie- und Selbstbildungsanstrengungen nach Rorty, weil sie von allen letztgültigen Vokabularen Abschied nehmen, weil sie nicht mehr an das Wirklichkeitsabbildungsvermögen der Philosophie glauben. Aus der Ironie folgt für die Philosophie eine Fülle poetischer Lizenzen.

Und drittens schließlich der Großmeister der gepflegten Ironie, Thomas Mann (1875–1955). Der zweitgenannte Ironiker, Richard Rorty begegnet freilich jenem Roman, der Elemente aus Nietzsches Geschichte mit der katastrophalen deutschen Geschichte und dem bei Deutschen so beliebten mythologischen Motiv des Teufelspaktes amalgamiert, selbst ausgesprochen ironisch: »Selbstverständlich gibt es Romane wie Thomas Manns *Doktor Faustus*, in dem die Charaktere bloß geschniegelte Allgemeinheiten sind.« Für Rorty sind Romane eigentlich dazu da, die Kontingenz des Daseins nachzubilden, die zufälligen Einzeldinge, ohne sie einer umfassenden Theorie oder ideologischen Überformung zu unterwerfen, oder sie gar in die Zwangsjacke eines Mythos zu stecken. An sich will der *Faustus*-Roman nicht mehr sein als, so der Untertitel, *Das Leben des deutschen Tonsetzers Adrian Leverkühn erzählt von einem Freunde.* Dieser Adrian Leverkühn, geboren 1885, verbringt die Jahre 1930 bis 1940, die letzten seines Lebens, in geistiger Umnachtung. Allerdings schreibt – so die Rahmenhandlung – der im Untertitel nicht namentlich genannte Freund, der Erzähler Serenus Zeitblom, die Lebensgeschichte Leverkühns während der letzten Jahre des Zweiten Weltkrieges nieder, als ein in die innere Emigration gegangener Gymnasiallehrer. Zahllose Einzelheiten sind, zeitlich um ein, zwei Generationen versetzt, nach Nietzsches Leben modelliert – nicht zuletzt, dass sowohl der späte Nietzsche als auch Leverkühn einerseits ihre eigene Existenz in paratheologischen, heilsgeschichtlichen und mythologischen Kategorien deuten, andererseits Athleten der Vieldeutigkeit sind. Mythen haben, entgegen Rortys Suggestion, hier offenbar weniger die Funktion, Kontingenz zu beseitigen, sondern sie zu vermehren.

Der spätere Komponist Leverkühn beginnt mit einem Studium der Theologie, bei dem ihn sein Freund und späterer Biograph Zeitblom wohlwollend begleitet, ohne dass er freilich dem Gegenstand selbst viel abgewinnen kann. Zeitbloms Urteil über Luthers Reformation als »Aufstand subjektiver Willkür gegen die objektive Bindung«, seine Frage, »ob nicht die Reformatoren eher als rückfällige Typen und Sendlinge des Unglücks zu betrachten sind«, spiegeln die einschlägigen Bosheiten Nietzsches. Schon dem Aphorismus 237 von *Menschliches, Allzumenschliches* gilt die Reformation »als ein energischer Protest zurückgebliebener Geister, welche die Weltanschauung des Mittelalters noch keineswegs satt hatten«.

Entschiedene Vorbehalte gegenüber der Reformation teilte mit Nietzsche auch jener Freund, von dem Thomas Mann in einem an Jonas Lesser gerichteten Brief vom 29. Januar 1948 schrieb, Serenus Zeitblom habe »viel« von ihm: Gemeint und namentlich genannt ist Franz Overbeck. Er, der radikale Theologiekritiker auf der Theologieprofessur und im inneren Exil, Nietzsches treuester Freund, stand für Serenus Zeitblom Pate. Dessen antitheologischer und antimythologischer Affekt kann da nicht mehr überraschen – ein Affekt, der sich auch gegen die Neigung zur Selbstmythologisierung richtet, die sich beim Freund bemerkbar macht.

Zwischen Zeitblom und Overbeck lassen sich zahlreiche Parallelen ausmachen. Thomas Mann stand das durch Carl Albrecht Bernoulli gezeichnete Bild seines Lehrers Overbeck im zweibändigen Werk *Franz Overbeck und Friedrich Nietzsche. Eine*

Freundschaft (1908) vor Augen, aus dem er bereits in den *Betrachtungen eines Unpolitischen* mehrfach zitiert hatte. Nur zwei besonders auffällige Aspekte: Erstens stehen Overbeck und Zeitblom als aufgeklärte Humanisten keineswegs prinzipiell der Religion ablehnend gegenüber, wohl aber einer Disziplin, die Glauben und Wissen, Außerrationales und Rationales wissenschaftlich unter einen Hut bringen zu können meint. Beide, Overbeck und Zeitblom, sind zu sehr Skeptiker, als dass sie dogmatisch die Möglichkeit von Transzendenz leugneten. Sie bestehen sowohl auf die Rechte als auch auf die Grenzen neuzeitlicher Vernunft: Das Un- oder Übervernünftige soll nicht einem Anschein von Vernünftigkeit gefügig gemacht werden.

Zweitens wird der Blick auf den Freund – Overbecks Blick auf Nietzsche, Zeitbloms Blick auf Leverkühn – bei aller Zuneigung niemals getrübt durch die mythologischen Selbst- und Fremdinterpretationen des Freundes. Ernst Bertram, dessen Nietzsche-Buch Thomas Mann tief beeindruckt hat, attestierte Overbeck einen »Erasmusblick«, um anzudeuten, mit wie viel vorsichtiger Distanz Overbeck Nietzsche und seinem Werk begegnet ist. Die von Bernoulli aus Overbecks Nachlass publizierten Aufzeichnungen über Nietzsche lassen diese Distanz sichtbar werden, die jedoch die Freundschaft nicht geschmälert hatte. Wenn Ironie in Overbecks Distanz liegt, dann die der freundlichen Art: Die Ironie gilt Nietzsches Maßlosigkeit, dem rhetorischen Pomp, mit dem er sein Denken als Epochenwende inszeniert – sie gilt Nietzsches Selbstmonumentalisierung.

Overbecks Notate dienten Bernoulli nicht zuletzt als Waffe gegen den von Elisabeth Förster-Nietzsche und ihren Mitstreitern so tatkräftig inszenierten Nietzsche-Mythos mit seinem Geruch der Unantastbarkeit. Thomas Mann wiederum hat angesichts der nazistischen Verstrickung des Weimarer Nietzsche-Archivs in Overbecks Ablehnung des Nietzsche-Mythos Rückendeckung für seine eigene, revidierte Nietzsche-Deutung gefunden. Es war ja keineswegs erst das Unwesen der Philosophen-Schwester, das den Grundstein zu diesem Mythos legte. Vielmehr hatte Nietzsche selber schon tatkräftig daran gearbeitet: *Ecce homo* bietet beispielsweise diesen Mythos in Reinkultur. Und gerade hier kam Overbeck die skeptische Schulung aus dem Umgang mit Dokumenten der christlichen Religionsgeschichte zugute. »Die Neukultivierung der Menschheit, die«, so Overbeck, Nietzsche unternommen habe, sei »nur unter dem Zeichen der Desperation« zu sehen: »das beweist Nietzsche nicht am wenigsten eindringlich mit dem Einfall, sich mit dem Übermenschen zu identifizieren, und der praktischen Durchführung, die er ihm in seinem Leben gegeben hat. Er ist damit unter anderem genau so weit gekommen, wie die moderne Theologie mit ihrer Apologie des Christentums, nämlich den Beweis für ihre Theorie im strengsten Sinne nur *von der Zukunft zu erwarten*, da man ihn mit seiner eigenen Gegenwart nicht liefern kann.« Der treue Freund, gegen magisches Brimborium immun, ist keineswegs bereit, Nietzsches Selbstmystifikationen, seiner pseudotheologischen Synthese von Wissen und Glauben, von Philosophie und Selbstanbetung Vasallendienste zu leisten. Dabei dient ihm als verlässliches Abführmittel die Ironie.

Ähnlich verhält es sich nun mit Zeitblom, dessen Humanismus, geschult und abgeschreckt von theologischem Ungeist, ihm den antitheologischen Affekt ebenfalls ins Stammbuch schreibt. Auch er weigert sich, auf die naheliegenden mythologischen Erklärungsschemata zurückzugreifen, mit denen Leverkühn selbst seine Existenz deutet. Zeitblom billigt nirgends das Faust-Mythologem als mögliche Interpretationshilfe für Leverkühns Leben. Wenn er Andeutungen über den vermeintlichen Vertrag mit dem Teufel macht, räumt er damit nur ein, dass diese Vorstellung für das Selbstverständnis des Freundes offenbar wichtig gewesen ist, enthält sich jedoch jeder Beurteilung. Trotzdem ist Zeitblom kein so bornierter Rationalist, dass er sich am Ende dem Verdikt anschließen würde, welches der Numismatiker Dr. Kranich über Leverkühn nach dessen faustischer Abschiedsvorstellung fällt: »dieser Mann ist wahnsinnig. Daran kann längst kein Zweifel bestehen«. Der »Erasmusblick«, den Zeitblom auf seinen Freund wirft, ist trotz aller humanistischen Beteuerungen und theologiekritischen Invektiven nicht so eindimensional, dass dadurch die Möglichkeit einer mythologisch-theologischen Interpretation Leverkühns kategorisch ausgeschlossen würde.

Mythen – warum nicht? Aber nicht als »geschniegelte Allgemeinheiten« in Rortys Sinn, sondern durch die Berichterstatter-Optik Overbecks und Zeitbloms in Frage gestellt, perspektivisch und parodistisch gebrochen. Dieser prekäre Status der Mythen führt nicht zu einer neomythischen Weltsicht, sondern zur Veruneindeutigung dessen, was man gemeinhin über die Welt zu wissen meint. Mythen als Mittel vervielfältigen die ohnehin stets gegebenen Mehrdeutigkeiten. Mythen sind Kontingenzproduktionsmaschinen – was sich beispielsweise beim spätesten Nietzsche zeigt, der wahlweise als »Dionysos« und als »Der Gekreuzigte« seine letzten Episteln unterschrieb. Ob das die letzte Stufe der Selbstironie ist, bleibe dahingestellt.

So ironisch Nietzsche mit anderen Personen oder Gedanken auch umzuspringen verstand, so selten zeigte er doch die Bereitschaft, das Eigene der Ironie auszusetzen. In der *Götzen-Dämmerung* war »die Ironie des Sokrates ein Ausdruck von Revolte«, und Nietzsche gab sich ihr gegenüber vornehm reserviert, als hätte er rein gar nichts mit ihr zu schaffen – um sich dann, ausgerechnet im Umgang mit Sokrates, als ironischer Virtuose zu erweisen.

In der Nachwelt hat Nietzsche diese Virtuosität aber wenig geholfen: Es gehört zur wirkungsgeschichtlichen Ironie, dass die Adepten die sich selbst einklammernden, selbst aufhebenden Mythen Nietzsches, seine Zarathustra-Reden, die Ewige Wiederkunft, den Übermenschen und den Willen zur Macht buchstäblich ernst statt experimentell ironisch nahmen. Sicher, Nietzsche wollte mit seinen mythologisierenden Reden auch umgestalten, mit ihnen die weltverändernde Kraft der Philosophie wiederbeleben. Irrtümlich haben seine angeblichen Anhänger gedacht, das sei nur möglich, wenn man sie für bare Münze nimmt und sich auf sie einschwören lässt. Auch so, durch Ironieresistenz und Ironieabstinenz, kann man die Philosophie verraten. Auch diejenige Nietzsches.

Heiterkeit

Aus den düsteren Abgründen der Tragödienursprünge entstiegen, meinte der junge Basler Professor 1873 mit seiner ersten *Unzeitgemässen Betrachtung* ein Exempel boshafter Heiterkeit statuieren zu können. Aber diese Art der Heiterkeit wurde von einigen Lesern nicht verstanden. »Das knäbische Pamphlet des Herrn Nietzsche gegen Strauß habe ich auch zu lesen begonnen, bringe es aber kaum zu Ende wegen des gar zu monotonen Schimpfstils ohne alle positiven Leistungen oder Oasen«, ließ Gottfried Keller (1819–1890) Emil Kuh am 18. November 1873 wissen, um hinzuzufügen: »Ich halte den Mann für einen Erz- und Kardinalphilister; denn nur solche pflegen in der Jugend so mit den Hufen auszuschlagen und sich für etwas anderes als für Philister zu halten, gerade weil dieses Wähnen etwas so *Gewöhnliches* ist.« Und der einzige spätere Nobelpreisträger, dem Nietzsche persönlich nähertrat, der Dichter Carl Spitteler (1845–1924), erzählt im Rückblick: »Auf einem meiner kurzen Besuche in der Heimat, im Jahre 1875 oder 1876, erfuhr ich dann etwas von Nietzsche, was mein inneres Verhältnis zu ihm auf lange Jahre bestimmte: ich traf die geistliche und fromme Welt Basels, also die mächtige und vornehme Welt, in Jubel. Der neue Professor Nietzsche, wurde mir erklärt, obschon selber ungläubig, habe den alten David Strauß dermaßen in den Boden geschlagen, dass er sich nicht mehr rühren werde. Ein Basler Professor, der, obschon selber ungläubig, den Frommen Basels, also den

Machthabern, den Dienst erweist, ihren gehassten und längst von aller Welt verlassenen, einsamen Gegner vollends umzubringen, das schien mir das Gegenteil einer edlen Haltung.« Mit seiner Heiterkeit ist der junge Nietzsche zumindest bei Keller und Spitteler also nicht durchgedrungen. In seinen letzten Schaffensjahren, als Spitteler anfing, wohlwollend an ihm Anteil zu nehmen und ihn zu rezensieren, ist es Nietzsche besser gelungen.

Heiterkeit ist heikel. Besonders da, wo jemand am Abgrund steht. Jemand, dessen Texte vom Tod Gottes und der Sinnlosigkeit der Welt handeln. Wer will da noch heiter sein? Oder erst recht? Nietzsche, der eine platte, gedankenlose Heiterkeit, wie man sie etwa den Griechen andichtete, verabscheut hat, stellte die Frage »Was es mit unserer Heiterkeit auf sich hat«, in Abschnitt 343 der *Fröhlichen Wissenschaft* ausdrücklich in den Horizont der Diagnose, dass der alte Gott tot sei. Vielen wird es schwer fallen, diese Diagnose zur eigenen Erkenntnis umzumünzen – und wenn doch, werden sie einer entsetzlichen Verdüsterung anheimfallen. Aber dann gibt es diejenigen, die aus dem Schock eine neue Heiterkeit gewinnen können: »In der That, wir Philosophen und ›freien Geister‹ fühlen uns bei der Nachricht, dass der ›alte Gott todt‹ ist, wie von einer neuen Morgenröthe angestrahlt; unser Herz strömt dabei über von Dankbarkeit, Erstaunen, Ahnung, Erwartung, – endlich erscheint uns der Horizont wieder frei, gesetzt selbst, dass er nicht hell ist, endlich dürfen unsre Schiffe wieder auslaufen, auf jede Gefahr hin auslaufen, jedes Wagniss des Erkennenden ist wieder erlaubt, das Meer, unser Meer liegt wieder offen da, vielleicht gab es noch niemals ein so ›offnes Meer‹.«

Der Tod Gottes schafft Raum – er schafft Raum, sein eigenes Leben zu leben und sein eigenes Denken zu denken, jenseits der Gängelei durch Gottes Gebote. Der Tod Gottes schafft Raum und er schafft Heiterkeit. Diese Heiterkeit leugnet auch den eigenen Tod nicht, ganz im Gegenteil, wie Nietzsche im Dionysos-

Dithyrambus *Die Sonne sinkt* gedichtet hat: »Heiterkeit, güldene, komm! / du des Todes / heimlichster, süssester Vorgenuss!« Heiterkeit bleibt eine enge Nachbarin der Verzweiflung – und manche verkappten Nietzscheaner machen daraus auch schon wieder ein schlecht verdautes Ideologem, so der Formel-1-Pilot James Hunt im Spielfilm *Rush – Alles für den Sieg* (2013), wenn er sagt: »Je näher du dem Tod bist, desto lebendiger fühlst du dich und desto lebendiger bist du auch«.

Die heikle Heiterkeit Nietzsches hat wenig Nachahmer gefunden. Viel lieber suhlte sich die Nachwelt in jener existenziellen Verzweiflung, die die Rede vom Tod Gottes heraufbeschworen zu haben schien. Den Philosophen unter den Nietzsche-Lesern ist ohnehin der bleierne Ernst viel lieber; er scheint verlässlicher als die schillernde Heiterkeit mit ihren jähen Wendungen und ihrer boshaften Frivolität. Dieser Heiterkeit gewogener sind jene Künstler, die auch das Joch starren Glaubens an Nietzsches prophetische Sendung abgeschüttelt haben und darauf setzen, dass Kunst alles dürfe.

Ein Spezialist für das Heikle, Wacklige ist der deutsche Maler Thomas Ziegler (1947–2014). Er hat, wie Nietzsche, immer wieder Wege am Rande des Abgrunds gesucht – Wege, die sich immer wieder verlieren und neu gebahnt werden müssen. Von etwa 1990 an war für den bis dahin in der DDR tätigen Künstler Nietzsche die wesentliche Inspirationsquelle. Die Inspirationsquelle eines Schaffens, das sich den Zwängen des Kunstmarktes ebenso widersetzte wie es sich bis dahin den Zwängen des sozialistischen Kunstregimes widersetzt hatte. Zieglers *F. N.-Schlaufe* war zunächst als Filmprojekt gedacht, durchlief diverse bildkünstlerische Verarbeitungsstufen, bevor sich ein – erst 2016 publiziertes – Buch-Bild-Gesamtkunstwerk als die letzte und gültige Form entpuppte. So, wie Nietzsche sich das Leben philosophisch erdacht hatte, konnte Ziegler es sich künstlerisch ausmalen – und doch auch ganz anders. Im experimentellen Charakter konvergierten bei Nietzsche und bei Ziegler die philosophische und die künstlerische Lebensform. In seiner *F. N.-Schlaufe* arbeitete sich Ziegler nicht an den äußerlichen Fakten von Nietzsches Leben ab. Stattdessen wollte er die inneren, spektakulären Ereignisse dieses Lebens ins Bild setzen, jedoch ohne die wohlfeile Illustration von Nietzsches Werken für ein gangbares Verfahren zu halten.

Dem Philosophen kann der Künstler nur auf Augenhöhe begegnen, wenn er seine eigene Geschichte mit Nietzsche gestaltet. Das Medium dieser Gestaltung ist keine Nacherzählung von Denk- und Schreibstationen, sondern das, was Nietzsche selbst einmal »Transfiguration« genannt hat. Transfiguration meint nicht Beweihräucherung; sie meint nicht Verklärung in eine Sphäre erhabener Unantastbarkeit. Transfiguration bedeutet hier vielmehr, Nietzsches Biographie eine ganz eigenständige künstlerische Form zu geben – die Form des Schelmenromans im Bilderbogen. Die *F. N.-Schlaufe* ist hinreißend komisch und hinreißend ernst. Kunst wird hier zur fröhlichsten aller Wissenschaften, denn sie darf alles, was die akademische Wissenschaft nicht darf. Indem sie verfremdet, indem sie alle Register des Grotesken und des Burlesken zieht und gegen das weihevolle Pathos selbsternannter Nietzsche-Jünger ausspielt, kann sie die so peinlich auf ihre feierliche Würde achtende Wissenschaft zurückführen – zurückführen zur Philosophie, die notorisch mit sich selbst im Unreinen ist, zurückführen zu Nietzsche. Zieglers Kunst ist eine Meisterin der Kombinatorik, sie ist rotzfrech und erfrischend respektlos.

Am Ende der Druckfassung der *F. N.-Schlaufe* – als Blatt 109 von 112 – findet sich mit Zieglers Text und Zieglers Bild eine düstere Szene, die jeden Anflug von Heiterkeit vernichtet.

Christenlehre

Raum ohne Fenster und Tür.
Weiß gefliest. Hell ausgeleuchtet.
F. N. sitzt in der Mitte auf einem Metallstuhl. Hände und Füße sind an den Stuhl gefesselt. In sein Gesicht knallt ein Scheinwerfer. Vor F. N. steht breitbeinig der Verhörer.

VERHÖRER Gib endlich zu, daß ich gut bin! *(Klatscht ins verquollene Gesicht von F. N.)*

F. N. Jaja, du bist gut.

VERHÖRER Los. Spuck's aus, daß ich dich liebe! *(Klatsch)*

F. N. Ja, du liebst mich.

Jetzt ist der Verhörer von vorn zu sehen. Er ist Jesus Christus.

J. C. Wahrlich, ich sage dir, ich werde deine Tränen trinken. Und mich dürstet.

PATIENTENORCHESTER *(nur zu hören)*:
Auf der Festung Königstein
jupheidi, jupheida
da muß ja auch ein Pastor sein
jupheidiheida.
Der Pastor auf der Kellertreppe
sortiert die ganzen Totenköppe
jupheidi, jupheida, jupheidiheida!

PUDEL *(leise)* Diese psychologischen Experimente lassen sich nun mal am besten am lebenden Objekt durchführen, sonst ist es immer eine eklige Quälerei, irgendwie unappetitlich und gespenstisch.

Der komische Effekt, ausgerechnet Jesus als Folterknecht darzustellen, der seine Liebe benutzt, um zu quälen, erstickt jedes befreiende Lachen im Keim: Dass Nietzsche persönlich das Christentum von Kindesbeinen an als Folterqual empfunden haben mag, darf der Biograph vermuten. Dass er in ihm ein

System der Grausamkeit gesehen hat, wesentlich darauf ausgelegt, den Stolz und die Selbstbestimmung eigenständiger Individuen zu brechen, hat Ziegler offensichtlich als Quintessenz seiner Christentumskritik gesehen. Grotesk gewiss, in der Überzeichnung, dass ausgerechnet der menschgewordene Gott der Liebe derjenige ist, der mit seiner Liebe die Menschen umbringt. Aber heiter? Erlischt in der Helligkeit der Verhörlampe nicht alle Heiterkeit, mag der Pudel, der F. N. auf seiner sagenhaften Reise durch die Welten der Imagination begleitet, die Szene noch so sehr als psychologisches Experiment verniedlichen? Wie kann in der Unerbittlichkeit einer Folterkammer sich auch nur ein Hauch von Heiterkeit einstellen? Der sarkastische Kommentar des schopenhauerianisierenden – oder mephistophelischen – Pudels ist nicht dazu angetan.

Kerker und Folterkammern sind in der Kunstgeschichte beliebte Motive der schwarzen Romantik und des schwarzen Realismus gleichermaßen. Schaut man in Zieglers handschriftliche Heftversion der F. N.-*Schlaufe*, findet man da häufig Bildschnipsel ausgeschnitten und eingeklebt, die bestimmte Bildmotive prä-

F.N.: „Ja, du liebst mich!"
Jetzt ist der Verhörer von vorn zu sehen. Er ist Jesus Christus.

J.C.: „Wahrlich, ich sage dir, ich werde deine Tränen trinken. Und mich dürstet."

F.N. + J.C.

figurierten. Für die Folterkammerszene geben sich nun jedoch nicht die üblichen Verdächtigen ein Stelldichein, etwa Hieronymus Bosch mit seinen Höllenvisionen oder Giovanni Battista Piranesi mit seinen *Carceri*. Zwei Bilder sind zu sehen, offensichtlich Ausrisse aus Illustrierten oder TV-Programmzeitungen. Das erste Photo oben zeigt noch Erwartbares, nämlich den Skalpjäger Jim Howie (gespielt von Telly Savalas), der dem Trapper Joe Bass (Burt Lancaster) mit seinen Fäusten zusetzt – der Western von Sydney Pollack aus dem Jahr 1968 heißt auf Deutsch denn auch *Mit eisernen Fäusten* (im Original: *The Scalphunters*). Also, rohe Gewalt, wie Jesus sie Nietzsche appliziert. Das Bild darunter, von Ziegler beschriftet mit »F. N. + J. C.«, stammt hingegen aus keiner cineastischen Gewaltorgie und zeigt auch kein CIA-Waterboarding, sondern eine der berühmtesten Liebesszenen aus der Filmgeschichte, ohne dass es zum Kuss oder gar zum Beischlaf käme: Karen Blixen (Meryl Streep) lässt sich von Denys George Finch Hatton (Robert Redford) in *Out of Africa* (1985, ebenfalls unter Pollacks Regie) unter freiem Himmel die Haare waschen und vergeht beinahe im erotischen Genuss der scheinbar unschuldigen Zärtlichkeit.

Die eine Vorlage für Zieglers Folterszene ist also ein filmisches Hohelied der Liebe. Mit dieser Vorlage im Blickpunkt verklärt sich das gleißende Licht in der Folterkammer vielleicht nicht ins Menschenfreundliche, aber es bricht sich. Christus ist nicht bloß der Agent der Grausamkeit, sondern zugleich und tatsächlich der Liebende, der seine Liebe nicht vorschützt, aber sie nur in der Grausamkeit ausagieren kann. Denn Grausamkeit steht für höchste Intensität des Affekts. Und F. N. wiederum scheint sich wie Karen Blixen alias Meryl Streep in dieser höchsten Affekt-Intensität zu suhlen: Liebe und Tod liegen damit ganz nah beieinander. Sein reales Alter Ego, der Dichter des Dionysos-Dithyrambus *Die Sonne sinkt*, hat ja die Heiterkeit als des »Todes heimlichsten, süssesten Vorgenuss« besungen.

Heiterkeit entsteht aus dem prekären Kontrast. Sie tritt erst aus dem Verborgenen, wenn der Betrachter die Vorlage mit den Bildausrissen kennt, wenn ihm bewusst wird, dass das scheinbar so düstere Bild wesentlich einen komisch-erotischen Hintergrund hat. Der künstlerische Manuskriptbestand jenseits der gedruckten F. N.-*Schlaufe* lädt zur genealogischen Betrachtung ein, die die Heiterkeit erst augenfällig macht. Und zugleich illustriert Ziegler sowohl mit der Druck- als auch mit der Manuskriptfassung jenen Begriff von Liebe als Synthese von äußerstem Hingerissen-Sein und roher Gewalt, den Nietzsche 1888 im *Fall Wagner* aus Bizets *Carmen* gewinnt: »Endlich die Liebe, die in die Natur zurückübersetzte Liebe! Nicht die Liebe einer ›höheren Jungfrau‹! Keine Senta-Sentimentalität! Sondern die Liebe als Fatum, als Fatalität, cynisch, unschuldig, grausam – und eben darin Natur! Die Liebe, die in ihren Mitteln der Krieg, in ihrem Grunde der Todhass der Geschlechter ist!« Und, bezeichnend genug, Bizets Musik ist für Nietzsche Inbegriff einer harten, heiklen Heiterkeit, die er gegen Wagners Schwulst setzt: »Hier ist in jedem Betracht das Klima verändert. Hier redet eine andre Sinnlichkeit, eine andre Sensibilität, eine andre Heiterkeit. Diese Musik ist heiter; aber nicht von einer französischen oder deutschen Heiterkeit. Ihre Heiterkeit ist afrikanisch; sie hat das Verhängniss über sich, ihr Glück ist kurz, plötzlich, ohne Pardon.« Nietzsche nicht nur in dieser harten, heiklen Heiterkeit nachzufolgen, ist seiner Nachwelt schwergefallen.

Nietzsches Zukunft

Beim Gedanken an sein eigenes Nachleben war Nietzsche nicht immer wohl. In einem Brief an Malwida von Meysenbug von Anfang Mai 1884 machte ihm »der Gedanke Schrecken, was für Unberechtigte und gänzlich Ungeeignete sich einmal auf meine Autorität berufen werden. Aber das ist die Qual jedes großen Lehrers der Menschheit: er weiß, daß er, unter Umständen und Unfällen, der Menschheit zum Verhängniß werden k a n n, so gut als zum Segen.« Kein Gedanke wird hingegen auf die Möglichkeit verschwendet, dass eine Zukunft seines Denkens ganz ausbleiben, dass es vollständig dem Vergessen anheimfallen könnte, obwohl Nietzsche doch in seiner Welt, in der Welt der Gründerjahre kaum Resonanz fand.

Um Nietzsche zu verstehen, ist es einerseits angeraten, ihn in seine Welt zurückzustellen. Andererseits ist es angeraten, herauszufinden, in welcher Weise er sich seiner Welt entzieht, wie er sie überschreitet und erweitert. Wegen dieser Überschreitungen denken wir nicht über das nach, was irgendeiner der zahllosen anderen preußisch-sächsischen Pfarrerssöhne oder der zahllosen anderen Philologie-Professoren, sondern noch immer – und mehr denn je – über das, was dieser eine abtrünnige Pfarrerssohn und abgehalfterte Philologie-Professor uns

A. U. Sommer, *Nietzsche und die Folgen*, https://doi.org/10.1007/978-3-476-04890-5_3

zu lesen hinterlassen hat. Wir denken über das nach, »was er«, wie Volker Gerhardt (*1944) es ausgedrückt hat, »uns zu denken gibt«.

Aber das, was Nietzsche uns zu denken gibt, ist uns nur in Form seiner Werke, seiner schriftlichen Hinterlassenschaften zugänglich. Und wir tun gut daran, nicht vorschnell darüber ein Urteil zu fällen, was denn das Eigentliche und Letzte dieses uns aufgegebenen Denkens ist. Wir tun vor allem gut daran, nicht auf seine angeblichen ›Hauptlehren‹ reflexartig anzuspringen, als ob wir Pawlowsche Hunde wären. In Nietzsches Spätschriften gilt die Unfähigkeit, einem Reiz zu widerstehen und auf Reaktion zu verzichten, als Zeichen von Dekadenz. Wer heute über Nietzsche ernsthaft nachdenken will, sollte damit anfangen, sich blinder ›Hauptlehren‹-Reaktionsmuster zu entledigen.

Nietzsche hat mit seinen Voraussagen in seinem Brief an Meysenbug recht behalten, wenigstens, was die sehr verschiedenartigen Folgen seines Denkens angeht. Aber auch mit diesen Folgen ist er trotz aller intellektuellen Weltüberwindung nicht aus der Welt gefallen. In neuen Welten, zunächst dem Deutschen Reich unter Wilhelm II., der in Nietzsches letztem Schaffensjahr 1888 an die Macht kam, dann weit darüber hinaus hat Nietzsches Schreiben plötzlich ungeheuren Widerhall gefunden. Was ist so fundamental anders an der Ära Wilhelms II. im Vergleich zu der seines Großvaters Wilhelms I., dass Nietzsche nun möglich wird, wirkmächtig wird? Es scheint, als ob geistige Umnachtung, Wahnsinn ein Erfolgsrezept wären für einen Philosophen, der die Entgrenzung als Inhalt und als Medium seines Philosophierens in die Tat umsetzte.

Aber das Bemerkenswerte ist: Nietzsche blieb, trotz aller entsprechenden Prophezeiungen, kein Phänomen des Kaiserreichs, sondern hat sich an alle möglichen Kontexte angepasst und sich in ihnen eingenistet. Nietzsche ist der *global player* unter den deutschen Philosophen – er tritt in jeder nur denkbaren Umgebung und jeder nur denkbaren Verkleidung auf. Wie schafft er das? Als ein Exzentriker des Denkens, der alles Gewohnte hinter sich lässt und das Bekannte, Gültige, Abendländische von außen, quasi ethnologisch perspektiviert? Nietzsche, gerade für Nichteuropäer, das Fern- und Vergrößerungsglas, mit dem man Europa entdecken und verstehen kann? Und für viele Europäer auch?

Liegt die anhaltende Wirkung Nietzsches auch daran, dass er immer wieder neu anfängt, dass seine Denkbewegung kein Kontinuum ist, sondern ein stetes Abbrechen und ein stetes Neubeginnen – Spiegel der Nervosität seines und unseres Zeitalters? Multiperspektivität wird bei ihm nicht postuliert, sondern praktiziert. Das lädt jede Leserin, jeden Leser ein, ihn den eigenen Perspektiven anzupassen. Offenheit und Extremismus sind die Zaubermittel dieses Schreib-Denkens.

Entsprechend leicht geht die Feststellung von den Lippen: Nietzsche ist aus der Geschichte der Moderne nicht wegzudenken. Aber was geschähe, wenn man ihn dennoch wegdächte? Oder wenn er ein anderes Leben gelebt hätte – wenn Lou von Salomé seinen Heiratsantrag angenommen hätte? Wenn er Louise Elisabeth Bachofen (1845–1920), geborene Burckhardt, ihrem 30 Jahre älteren Gatten, dem Mutterrechts-Forscher Johann Jakob Bachofen (1815–1887) ausgespannt hätte, als er sie, was tatsächlich geschehen ist, in Basel zum Konzert begleitete und mit ihr musizierte? Wenn er Cosima von Bülow (1837–1930) ihrem Liebhaber Wagner vor der Nase weggeschnappt hätte und ihrem damaligen Gatten, dem Dirigenten und Wagner-Adepten Hans von Bülow (1830–1894) damit nicht nur Anlass geboten hätte, sich über Nietzsches Notzüchtigung der Euterpe zu beklagen – was dieser angesichts von Nietzsches unbeholfenen Kompositionsversuchen tatsächlich getan hat? Oder was wäre, wenn Nietzsche nicht 1889 sein schöpferisches Vermögen und seinen Verstand verloren, sondern 40 Jahre weiter hätte arbeiten können? Hätte er reumütig seine intellektuellen Extremismen widerrufen? Oder hätte er sie noch zu steigern verstanden?

Wie und was wäre die Welt ganz ohne Nietzsche? Was würde an Ernst fehlen?

Würden wir dann in einer Kultur leben, die mehr an sich selbst, ihre unverbrüchlichen alten Traditionen, ihre festen Werte glaubt? Würden wir in einer Gesellschaft leben, die stromlinienförmig das ›Moralische‹ exekutiert, das zu befragen sie keinen Anlass gefunden hat? Wären wir nüchterner, kälter, weniger anfällig für säkulare Verkündigung, die im Aufputz der prophetischen Rede daherkommt und die Religion schamlos beerbt? Wären wir immuner gegen die großen Schlagworte, die alles zu erhellen scheinen, um am Ende doch nichts zu erklären? Wäre unsere Philosophie viel selbstverständlicher akademisch geblieben und hätte sich nicht mehr herausgewagt aus dem Zwinger der Wissenschaft und der besten Argumente? Wären wir sittlich selbstgewisser, auch selbstgerechter ohne Nietzsche? Würden wir mehr an uns, an unsere Kultur, an unsere weltgeschichtliche Sendung glauben, hätte Nietzsche nicht den Wurm des Zweifels in uns hineingepflanzt? Würden wir uns selbst weniger in Frage stellen als wir es im Banne Nietzsches tun?

Wie und was wäre die Welt ganz ohne Nietzsche? Was würde an Heiterkeit fehlen?

Würden wir dann in einer Kultur leben, die den Glauben an einen letzten Ernst verbindlich festschriebe, möglichst einen metaphysischen Ernst? Hätte diese Kultur (mehr oder minder) glücklich zurückgefunden zu einem solchen Ernst, wenn ihr die Klippe Nietzsche erspart geblieben wäre? Würden wir die Vielheit verabscheuen und die Einheit preisen?

Zurück zu den gegebenen Wirklichkeiten. *Was bleibt von Nietzsches Philosophie?*

Es bleiben Fragen. Nicht nur, weil wir nicht genau wissen, was Nietzsches ›Folgen‹ sind, wofür er ›Verantwortung trägt‹. Hat im Laufe der Wirkungsgeschichte mit dem Niedergang von Ernst und Monumentalität Nietzsche womöglich aufgehört, uns etwas anzugehen? Ist ein heiter gewendeter Nietzsche nicht vollständig belanglos? Oder fängt er jenseits von Ernst und Monumentalität womöglich erst an, wirklich gefährlich zu werden? Weil Nietzsches Heiterkeit die gängigen Weltdeutungsmuster zerbricht und aus den Scherben neue Spiegel bastelt? Aber wer hat sie, die philosophische Heiterkeit? Wer hat sie von Nietzsche? Ist sie eine Aufgabe der Zukunft? Gehört sie zum Unabgegoltenen, das Nietzsche uns hinterließ? Was kann uns Nietzsche heute und vor allem morgen noch sein?

Nietzsche wollte eine andere philosophische Praxis, eine andere philosophische Lebensform. Die zu imitieren empfiehlt sich jedoch nur für diejenigen, die Nietzsches Affen und Nietzsches Esel werden wollen. Sich selbst behauptende Nietzsche-Leser werden zu einer jeweils eigenen Praxis genötigt. Sie ist eine spezifische Reaktion auf das Gelesene. Philosophische Lebensformen ergeben sich nicht aus der Nachahmung, sondern als Antwort auf die Umstülpungen und Verheerungen, die Nietzsches Texte bei Lesern anrichten. 1885 kam Nietzsche mit Dionysos ins Gespräch. »Gewiß ist, daß der genannte Gott bei unseren Zwiegesprächen weiter gegangen ist und immer um einige Schritt mir voraus war: er liebt das Weitgehen!«

Hätte es Nietzsche nicht gegeben, müsste man ihn erfinden. Um uns vielleicht unsanft, aber bestimmt ins schreckliche und schöne Abenteuer der weltanschaulichen Unbehaustheit zu stoßen.

Anhang: Fake Nietzsche

Vom Nutzen und Nachteil falscher Nietzsche-Zitate

»Nietzsche lockt die Rehe an«, weiß das *Westfalen Blatt* im Lokalteil Gütersloh am 23. Oktober 2017 zu berichten. Jedenfalls hat die Landwirtin Anke Schulte alle Mühe, ihre Nietzsches, »gut für Back- und Ofengerichte«, vor dem heißhungrigen Wild aus dem nahen Wald in Sicherheit zu bringen. Denn »Friedrich Nietzsche« ist, wie man auf der Seite des einschlägigen Samenanbieters erfahren kann, nicht bloß »eine Sorte mit unbekanntem Ursprung«, »länglich, dunkelrot an der Spitze grün«, »dunkelgelb-orange, dick, fest, trocken, feinkörnig«, von »süßem, feinem Geschmack, sehr guter Qualität«; auch »Friedrich Nietzsches« »Rankverhalten« ist bemerkenswert, nämlich »rankend«. Er gehört zur Art der *Cucurbita maxima* und wird empfohlen für »Suppe, Püree, Ofen, zum Dämpfen, Frittieren«; seine »Lagerzeit« ist mit »+++« angegeben. »Friedrich Nietzsche«, der so bekömmliche, wohlschmeckende und lagerfähige, ist ein Kürbis, sogar ein Riesenkürbis, der unter der gediegenen Bezeichnung noch mehr Zuspruch unter Menschen und anderen Tieren finden soll.

A. U. Sommer, *Nietzsche und die Folgen*, https://doi.org/10.1007/978-3-476-04890-5_4

Seit Senecas *Apokolokyntosis* aus dem Jahre 54 nach Christus haben Philosophen eine gelegentliche, obgleich nicht innige Beziehung zum Kürbis gepflegt: Seneca selbst, indem er den gerade verblichenen Kaisers Claudius einer satirischen »Verkürbissung« unterzog – nichts anderes heißt »Apokolokyntosis« – , während im Gegenzug das nichtphilosophische Publikum öfter Philosophen für Kürbisköpfe hielt. Bei Nietzsche hat das imposante Gemüse nur einen einmaligen Auftritt, in einem Dankesbrief vom 24. Juli 1888 an die Mutter in Naumburg für ein kulinarisches Carepaket: »Auch der *Kürbiss* hatte einen sehr angenehmen und interessanten Geschmack: er hat mir *gut* gethan«. Daraus die Berechtigung abzuleiten, eine Kürbissorte nach Nietzsche zu benennen, wäre kühn – fast so kühn wie in China die Bezeichnung eines Smartphones als »Nicai«. Die beiden Zeichen 尼采, die Transkription des Namens »Nietzsche«, werden »Nicai« ausgesprochen.

Nietzsche da drauf zu schreiben, wo kein Nietzsche drin ist, hat allerdings nicht nur unter Kürbiszüchtern und Handyverkäufern Konjunktur. Dass man glaubte, ihn nach Belieben ein- und umtopfen zu können, dürften die vorangegangenen Kapitel deutlich genug gezeigt haben. Was aber hat man ihm untergeschoben, ohne dass es von ihm gewesen wäre? Es wimmelt von abgewandelten, leicht verfälschten oder vollständig gefälschten Nietzsche-Zitaten. Nietzsche hat – wie Schiller – wesentlich durch ohrwurmtaugliche Zitate in die Breite gewirkt, aber weniger, weil sich, wie bei Schiller, »alle Volksschichten« »unter ihnen« hätten »versammeln« können (Helmut Koopmann), sondern gerade, weil Nietzsche-Zitate reizen, verstören, abschrecken. Was liegt da näher, als dem Philosophen alles Mögliche unterzujubeln, was nach Aufmerksamkeit heischt und sich wie eine Provokation anhört? Wer sich im weitgehend unerforschten Feld von *Fake Nietzsche* bewegt – als ob der Philosoph nicht genug Zitierfähiges geschrieben hätte! – , muss erkunden, was man Nietzsche zu sagen zutraute und warum man es ihm zutraute. Welches Bild Nietzsches verraten die ihm in den Mund gelegten, in die Feder diktierten Worte? Oder geben sie im Gegenteil über gar kein Nietzsche-Bild Aufschluss, weil Nietzsches Zitierfähigkeit schlicht dazu führt, dass man überhaupt fast alles Zitierfähige ihm anrechnet? Wer sich also auf dieses Feld begibt, sollte wie bei den überzüchteten Kürbissen mit riesenhaften und vor allem grotesken Formen rechnen, von buntem Farbenspiel ganz zu schweigen. *Fake Nietzsche* bietet eine bizarre Landschaft mentaler Verwachsungen, die den Liebhabern intellektueller Pathologien einen Augen- und gelegentlich einen Denkschmaus bieten dürften, mag sich der orthodoxe Nietzsche-Aficionado davon noch so abgestoßen fühlen. Ungeschmälerte Entdeckerfreude ist Unerschrockenen jedenfalls gewiss. Hier wird nur der bescheidene Versuch unternommen, den kommenden Exploratoren eine kleine Skizze an die Hand zu geben, die ihnen bei der Form- und Landvermessung vielleicht nützlich sein kann.

Beginnen wir also beim einfachsten Fall:

Mehr oder weniger marginale Verschiebungen

Das vielleicht berühmteste aller falschen Nietzsche-Zitate lautet: »Wenn du zum Weibe gehst, vergiss die Peitsche nicht!« In noch etwas pathetischerer Version ist es auf einer Gedenktafel zu lesen, die 2017 am Gutshaus von Neu Bartelshagen westlich von Stralsund angebracht worden ist, dem Geburtshaus von Paul Rée: »Wenn Du zum Weibe gehest, vergiß nur ja die Peitsche nicht.« Das pseudoaltertümliche »gehest« gibt es in Nietzsches gesamtem Werk übrigens nur als Konjunktiv sowie als Lutherbibel-Zitat. Hier soll es wie das adhortative »ja« den Spruchcharakter unterstreichen – die Anmutung erzeugen, es handle es sich um eine ganz alte Weisheit, eine von ehrwürdiger Tradition beglaubigte Lebensmaxime. Was kümmert es da noch, dass Nietzsche und *sein* 19. Jahrhundert keineswegs für Tradition und behäbige Altertümlichkeit stehen, sondern für zwiespältige, schreiende Modernität, in der die Frauenemanzipation schon längst eine tagespolitische Forderung geworden war – gegen die sich Nietzsche als politischer Schriftsteller freilich verwahrte? ›In echt‹ gibt es bei Nietzsche zwar einen einschlägigen Peitschen-Satz, der allerdings nicht vom »Weib« im Singular, sondern von den »Frauen« im Plural handelt. Er steht im Kapitel »Von alten und jungen Weiblein« des ersten Teils von *Also sprach Zarathustra*. Und es ist nicht etwa Zarathustra, der ihn Mit-Männern auf den Lebensweg mitgibt, geschweige denn Herr Nietzsche selbst, sondern ein »altes Weiblein«, das ihn ausgerechnet dem anscheinend vergesslichen Zarathustra einschärft: »Du gehst zu Frauen? Vergiss die Peitsche nicht!« Wer wie und gegen wen die Peitsche in Anschlag bringen soll, ist dabei nicht klar.

Auf dem berühmten, 1882 entstandenen und von Nietzsche arrangierten Foto ist es Lou von Salomé, die ein allerdings bescheidenes Peitschlein schwingt, während Nietzsche und Rée den Wagen ziehen – eine Variante zum klassischen Motiv der Hetäre Phyllis, die den großen Aristoteles zum nackten Reittier degradiert haben soll. Der ursprüngliche Wortlaut reißt einen Abgrund von Fragen auf – zumal, wenn man den Nachsatz beim ersten Auftauchen im Nachlass von 1882 (3[1]) noch in Erwägung zieht: »Du gehst zu Frauen? Vergiß die Peitsche nicht! / In der Art, wie und was man ehrt, *zieht* man immer eine Distanz um sich.«

Selbst wer geneigt ist, die Verwechsler und Händler von *Fake Nietzsche* mit der philologischen Peitsche aus dem Tempel der reinen Wissenschaft zu treiben, kann den Effekt des popularisierten Peitschen-Zitates nicht verkennen: Es macht Nietzsche mundgerecht und verschiebt, indem es vereindeutigt. Die Distanz, die hermeneutischen Komplikationen entfallen. Wir bekommen einen simplifizierten Nietzsche serviert, auf den wir wegen seiner offenkundigen ideologischen Verbohrtheit gefahrlos eindreschen können – im Bewusstsein unserer eigenen moralischen Überlegenheit.

Das Frauen-Thema scheint die Zitat-Verformungsenergie männlicher Erinnerungsakteure ohnehin besonders anzustacheln. In Robert Walsers (1878–1956) 1917 publizierter Erzählung *Tobold (II)* behauptet die Titelfigur: »Nietzsche sagt gewiß mit Recht, dass Frauen, die klein und unansehnlich von Figur sind, unmöglich schön sein können«. Der Referenztext ist Aphorismus 75 der *Fröhlichen Wissenschaft*, wo allerdings erstens von Unansehnlichkeit keine Rede ist, zweitens die Kleinheit und die Nicht-Schönheit wiederum selbst ein angebliches Zitat sind, nämlich eines von Aristoteles. Drittens schließlich ist der Text nicht als Meinungskundgabe von Herrn Nietzsche inszeniert, sondern als Dialog des Aneinander-Vorbeiredens: »›Ein kleiner Mann ist eine Paradoxie, aber doch ein Mann – aber die kleinen Weibchen scheinen mir, im Vergleich mit hochwüchsigen Frauen, von einem andern Geschlechte zu sein‹ – sagte ein alter Tanzmeister. Ein kleines Weib ist niemals schön – sagte der alte Aristoteles.«

Auch die Übertragung in andere Sprachen bietet Verschiebungspotential, etwa wenn die Schweizer Uhrenmarke Zenith 2006/2007 coole junge Männer auf Plakaten ins Bild setzt, zusammen mit den jüngsten Erzeugnissen des Hauses namens »Defy Classic« sowie »Defy Xtreme«, und sie mit dem Spruch versieht: »›Whatever does not destroy me makes me stronger.‹ FRIEDRICH NIETZSCHE«. Man hat am Firmensitz in Le Locle offensichtlich weder gewagt, sich des deutschen Wortlauts zu bedienen – die italienische Version des Plakats gibt ebenfalls die englische Übersetzung des Zitats wieder, als wäre es das Original, um dann in einer Fußnote das Italienische nachzuliefern. Noch haben sich die Uhrenbewerber getraut, den 8. Aphorismus der »Sprüche und Pfeile« aus der *Götzen-Dämmerung* wörtlich zu übersetzen: »Was mich nicht umbringt, macht mich stärker«. »Kill« statt »destroy« wäre richtig gewesen, aber vom

Töten sollte in der Werbung wohl Abstand genommen werden. In der Uhrenfachpresse wurde 2007 darüber gerätselt, ob das Nietzsche-Zitat wohl Ausdruck von »dark humour« sei, hatte Zenith in den ersten Jahren des neuen Jahrtausends doch eine Durststrecke hinter sich bringen müssen, von der sich die Firma nur mühsam erholte. »Defy«, die neue Produktlinie, habe die Firma nicht nur nicht umgebracht, sondern im Gegenteil stärker gemacht. Uhren(markt)technisch unbefangenen Beobachtern wird sich eher eine andere Vermutung aufdrängen. Nämlich die, ein mephistophelischer Geist in der *product placement*-Abteilung habe erkannt, dass die klobigen, jedes Sinns für Proportion und schöne Form spottenden Zeitmesser für die potentiellen Träger und ihre Mitwelt eine beinahe tödliche Zumutung darstellen. Wer sein Handgelenk mit einem derartigen Objekt fesselt – jenes Handgelenk, von dem Nietzsche in *Ecce homo* sagt, dass er es »gefährlich frei habe« – , gibt zu erkennen, dass ihn keine ästhetische Monstrosität in Schrecken zu versetzen vermag, sondern sie ihn sogar noch stärker mache. Vielleicht klang diesem mephistophelischen Geist ja jene Liedzeile aus dem Song »Geschüttelt, nicht gerührt« im Ohr, mit der die Band Geier Sturzflug 2006 ihr Album *Mahlzeit!* bereicherte: »Alles, was dich härter macht, bringt uns höchstens um.« Oder singen sie: »Alles, was nicht härter macht, bringt uns höchstens um«?

Wenn es um die auszureizenden Grenzen der Erträglichkeit geht, ist auch sehr sinnig, wie in einer mexikanischen Übersetzung von 1987 die unschuldig anmutenden Eingangszeilen von *Also sprach Zarathustra* übersetzt werden: »Als Zarathustra dreissig Jahr alt war…«. Da heißt es stattdessen: »En plena virilidad, a los treinta años, Zaratustra…« Von der vollen Mannespracht und Manneskraft ist bei Nietzsche leider keine Rede, so dass es nur zu begrüßen ist, dass ihm die ja angeblich heißblütigen Lateinamerikaner dieses Attribut noch mit auf den Denkweg geben.

Auf einen zurechtgemachten Nietzsche kann man dann ein ganzes Mannesleben oder wenigstens eine ganze therapeutische Lehre aufbauen. So liest man beim Existenzialanalytiker Viktor Frankl (1905–1997): »Unsere Kranken werden aber erst dann dazu gebracht werden können, das Leben für einen Wert zu halten und für etwas, das auf jeden Fall Sinn hat, wenn wir imstande sind, ihnen einen Lebensinhalt zu geben, sie in ihrem Dasein ein Ziel und einen Zweck finden zu lassen, mit andern Worten: eine Aufgabe vor sich zu sehen. ›Wer ein Warum zu leben hat, erträgt fast jedes Wie‹ – sagt NIETZSCHE.« Nur leider hat Nietzsche das so nie gesagt, auch nicht an der Nachlass-Stelle im zurechtgefälschten *Willen zur Macht*, den die entsprechende Anmerkung bei Frankl anführt. Die unterschlagene Vorlage ist der 12. Abschnitt wiederum aus dem Kapitel »Sprüche und Pfeile« der *Götzen-Dämmerung*: »Hat man sein *warum?* des Lebens, so verträgt man sich fast mit jedem *wie?*« Ein oberflächlicher Leser wird das irgendwie ähnlich oder fast deckungsgleich mit Frankl finden. Er tut gut daran, den bei Nietzsche folgenden Nachsatz zu lesen: »Der Mensch *strebt* nicht nach Glück; nur der Engländer thut das.« Auch Ingeborg Bachmann (1926–1973) hat sich, wie der Philologe und Philosoph Gerald Krieghofer (*1953) auf seinem instruktiven Blog *Zitatforschung* nachweist, der von Frankl benutzten, aber schon 1923 belegten Zitatvariante gerne und in Selbstverständigungsabsicht bedient. Das ändert nichts daran, dass der verschwiegene Nachsatz in der *Götzen-Dämmerung* therapeutische, glücksvermehrende Projekte wie dasjenige Frankls zunichte zu machen droht.

Vorzügliche Mittel, sich einen Autor wie Nietzsche passend zu machen, sind:

Auslassungen

Da setzte jüngst die Pädagogin Verena Brunschweiger (*1980) ihrem forschen Buch *Kinderfrei statt kinderlos*, das auf Kinder – weil eminent umweltschädlich – zu verzichten empfiehlt, ein

Motto aus *Also sprach Zarathustra* voran, korrekt Autor und Werk benennend: »Ein neues Kind: oh wie viel neuer Schmutz kam auch zur Welt! Voll ist die Erde von Überflüssigen, verdorben ist das Leben durch die Viel-zu-Vielen. (...) Viel zu viele werden geboren: für die Überflüssigen ward der Staat erfunden!« Was ein zusammenhängendes Zitat zu sein scheint, ist in Wahrheit die Kontamination von Sätzen aus drei unterschiedlichen *Zarathustra*-Kapiteln, die das bei Nietzsche Gemeinte völlig entstellt. Der erste Satz stammt aus »Vom höheren Menschen« im vierten Teil, ist adressiert an die »Schaffenden«, deren Erzeugnis (»Kind«) eben immer mit Schmutz behaftet sei. Danach vergisst Brunschweiger schlicht die Klammer und die Auslassungspunkte, denn der nächste Satz, wonach die Erde voll von Überflüssigem sei, gehört in den ersten Teil des Werkes und da ins Kapitel »Von den Predigern des Todes«: Diese welt- und daseinsverachtenden Todesprediger, die Nihilisten vom Dienst sind die »Überflüssigen«, die sich Zarathustra wegwünscht, keineswegs, wie Brunschweiger durch ihr Arrangement suggeriert, die Kinder. Der letzte Satz stammt zwar aus demselben Zarathustra-Teil, jedoch aus dem Kapitel »Vom neuen Götzen« und ist staats-, aber mitnichten kinderkritisch gemeint. Ein paar Auslassungen im Zitatenpotpourri reichen also aus, um aus Nietzsche einen Prediger des Todes zu machen.

Manche Medien – auch solche vor Twitter – erzwingen Verknappung. Dazu gehört das Medium der Medaille, gerade da, wo sie für einen Massenmarkt produziert wird, der sich mit Mehrdeutigkeiten und Denkanstrengungen schwertut. Die hier gezeigte, undatierte, aber wohl erst um die Jahrtausendwende und ohne jeden Sinn für die hohe Kunst des Porträts – der Philosoph mit blinden Augen – ausgebrachte Silberprägung fingiert nicht nur Nietzsches Unterschrift, sondern auch ein handschriftliches Notat: »Die Philosophie / ist eine Art Rache / an der Wirklichkeit.« So hat Nietzsche das niemals notiert. Vielmehr heißt es im Nachlass 1888, (14[134]) sehr viel umwegiger »Wenn man einen Beweis dafür haben will, wie tief und gründlich die eigentlich *barbarischen* Bedürfnisse des Menschen auch noch in seiner Zähmung und ›Civilisation‹ Befriedigung suchen: so sehe man die ›Leitmotive‹ der ganzen Entwicklung der Philosophie an. Eine Art Rache an der Wirklichkeit, ein heimtückisches Zugrunderichten der Werthung, in der der Mensch lebt, eine *unbefriedigte* Seele, die die Zustände der Zähmung als Tortur empfindet und an einem krankhaften Aufdröseln aller Bande, die mit ihr verbinden, ihre Wollust hat.« Ist das als Fremdkritik oder als Selbstkritik gemeint? Mit Selbstkritik haben es diejenigen jedenfalls nicht so, die sich aus plakativen Bedürfnissen in Zitatverstümmelung üben.

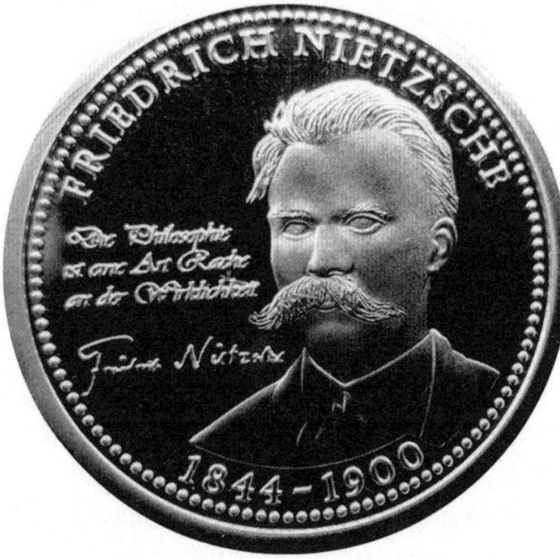

Anders gelagert ist der Fall der

Nietzscheworte in mündlicher Überlieferung

Ein unerschöpflicher Born apokrypher Nietzsche-Worte ist naturgemäß Elisabeth Förster-Nietzsche. Beispiele dafür sind der Kruppkanonen-Enthusiasmus (s. o. S. 103 f.) und das Reiterregiment-Erlebnis (s. S. 129 f.), das Nietzsche zur Lehre vom Willen zur Macht inspiriert haben soll. Es zeigt sich bei Förster-Nietzsche ein grundlegendes quellenkritisches Problem: Einerseits ist unstrittig, dass sie zumindest zeitweilig einen privilegierten Zugang zu ihrem Bruder hatte und so vieles von ihm gehört haben wird, was an kein anderes Ohr gedrungen ist. Andererseits ist ebenso unstrittig, dass sie vieles von dem, was ihr Bruder ihr schriftlich, aber wohl auch mündlich hinterbracht hatte, nicht nur vielfach für ihre Nietzsche-Publizistik industriellen Ausmaßes ausbeutete, sondern nach Gutdünken zurechtrückte, umstellte, unterdrückte oder sogar ganz fälschte. Damit steht jede bei Förster-Nietzsche überlieferte Äußerung Nietzsches unter dem Verdacht, sie verdanke sich der Phantasie oder sogar dem bösen Willen der Überlieferungsträgerin. Den Verdacht sicher ausräumen kann man nur dort, wo es weitere Äußerungsbürgen gibt. Den Verdacht immerhin ein wenig abschwächen kann man dort, wo nicht – wie etwa im Fall des Kruppkanonen-Enthusiasmus – ein apologetisches, politisches oder selbstbeweihräucherndes Interesse der angeblichen Zeugin überdeutlich durchscheint.

Der Spruch »Ein Buch, das man liebt, darf man nicht leihen, sondern muss man besitzen« ziert, mit Nietzsches Namen versehen, Jutebeutel, die von Buchhandlungen in anfixender Absicht vertrieben werden. Auch zu tiefsinnigen Blog-Einträgen gibt das angebliche Nietzsche-Wort Anlass, so etwa auf der Antiquariatsplattform ZVAB, wo der Blogger darüber räsoniert, ob Nietzsche damit auch habe andeuten wollen, man solle sich von all jenen Büchern trennen, die man nicht liebe. Nun war Förster-Nietzsche zwar nicht als Buchhändlerin tätig, aber doch am regen Absatz ihres ausufernden Nietzsche-Œuvres als Autorin und Editorin gleichermaßen interessiert. Anzunehmen, dass sie eigens zu diesem Zweck einen Buchhandelswerbespruch ihrem ahnungslosen Bruder in den Mund gelegt habe, ist aber vielleicht doch ein wenig zu böswillig. Immerhin hätten ihr buch-

schicksalsskeptische, aber gewiss authentische Überlegungen ihres Bruders, wie die aus dem Nachlass von 1872 (19[202]), beim Absatz der eigenen Produkte Erleichterung verschaffen können: »Von irgend einer Vorsehung für gute Bücher vermag ich nichts zu spüren: die schlechten haben fast mehr Aussichten sich zu erhalten.« Aufgezeichnet hat Elisabeth Förster-Nietzsche den verkaufsfördernden Jutebeutel-Ausspruch nicht in einer Werbebroschüre des Buchhändlerverbandes, sondern in einem Aufsatz über »Nietzsches Bibliothek« aus dem Jahr 1900: »Auch, als er nach Basel berufen worden war, machte er bedeutende Bücheranschaffungen; und von jener Zeit an erwarb er alle Bücher, deren Lecture ihn interessirte. ›Ein Buch, das man liebt, darf man nicht leihen, sondern muss es besitzen‹, pflegte er zu sagen.« Ob Nietzsche das tatsächlich zu sagen pflegte, sei dahingestellt. Entgegen der Suggestion seiner Schwester hat er eine Vielzahl von Büchern in Bibliotheken oder in Buchhandlungen konsultiert, ohne sie zu kaufen. Eine im Umfang oder in der gezielten Auswahl »bedeutende« Gelehrtenbibliothek hat er – gemessen etwa an derjenigen seines Freundes Franz Overbeck – jedenfalls nicht hinterlassen, so aufschlussreich sein schreibendes Lesen, das viele seiner Bücher dokumentieren, für heutige Erforscher seiner Denkpraxis auch ist.

Neben Elisabeth Förster-Nietzsche gibt es eine zweite, privilegierte Quelle für apokryphe Nietzsche-Worte, nämlich Nietzsches langjähriger Adlatus, Korrektor, Freund und Jünger Heinrich Köselitz alias Peter Gast. Sein Verhältnis zu Nietzsches Schwester war höchst ambivalent: Nach Nietzsches Umnachtung geriet er mit ihr über die Frage, wie Nietzsches Schriften zu edieren seien, heftig aneinander, ließ sich 1899 aber dann doch von ihr zu einer Mitarbeit am Weimarer Nietzsche-Archiv überreden (seine erste feste Anstellung), edierte mit ihr zusammen – als der einzige, der Nietzsches sudelhafteste Notizen lesen konnte – das Machwerk *Der Wille zur Macht* und gab sich dazu her, im Namen des Archivs gegen Nietzsches echte Freunde wie

Overbeck öffentlich zu agitieren. Dennoch trennte er sich 1909 von Elisabeth Förster-Nietzsche im Streit und hielt sich fortan von allen Aktivitäten des Archives fern. Während die Schwester lange Zeit zumindest weiten Teilen der Öffentlichkeit als Autorität in Sachen Nietzsche galt, war eine solche Autorität bei Köselitz angesichts seines Lavierens und auch angesichts gezielter Diskreditierung seitens des Archivs früh beschädigt. So überrascht es nicht, dass von ihm über Nietzsche Berichtetes in der Rezeption mitunter ohne ihn als Zeugen auskommen muss, und der Anschein entsteht, Nietzsche spreche hier im Original. »Das Ziel der Menschheit – ruft Nietzsche – liegt nicht an ihrem Ende: – sondern *in ihren höchsten Exemplaren!* ... *Dass der grosse Mensch immer wieder entstehe* und unter euch leben könne: – dies sei der Sinn eures Erdenmühens! Dass es immer wieder Menschen gebe, die euch emporheben zu *ihrer* Höhe, die euch das Gefühl des Verwaistseins nehmen, die euch hineinziehen in ihre Ziele und Aufgaben, die ein neues Leben, einen neuen Schwung in eure Köpfe und Herzen bringen: – *dies* sei der Preis, um den ihr lebt! Denn erst das zeitweilige Zu-Stande-kommen solcher Menschen *rechtfertigt* auch *euer* Dasein! Ohne sie ist euer Dasein nichtig; aber auch *ihr* Dasein ist, ohne ein Mitschwingen verwandter Seelen, beinahe vergeblich. – Und hier ist der Punkt, aus dem der Kreis eurer Pflichten gegen die wahre Cultur erwächst. Wisst ihr ja nur zu gut, wie jedes Grosse (eben dadurch, dass es nicht klein ist) Alles wider sich hat, was klein ist, was dem Herkommen fröhnt, was nicht begabt und kräftig genug zum Umlernen ist. Gewöhnlich stellt das Grosse bei seinem Hervortreten sogar in Widerspruch mit dem bis dahin in seiner eignen Art bekannten: das Grosse ist anfangs in irgendwelchem Sinne ein ›Verbrechen‹.« So geht das »Zitat« noch über einige Zeilen weiter, nämlich in einer dem sechsten Band der sogenannten *Großoktav-Ausgabe* von Nietzsches *Werken* 1899 beigegebenen »Einführung in den Gedankenkreis von *Also sprach Zarathustra*« aus Köselitz' Feder. Eingeführt wird die Passage mit den Worten »In der That, es hat oft den Anschein, als wären wir auf diesem Wege, und als gebe es keine Herzen mehr, in denen Nietzsche's Ruf wiederhallte.« Und danach folgt eben in Anführungszeichen, was »Nietzsche's Ruf« zu sein scheint und was fortan öfter einmal als Nietzsche-Originalwortlaut kolportiert wird, Köselitz als Quelle verschweigend, eben auch, weil dieser nicht so recht als respektabler Gewährsmann in Frage zu kommen schien. Was sich als Zitat ausgibt, ist es nach allem, was wir wissen und aus Nietzsches Nachlass kennen, nicht. Nur der allererste Satz könnte als variiertes Original durchgehen – im 9. Abschnitt der *Zweiten unzeitgemässen Betrachtung* heißt es: »Nein, das *Ziel der Menschheit* kann nicht am Ende liegen, sondern nur *in ihren höchsten Exemplaren*.« Der Rest ist reine Projektion, angereichert mit Versatzstücken aus diversen Werkperioden Nietzsches – der Versuch, Nietzsche ins Praktische zu übersetzen, aus ihm Handlungsanleitungen in Sachen Größe zu destillieren – und ihn dabei unfreiwillig aufs Westentaschenformat eines Genie-Predigers und Blondbestiendompteurs zu minimieren.

Da Nietzsche ja mittlerweile als Klassiker gilt, sind unter seinem Namen zu erwarten auch

Gemeinsprüche mit willkürlicher Autorzuschreibung

Im Shop der Klassik Stiftung Weimar konnte der Leiter des Nietzsche-Dokumentationszentrums Naumburg, Ralf Eichberg, am 10. November 2017 eine Postkarte erwerben, auf der steht: »Friedrich Nietzsche / kUNST KOMMT VON köNNEN. KäME ES VON wOLLEN, so HIESSE SIE wUNST.« Immerhin ist der exzentrischen Groß- und Kleinschreibung, die offenbar bauhausmäßig-poppig daherkommen will, Aufmerksamkeit sicher, auch weil sie optisch von Ferne an die Versuche erinnert, die Nietzsche als Technik-Experimentator mit der Malling-Hansen-Schreibkugel, einer Frühform der Schreibmaschine, angestellt hat. Die Schreibkugel ließ überhaupt nur Majuskeln zu, aber wahrscheinlich wäre Nietzsche, hätte er sie benutzt, um einen Spruch wie den in Weimar verkauften zu tippen, wenigstens in der Lage gewesen, das grammatikalisch richtige Personalpronomen »SIE« anstelle von »ES« zu setzen. Besser ist auch, mit oder ohne Freud, das Doppel-Es in der Internet-Variante nicht: »Nietzsche: Kunst kommt von Können. Käme es von Wollen, so hieße es Wulst.« Natürlich hat Nietzsche derlei nie gesagt oder geschrieben; selbst Wikipedia weiß, dass der erste der beiden Sätze bei Johann Gottfried Herder (1744–1803) im Jahr 1800 belegt ist; für die ironische Variante zeichnet 1894 Ludwig Fulda (1862–1939) verantwortlich: »Kunst kommt von Können, nicht von Wollen: Sonst hieß es ›Wulst‹.« Aber wer kennt schon Ludwig Fulda? Also darf Nietzsche herhalten, was freilich Eichberg nicht dazu bewogen hat, den Weimarer Kollegen das Zitat und die Postkarten-Rechte für Naumburg abzujagen.

Mindestens ebenso postkartenträchtig, zudem auch noch romantisch, mit einem herbstlichen Tiefsinnsschleier umhüllt, gibt sich: »Ziele nach dem Mond. Selbst wenn du ihn verfehlst, wirst du zwischen den Sternen landen. / Friedrich Nietzsche.« Die entsprechende Wandspruch-Ausführung mit Tulpen und einem Sofa ist in Pink gehalten, nur die Sterne sind schwarz, während der Mond vergessen wurde – in 60 × 24 cm für nur 19,90 Euro. Eine kriegerischere Version, die den Mond direkt aufs Korn nimmt – »Ziele auf den Mond« statt »Ziele nach dem Mond« – ist als Graffiti, gleichfalls mit Nietzsche-Provenienzangabe im Internet verbreitet. Hiervon gibt es zwar gleichfalls eine Postkarte, diesmal mit Mond und hellblau, jedoch ohne Nietzsche und stattdessen als ingeniöse Erfindung von Les Brown (*1945), dem US-amerikanischen Motivationsmarktschreier ausgewiesen. Man wird Brown das Zitat großzügig überlassen können. Nietzsche – gelegentlicher Leser von astronomischer Fachliteratur – hatte die kopernikanische Wendung durchaus schon nachvollzogen und gewusst, dass man, nach dem Mond zielend, nicht zwischen den Sternen anlangen wird. Aber in den USA ist dieses Wissen, namentlich unter Fundamentalisten, Kreationisten und Verschwörungstheoretikern, ja auch heute noch nicht so verbreitet.

Überhaupt lässt man Nietzsche (und seine Leser) gerne in den Mond gucken, namentlich in den politischen Mond. Am 29. März 2017 durfte ich im Radiosender *Bayern* 2 das »Tagesgespräch« bestreiten, das sich um das damals in der UNO diskutierte Verbot aller Atomwaffen drehte und unter dem Titel stand: »Eine Welt ohne Waffen, ein solidarisches Europa. Welche Kraft haben Utopien?« Nietzsche wurde im Gespräch mit keinem Wort erwähnt, was die Redaktion aber nicht daran hinderte, die Sendung folgendermaßen zu bewerben: »›Heute ist die Utopie vom Vormittag die Wirklichkeit vom Nachmittag.‹ Friedrich Nietzsche. Man muss an Utopien glauben, um sie zu verwirklichen, davon war schon Nietzsche überzeugt. Überzeugt von ihrem Tun waren auch die Friedensaktivisten, die am Montag mehrere Tore des Bundeswehr-Fliegerhorstes Büchel in der Eifel zeitweise blockierten und sich auf die Zufahrten setzten. Dort sollen Experten zufolge 20 US-Atomsprengköpfe lagern. Tropfen auf dem heißen Stein? Utopie? Vision?« Zwar trägt Abschnitt 462 von *Menschliches, Allzumenschliches* den Titel »*Meine Utopie*«, geht aber keineswegs mit dem naiven Fortschrittsglauben hausieren, die Utopie werde sich in absehbarer Zeit – bis nachmittags – in Realität verwandelt haben. Auch eine ironisch-umwegige Fassung dieses Gedankens sucht man bei Nietzsche vergebens. Dafür führt der aktuellste Reiseführer für Sachsen-Anhalt 2019 von Heinzgeorg Oette und Ludwig Schumann den berühmtesten Sohn des Bundeslandes ausgerechnet mit dem Vormittagsutopien-Fake ein – das nach anderen Internetweisheitsquellen von Truman Capote (1924–1984) stammen soll –, als ob man dokumentieren wolle, wie wenig sich ein Reiseführer um das zu scheren habe, was wirklich der Fall ist, wenn er nur ordentlich Schönwetterlust für die beworbene Region verbreitet. In Andreas Drosdeks *Kleiner Philosophenschule für Manager* gelten »Nietzsches Worte« über die »Utopie vom Vormittag« und »Wirklichkeit vom Nachmittag« übrigens als Beschreibung der »Bedingungen«, »unter denen die globale Wirtschaft heute funktioniert«.

Wirtschaft? Nicht doch eher Politik, wenn Utopie im Rennen ist? Egal. Hauptsache Nietzsche vornedrauf, wenn die eigene Mentalparalyse des Glitterglanzes bedarf. Da wäre auch noch etwas im Angebot, was sich besonders in exklusiven Schreibwarenläden, aber leider nicht bei Nietzsche findet: »Man muss das Leben tanzen. / Nietzsche«.

Nietzsche pflegte nicht festzulegen, was »man« tun müsse – selbst nicht beim Tanzen, das ihm als Metapher fürs Denken durchaus lieb war, vorzugsweise in Ketten und mit Schwertern. Jedenfalls behaupten die »*Immoralisten*« in Abschnitt 226 aus *Jenseits von Gut und Böse* von sich selbst: »Bisweilen, es ist wahr, tanzen wir wohl in unsern ›Ketten‹ und zwischen unsern ›Schwertern‹; *öfter*, es ist nicht minder wahr, knirschen wir darunter.« Was keineswegs bedeutet, dass »man« das tun »muss«. Vielleicht fällt einem dazu jener Kalauer ein, den der Medailleur Wolfgang H. Günzel 2008 auf seine Nietzsche-Medaille setzte. Sie zeigt auf der Vorderseite einen Philosophen, der anscheinend mit Stalin verwechselt worden ist, auf der Rückseite einen fliegenden Adler vor einem wolkenverhangenen, mondbeschienenen Nachthimmel, begleitet von der Legende: »WILLE ZUR MACHT – STILLE ZUR NACHT«. Ein ingeniöser Spruch: Bekanntlich war Nietzsche tief verwurzelt im christlichen Liedgut, hat aber aus *Stille Nacht, heilige Nacht* – obschon das Lieblingslied seines Namenspatrons (s. o. S. 2), des Königs Friedrich Wilhelm IV. – niemals intellektuelle Funken geschlagen. Ein Versäumnis offenbar, zumindest in den Augen des Medailleurs. Fragen an einen Ornithologen: Fliegen Adler bei Nacht? Oder doch eher Schleiereulen?

Nietzsche hätte es sagen müssen: Das Zitat als intellektuelle Wunschprojektion

Die Leser der *Süddeutschen Zeitung* ließ der Altphilologe und Kritiker Burkhard Müller (*1959), als wieder einmal die leidige Frage im Raum stand, weshalb denn Latein zu den höheren Bildungsgütern gehöre, am 6. Februar 2018 wissen: »Wie schon Nietzsche bemerkt hat: Ein Geist, der gezwungen wird, sich mit dem Konjunktiv zu befassen, geht daraus nicht unverwandelt hervor.« Eine Nachfrage, wo Nietzsche dies denn bemerkt habe, hat Burkhard Müller freundlich und umgehend beantwortet mit dem Hinweis auf *Menschliches, Allzumenschliches* I, Aphorismus 266 über die »*Unterschätzte Wirkung des gymnasialen Unterrichts*«, näherhin über die »Classiker«: »Aber darin liegt der Werth, der gewöhnlich verkannt wird, – dass diese Lehrer die abstracte Sprache der höhern Cultur reden, schwerfällig und schwer zum Verstehen, wie sie ist, aber eine hohe Gymnastik des Kopfes; dass

Begriffe, Kunstausdrücke, Methoden, Anspielungen in ihrer Sprache fortwährend vorkommen, welche die jungen Leute im Gespräche ihrer Angehörigen und auf der Gasse fast nie hören. Wenn die Schüler nur *hören*, so wird ihr Intellect zu einer wissenschaftlichen Betrachtungsweise unwillkürlich präformirt. Es ist nicht möglich, aus dieser Zucht völlig unberührt von der Abstraction als reines Naturkind herauszukommen.« Müller begreift seine Nietzsche-Referenz als »Gedächtnis- und Sinnzitat«: »Man könnte einwenden, dass Nietzsche nicht von Zwang, sondern von Zucht spricht, und dass der Konjunktiv darin eigentlich nicht vorkommt. Aber ich bin mir ziemlich sicher, dass der Konjunktiv, der Modus der Distanz, an zentraler Stelle zu den ›Kunstausdrücken‹ und zur ›hohen Gymnastik des Kopfes‹ gehört, an die er dachte, wenn er als Erziehungsziel die Überwindung des reinen Naturkinds nennt.«

Müller versteht sein Zitat als »aktive Anverwandlung« und macht Bedenkenswertes über »das Wesen und die Rechtfertigung des Zitats« geltend: Jene bestünden »darin, dass es aus dem Gedächtnis kommt und nicht aus der ängstlichen Abschreiberei, die es sich nicht verzeiht, wenn sie auch nur einen Buchstaben anders setzt. Damit macht man heute Studenten und Doktoranden kirre und verbraucht ihre intellektuelle Energie auf mechanischem Weg. Nur das Gewusste lebt, nicht das Kopierte. Nietzsche *könnte* es so gesagt haben, das reicht doch völlig.«

Reicht das völlig? Das Wort »Kunstausdrücke« benutzt Nietzsche ansonsten in einem technisch-philologischen oder technisch-philosophischen Sinn, so dass sich die Vermutung nicht aufzudrängen braucht, er meine an der Stelle in *Menschliches, Allzumenschliches* ausgerechnet den Konjunktiv. Den Konjunktiv lernt man nach Nietzsche nicht, indem man antike Klassiker liest, sondern ihn bekommen die Kinder »im Gespräche ihrer Angehörigen und auf der Gasse« mit, wenn man einer Nachlassaufzeichnung von 1876 (15[19]) Glauben schenken will:

»In der Schweiz sagt man ›die Russen seien über den Balkan gegangen‹ für ›sollen sein‹. Es ist gut und nachahmenswerth.« Konjunktive galten dem Philologie-Professor weniger als hochliterarische Kostbarkeiten, eher als Alltagserscheinungen der gesprochenen Sprache, die gerade in Basel gassenläufig waren. Seine eigenen Konjunktive überließ er übrigens gerne dem stets beflissenen Köselitz, etwa, als er ihn am 22. Februar 1881 um die Durchsicht der *Morgenröthe* bat: »Mitunter mache ich Sprachfehler z. B. in der Bildung der Conjunctive: verbessern Sie mich in allen Stücken, ohne irgend ein weiteres Wort!« Wo ist da die Verwandlungskraft der Konjunktive abgeblieben, wenn sie sich selbst so leicht, »ohne irgend ein weiteres Wort« verwandeln lassen?

Wie Zitate übrigens auch, in intellektuell bester Absicht und Redlichkeit. Wie existenziell relevant die Verwandlungsfähigkeit eines Zitates werden konnte, zeigt der Schriftsteller Thomas Hürlimann (*1950), wenn er über seine Zeit in der Klosterschule von Einsiedeln berichtet: »Mit fünfzehn Jahren gehörte ich zu den Gründern eines Atheisten-Clubs. Wer Mitglied werden wollte, musste eine Prüfung ablegen. Während des sonntäglichen Pontifikalamtes hatte man in den Dachstuhl der Klosterkirche zu steigen und durch ein Loch in der Weihnachtskuppel einen Papierflieger hinuntersegeln zu lassen, mit einem atheistischen Satz beschriftet. Auf meinem Flieger stand: ›Religion ist der Wille zum Winterschlaf, Nietzsche.‹« So Hürlimanns Version in der ZEIT von 2000. 18 Jahre später erzählt er in einem Interview der *Neuen Zürcher Zeitung* dieselbe Geschichte, nimmt dort aber für sich in Anspruch, die Eintrittsprüfung in den Atheisten-Club selbst eingeführt zu haben. Der blasphemische, angeblich von Nietzsche stammende Satz bleibt derselbe. Er scheint sich Hürlimann eingebrannt zu haben als Initiations- und Schlüsselsentenz seiner antireligiösen Emanzipation. Allerdings verrät Hürlimann seinem Publikum nicht, ob der Satz seiner eigenen Imagination entsprungen ist. Denn so findet er sich bei Nietzsche nirgends, obwohl der »Wille zum Winterschlaf« bei diesem sehr wohl vorkommt, nämlich im 6. Abschnitt des Kapitels »Warum ich so weise bin« aus *Ecce homo*. Dort ist aber nicht von Religion die Rede, sondern vom »Fatalismus ohne Revolte«, mit dem »der Kranke« jeden Widerstand gegen das Leiden aufgebe: »Die grosse Vernunft dieses Fatalismus, der nicht immer nur der Muth zum Tode ist, als lebenerhaltend unter den lebensgefährlichsten Umständen, ist die Herabsetzung des Stoffwechsels, dessen Verlangsamung, eine Art Wille zum Winterschlaf.« Hürlimanns verwandelnde Nutzanwendung auf die Religion ist wirkungsgeschichtlich erfolgreich geworden; jedenfalls geistert sie als Original-Nietzsche mittlerweile auf diversen religionskritischen Internetseiten herum.

Dass Dichter sich weitreichende Lizenzen im Umgang mit dem kulturgeschichtlichen Bestand nehmen müssen, um ihrerseits diesen Bestand zu vergrößern, versteht sich. So auch, dass die in Anführungszeichen gesetzten Eingangsworte von Gottfried Benns Gedicht *Turin* (1935) vielleicht nicht ganz wörtlich Nietzsche in seinen letzten Turiner Tagen aufrufen: »›Ich laufe auf zerrissenen Sohlen‹, / schrieb dieses große Weltgenie / in seinem letzten Brief – , dann holen / sie ihn nach Jena – Psychiatrie.« Im fraglichen Brief an Jacob Burckhardt vom 6. Januar 1889 steht stattdessen: »Ich zahle 25 fr. mit Bedienung, besorge mir meinen Thee und alle Einkäufe selbst, leide an zerrissenen Stiefeln und danke dem Himmel jeden Augenblick für die *alte* Welt, für die die Menschen nicht einfach und still genug gewesen sind.« Eine briefliche Sohlenklage Nietzsches ist 30 Jahre älter, und – am 9. November 1858 – an die Mutter adressiert: »Wo schicke ich meine Stiefeln hin? Die Sohle ist zerrissen.« Aber so genau konnte es Benns lyrisches Ich ohnehin nicht wissen, wenn man der auf die »Psychiatrie« folgenden, anführungszeichenlosen Zeile Glauben schenken will: »Ich kann mir keine Bücher kaufen«. Aber ja, Nietzsche ist gemeint, nicht Benn, der sich als hauptberuflicher Facharzt die Nietzsche-Bände durchaus hat leisten können.

Der politisch zurechtgefälschte Nietzsche

Im poetischen Umgang mit Nietzsche hätte Benn politisch auf »nicht schuldig« plädieren können, obgleich er sich mit ihm darin einig gefühlt haben mag, »Europas Edelfäule« zu bekämpfen, die im Fortgang des *Turin*-Gedichtes aufgerufen wird. Anders die anonymen Urheber eines Objektes, das Lisa Kügle bei Recherchen zu ihrer Masterarbeit im Stadtmuseum Kaufbeuren aufgestöbert hat, nämlich den Ring einer Regimentsfahne der Luftwaffe aus der NS-Zeit mit der Gravur: »Ein Held ist, wer einer großen Sache so dient, dass seine Person dabei gar nicht in Frage kommt.« Schaut man sich nach diesem Zitat um, findet man es heute, ausdrücklich als Zitat Nietzsches, in Predigten des radikal antimodernistischen katholischen Theologen Georg May (*1926), der 1989 den heiligen Josef, den Stiefvater Jesu, als derartigen Helden qualifiziert sieht, 2013 den »Rufer in der Wüste«, 2016 schließlich den Christen überhaupt (»Das Christentum ist die Religion des Heroismus«). Der Duktus der lehramtlichen Verkündigung beglaubigt freilich nicht die Echtheit des Zitats. Obwohl noch 2010 eine seriöse Publikation des *Deutschen Aphorismus-Archivs* über Helden aus der Feder des Literaturwissenschaftlers Friedemann Spicker (*1946) und des Aphoristikers Jürgen Wilbert (*1945) die Helden-Sentenz als authentischen Nietzsche ausweist, hat sie in jüngerer Zeit stark an Popularität eingebüßt. Ihre Hochzeit erlebte sie in den 1930er Jahren, als Eintrag in Poesienalben oder als Lückenfüller in Übergröße reproduziert im 1. Dezemberheft von 1936 der *Bühne. Zeitschrift für die Gestaltung des deutschen Theaters*. Während unter den Nazis Nietzsche wie selbstverständlich als Urheber gilt, findet sich bei den frühesten nachweisbaren Belegen die direkte

Zuschreibung nicht. Und umgekehrt fehlt das angebliche Zitat in der Nietzsche-Literatur an Stellen, wo es fast zwingend angebracht gewesen wäre, beispielsweise in Martin Havensteins *Nietzsche als Erzieher* von 1922: »Ein Held ist ein Mensch, der für eine überpersönliche Sache – z. B. das Vaterland, die Wahrheit, das Recht – unter Nichtachtung seines persönlichen Wohles freiwillig kämpft und in diesem Kampfe ausharrt bis ans Ende. Ein solcher Mensch ist Nietzsche gewesen. Er fühlt sich berufen zum Kampfe.«

Havenstein hätte die heroische Sentenz durchaus schon kennen können, denn schon 1916 hat Friedrich Rittelmeyer (1872–1938) sie für einen Artikel der Kriegszeitung *Landsturm* im besetzten belgischen Aalst benutzt: »Wer ist ein Held? Ein neuer deutscher Denker hat es einmal so ausdrückt: ›Ein Held ist einer, der einer grossen Sache so dient, dass seine Person dabei gar nicht in Frage kommt‹. Das gefällt uns. Das passt für unsre Zeit. Geht es jetzt nicht um eine ganz ›grosse Sache‹?« Rittelmeyer, Theologe und späterer »Erzoberlenker« der anthroposophischen Christengemeinschaft, hat immerhin 1903 eine philosophische Dissertation über *Friedrich Nietzsche und das Erkenntnisproblem* verfasst. So heroisch Nietzsche da auch erscheint – »Nietzsche aber, der phänomenal begabte Kranke, der gegen seine Krankheit kämpfte, wie nur ein Held und grosser Charakter kämpfen kann, schmiedete sich als geistigste und gewaltigste Waffe gegen seine Krankheit – eine Philosophie!« –, das fragliche Zitat ist darin nicht zu finden. Ob Rittelmeyer 1916 mit dem »neuen deutschen Denker« Nietzsche im Sinn und das Zitat vielleicht einer der zahllosen Publikationen Elisabeth Förster-Nietzsches entlehnt hatte? In Nietzsches Schriften und Nachlass findet es sich jedenfalls nirgends, ebenso wenig wie eine explizite Erklärung, wer oder was »ein Held ist«. So häufig Nietzsche etwas »in Frage stellt«, so selten »kommt« bei ihm etwas »in Frage«.

Beim Stochern im rechten Nebel begegnet Nietzsche auf

Schritt und Tritt. Der wenig dankbaren, dafür umso aufschlussreicheren Aufgabe, Licht in den bräunlichen Sumpf zu bringen, hat sich der Literaturwissenschaftler und Philosoph Sebastian Kaufmann (*1979) angenommen und ist dabei beim Berufsneurechten Götz Kubitschek (*1970) auf folgende Passage gestoßen: »›Nur Barbaren können sich verteidigen‹, sagt Nietzsche. / Allgemein gewendet: Wem sein Vaterland lieb ist, muß den Vorbürgerkrieg gewinnen, bevor er unbeherrschbar wird. [...] Es sind die Deutschen selbst, die gegen ihr Land und gegen ihr Volk arbeiten. [...] Es sind die Deutschen selbst, die ihre Zukunft abtreiben oder gar nicht erst zeugen und sie so in fremde Hände geben. Aber nicht alle Deutschen sind so. Und diejenigen, die nicht so sind, müssen die Lage erfassen.« Ein barbarisches Aufbegehren gegen »Europas Edelfäule« ist Kubitscheks kulturtherapeutisches Rezept, zu dem Nietzsche das Stichwort zu liefern scheint. Aber er tut es nicht, auch da nicht, wo er wie in *Jenseits von Gut und Böse*, Abschnitt 257 die »Barbaren« als »Raubmenschen« auftreten lässt, die sich »auf schwächere, gesittetere, friedlichere, vielleicht handeltreibende oder viehzüchtende Rassen, oder auf alte mürbe Culturen« geworfen hätten. Dort agierten die Barbaren offensiv-selbstübersteigernd, nicht wie bei Kubitschek defensiv-selbsterhaltend. Bloß verteidigend sind Nietzsches Barbaren nie; das Verteidigen ist nicht ihr Modus. Hingegen ist das Verteidigen – allerdings eines pluralistischen Status quo und einer durchaus ironischen Aufklärung – der Modus jener Schrift, in der das fragliche Zitat unter Nietzsches Namen zum ersten Mal belegt ist, nämlich als Motto der *Aussichten auf den Bürgerkrieg*, die Hans Magnus Enzensberger (*1929) 1993 veröffentlicht hat. Aber die Blickrichtung links/rechts ist völlig anders, wie Kaufmann herausstellt: »Während Enzensberger das ›Nietzsche-Zitat‹ anführt, um eine pessimistische Gegenwartsdiagnose angesichts verschiedenartigster Krisen und Konflikte auf den Punkt zu bringen, greift Kubitschek es eindeutig affirmativ auf, um seine Leser zur ›barbarischen‹ Selbstverteidigung gegen die ›Fremden‹ zu motivieren.«

Da kann ihm womöglich helfen, was als Fraktur-Aufkleber – »PVC WETTERBESTÄNDIG. TRANSPARENT« – zu Fünferpacks für 3,90 Euro online zu erwerben ist:

> Ein Politiker teilt die Menschheit in zwei Klassen ein: Werkzeuge und Feinde. Friedrich Nietzsche.

Nun hat Nietzsche all seine Bücher in Antiqua setzen lassen – obwohl seit der Reichsgründung 1871 die Fraktur als offizielle Amtsschrift galt – und schließlich sogar die Idee verworfen, die Fraktur zumindest für jene Schrift zu wählen, die er speziell an die Deutschen adressierte, nämlich den *Fall Wagner*: »Alles wohl erwogen, ist es doch Nichts mit den *deutschen* Lettern. Ich kann meine ganze bisherige Litteratur nicht desavouiren. [...] Und mir wenigstens sind die lateinischen Lettern unvergleichlich sympathischer!«, schrieb er seinem Verleger Constantin Georg Naumann am 28. Juni 1888. Fraktur hin, Antiqua her: Der Politiker-Spruch selbst ist zwar nicht ganz falsch, aber doch die sehr freie Fassung eines Notats aus dem Nachlass von 1876 (19[55]), das erst noch um seinen Nachsatz gebracht worden ist: »Ein Staatsmann zertheilt die Menschen in zwei Gattungen, erstens Werkzeuge, zweitens Feinde. Eigentlich giebt es also für ihn nur Eine Gattung von Menschen: Feinde.«

Das Original oder die vergröberte Kopie dieser Feststellung mag Pate gestanden haben bei all den unverfrorenen Versuchen, Nietzsche Unsinn nach eigenem Gusto unterzujubeln. Da kam beispielsweise am 19. April 2016 die Anfrage von Pia Dahmen, der Büroleiterin des damaligen Parlamentarischen Staatssekretärs beim Bundesminister der Justiz und für Verbraucherschutz, SPD-MdB Ulrich Kelber (*1968), ob denn das folgende Zitat tatsächlich von Nietzsche stamme und in welchem Werk es zu finden sei: »Wer Multikultur will, der hat keine eigene Kultur, das heißt, er hat überhaupt keine Kultur. Ihm fehlt also das, was den Menschen ausmacht. Denn Kultur ist nach Auffassung aller Philosophen, Anthropologen, Biologen, der bestimmte Unterschied zwischen Mensch und Tier. Der Multikulturist muss also unter dem Menschen angeordnet werden. Er ist offensichtlich für Kultur zu dumm, und für das gesunde Tier fehlt ihm der Instinkt.« An dieser im Netz besonders auf recht(sextrem)en Seiten virulenten Anführung ist außer der Kopula und der Vokabel »Instinkt« rein gar nichts authentisch. Nietzsche kannte zu seinem Glück weder das scheußliche Wort »Multikultur«, noch hätte er sich mit dem zum Ausdruck gebrachten Kulturchauvinismus anfreunden können – ganz zu schweigen davon, dass die Zeilen Nietzsches Formulierungskraft sträflich unterbieten. Gerald Krieghofer kann sie auf seinem Entlarvungsblog für Falschzitate vor 2006 nicht nachweisen: Die Jetztzeit ist für diese Afferei allein verantwortlich.

Nicht nur tumbe Deutschtümler machen politisch mit Nietzsche rum. Auch in entgegengesetzten politischen Lagern weiß man sich Nietzsches zu bedienen – etwa im Falle einer Rede, die die schwarze, aus Französisch-Guyana stammende und dem Parti radical de gauche angehörende Justizministerin Christiane Taubira (*1952) am 22. April 2013 ohne Manuskript in der französischen Nationalversammlung gehalten hat. In dieser Rede verteidigte die Ministerin leidenschaftlich die Ehe für alle und das Adoptionsrecht für Homosexuelle, um zu schließen: »parce que comme disait Nietzsche…«, »weil, wie Nietzsche sagte…«. Die darauf folgenden Worte gaben die Medien dann wie folgt wieder: »Les vérités tuent. Celles que l'on tait deviennent vénéneuses.« Und schon war ein neues, wunderbares, falsches Nietzsche-Zitat in die Welt, das zurückübersetzt ungefähr so lauten müsste: »Die Wahrheiten töten. Diejenigen, die man verschweigt, werden giftig.«

Nun gibt es etwa im Nachlass von 1873 (29[7]) den Satz: »Wahrheit tödtet – ja tödtet sich selbst (insofern sie erkennt, daß ihr Fundament der Irrthum ist)«. Über Erkenntnistheorie wollte Taubira aber sichtlich nicht sprechen und auch nicht über das Irrtumsfundament ihrer eigenen Wahrheiten. Ein anderer zweifellos authentischer Text verbindet immerhin das Tötungsmotiv und das Giftmotiv mit der Wahrheit: »Niemand stirbt jetzt an tödtlichen Wahrheiten: es giebt zu viele Gegengifte.« Was Aphorismus 516 in *Menschliches, Allzumenschliches I* hier tröstlicherweise verkündet, passt aber auch nicht so recht zur Sprechersituation; offensichtlich glaubt die Ministerin nicht, dass die rechten Gegner ihres Gesetzes heilsame Antidote in petto haben. Sieht man sich den Videomitschnitt von Taubiras Auftritt an, dann liegt eine ganz andere Vermutung nahe: Dass nämlich der Teilsatz »celles que l'on tait« als erklärender Einschub gedacht ist – »diejenigen, über die man schweigt« –, damit genau das nicht geschieht, was dann den meisten Berichterstattern unterlaufen ist, nämlich »tötende Wahrheiten« zu vermuten. Statt »vérités tuent«, »Wahrheiten töten« müsste in der Transkription der Rede die gleich klingende Fügung »vérités tues« stehen. »Tues« ist das Perfektpartizip im Pluralfeminin von »taire«, »verschweigen«. Taubira spricht keineswegs von tödlichen, sondern von verschwiegenen Wahrheiten, und erläutert dies in einem Einschub, gerade um der akustischen Verwechslung mit »tuer«, »töten« vorzubeugen. Aber ihre kontinentalfranzösischen Zuhörer waren offensichtlich weder der französischen Sprache so mächtig wie die Frau aus Guyana noch in Sachen Nietzsche beschlagen, so dass der Verhörer schnell zu einer besonders nachdenkenswert-rätselhaften Nietzsche-Sentenz avancieren konnte und sich mittlerweile schon auf entsprechenden Zitatsammlungsseiten findet. Dabei hat Taubira in der freien Rede nichts weiter als einen Satz aus dem Kapitel »Von der Selbst-Ueberwindung« im zweiten Teil von *Also sprach Zarathustra* paraphrasiert: »alle verschwiegenen Wahrheiten werden giftig«.

Da bleiben einem doch fast nur noch intellektuell-physische Ertüchtigungsübungen:

Beinahe Nietzsche, sportlich

Ein Gymnasiast hat, so die *Süddeutsche Zeitung* vom 25. März 2017, in einer Literaturklausur mit der Erkenntnis brilliert, »Friedrich Nietzsche habe so schlecht gelaunte Bücher verfasst, weil er an Sisyphos erkrankt war, später sei der Philosoph an den Folgen gestorben«. Akuter Sisyphos ist auch das Leiden, das die Jäger all der herumstreifenden *Fake Nietzsches* leicht befällt. Aber wenigstens bleiben sie in Bewegung und kommen dabei womöglich an jenem Emmendinger Schuhgeschäft vorbei, das in der Auslage zwischen Stiefeln, Pumps und Pantoffeln mit folgendem Spruch auf den Beinen halten will: »Alle wirklich großen Gedanken wurden beim spazieren gehen konzipiert.« Abgesehen von der mangelhaften Rechtschreibung – die PR-Verantwortlichen mussten wohl keine Literaturklausur an einem deutschen Gymnasium absolvieren – ist das offenkundig kein Nietzsche-Originalwortlaut, sondern vielleicht die Rückübersetzung eines tausendfach im Netz unter Nietzsches Namen kursierenden Diktums: »All truly great thoughts are conceived while walking«. Angeblich stammt es aus *Twilight of the Idols*, also aus der *Götzen-Dämmerung*. Dort – »Sprüche und Pfeile«, Nummer 34 – ätzt Nietzsche zwar gegen Flaubert: »Das Sitzfleisch ist gerade die Sünde wider den heiligen Geist. Nur die ergangenen Gedanken haben Werth.« Und im ersten Abschnitts des Kapitels »Warum ich so klug bin« von *Ecce homo* wird bekräftigt: »So wenig als möglich sitzen; keinem Gedanken Glauben schenken, der nicht im Freien geboren ist und bei freier Bewegung, – in dem nicht auch die Muskeln ein Fest feiern. Alle Vorurtheile kommen aus den Eingeweiden.« Aber Generalthesen, wie es denn um »alle großen Gedanken« beim Spazierengehen bestellt sei, vermisst man. Stattdessen kann man sich im Nachlass von 1882 (3[1]) darüber aufklären lassen, was man überhaupt von großen Gedanken zu halten hat, nicht nur, wenn die Werbung sie bemüht: »›Große Gedanken‹? Mein Freund, das

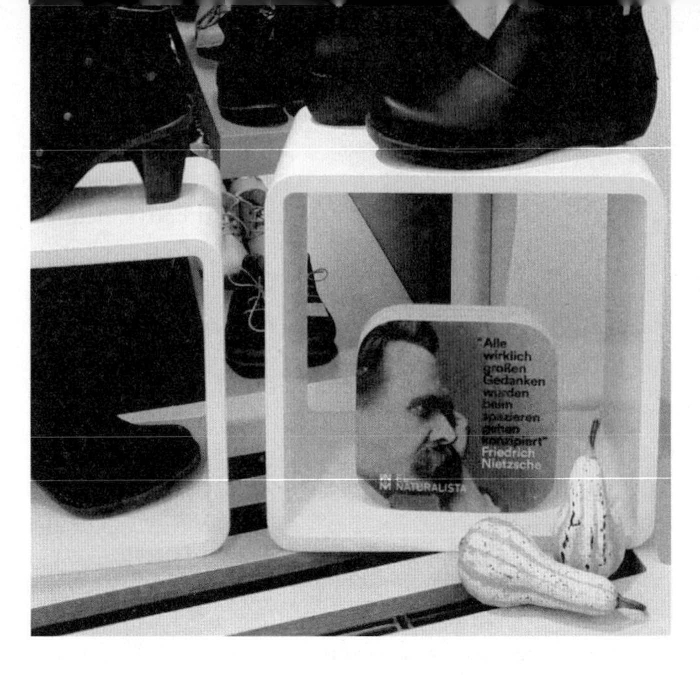

sind Gedanken, die dich aufblasen und groß machen: der Blasebalg ist nichts Großes!« Aber der Reiz, in einer anderen Denkwelt spazieren zu gehen, bleibt. Mag es auch eine zurechtgeschusterte Denkwelt sein. Gerade das sisyphitische Dasein ist bekanntlich ein glückliches Dasein.

Nota bene: Ob die in der Auslage des Schuhgeschäfts gezeigten Kürbisse zur Sorte »Friedrich Nietzsche« gehören, ist nicht bekannt.

Literaturhinweise

Zitate aus Nietzsches Texten werden so wiedergegeben, dass sie sich mit wenig Rechercheaufwand in den einschlägigen, unten aufgeführten gedruckten und digitalen Ausgaben finden lassen. Die weiteren Literaturangaben sind rudimentär gehalten. Zu den Kapiteln über »Nietzsches Nachwelt« und »Anhang: Fake Nietzsche« werden in eckigen Klammern jeweils die genauen Fundorte der Zitate angegeben. Einige Passagen in diesem Buch sind früheren Publikationen des Verfassers entnommen und werden nicht im Einzelnen nachgewiesen.

Maßgebliche Ausgaben von Nietzsches Werken und Briefen

Friedrich Nietzsche: *Digitale Faksimile Gesamtausgabe nach den Originalmanuskripten und Originaldrucken der Bestände der Klassik Stiftung Weimar.* Hg. von Paolo D'Iorio, unter http://www.nietzschesource.org/facsimiles/DFGA.

Friedrich Nietzsche: *Werke. Kritische Gesamtausgabe.* Hg. von Giorgio Colli und Mazzino Montinari. Berlin/New York 1967 ff.

Friedrich Nietzsche: *Briefwechsel. Kritische Gesamtausgabe.* Hg. von Giorgio Colli und Mazzino Montinari. Berlin/New York 1975 ff.

Friedrich Nietzsche: *Sämtliche Werke. Kritische Studienausgabe in 15 Einzelbänden.* Hg. von Giorgio Colli und Mazzino Montinari. 3. Auflage. München/Berlin/New York 1999.

Friedrich Nietzsche: *Sämtliche Briefe. Kritische Studienausgabe in 8 Bänden.* Hg. von Giorgio Colli und Mazzino Montinari. 2. Auflage. München/Berlin/New York 2003.

A. U. Sommer, *Nietzsche und die Folgen*, https://doi.org/10.1007/978-3-476-04890-5

Hilfsmittel, Handbücher, Kommentare

Steven E. Aschheim: *Nietzsche und die Deutschen. Karriere eines Kults. Aus dem Englischen von Klaus Laermann.* Stuttgart/Weimar 2000.

Historischer und kritischer Kommentar zu Friedrich Nietzsches Werken. Hg. von der Heidelberger Akademie der Wissenschaften. Berlin/Boston 2012 ff.

Richard Frank Krummel: *Nietzsche und der deutsche Geist. Ausbreitung und Wirkung des Nietzscheschen Werkes im deutschen Sprachraum bis zum Ende des Zweiten Weltkrieges. Ein Schrifttumsverzeichnis der Jahre 1867–1945.* 4 Bde. Berlin/New York 1998–2006.

Curt Paul Janz: *Friedrich Nietzsche. Biographie.* 3 Bde. München/Wien 1978.

Enrico Müller: *Nietzsche-Lexikon.* Paderborn 2019.

Christian Niemeyer (Hg.): *Nietzsche-Lexikon.* 2., durchgesehene und erweiterte Auflage. Darmstadt 2011.

Nietzsche Research Group (Nijmegen) unter Leitung von Paul van Tongeren, Gerd Schank und Herman Siemens (Hg.): *Nietzsche-Wörterbuch.* Berlin/New York 2004 ff.

Henning Ottmann (Hg.): *Nietzsche-Handbuch. Leben – Werk – Wirkung.* Stuttgart/Weimar 2000.

Alfons Reckermann: *Lesarten der Philosophie Nietzsches. Ihre Rezeption und Diskussion in Frankreich, Italien und der angelsächsischen Welt 1960–2000.* Berlin/New York 2003.

William H. Schaberg: *Nietzsches Werke. Eine Publikationsgeschichte und kommentierte Bibliographie.* Aus dem Amerikanischen von Michael Leuenberger. Basel 2002.

Nietzsches Nachwelt

Eduard Baumgarten: *Max Weber. Werk und Person.* Tübingen 1964 [Zitat: S. 554 f.].

Oswald Spengler: *Der Untergang des Abendlandes. Umrisse einer Morphologie der Weltgeschichte.* Vollständige Ausgabe in einem Band. München 1963 [Zitate: S. IX u. 1194].

Gottfried Benn: *Gesammelte Werke in der Fassung der Erstdrucke.* Textkritisch durchgesehen und hg. von Bruno Hillebrand. Bd. 3: *Essays und Reden.* Frankfurt a. M. 1990 [Zitat: S. 496 f.].

Ernst Troeltsch: *Gesammelte Schriften.* Bd. 3: *Der Historismus und seine Probleme.* Tübingen 1922 [Zitat: S. 506].

Jana Kainz: Auf dem Weg in die Wüste. Nietzsche-Gesellschaft: Französischer Kabinettsdirektor erbittet Hilfe für ein Projekt in Afrika. Dort sollen die Schriften des Philosophen in die Sprache Afar übersetzt werden. In: *Naumburger Tageblatt*. 26. April 2014.

Franz Overbeck: *Über die Anfänge der patristischen Literatur*. In: Ders.: *Werke und Nachlass. Schriften bis 1898 und Rezensionen*. Hg. von Hubert Cancik und Hildegard Cancik-Lindemaier. Stuttgart 2010, S. 19–101 [Zitat: S. 85].

Editionspolitik zwischen Tragödie und Satyrspiel

Elisabeth Förster-Nietzsche: *Das Leben Friedrich Nietzsche's*. Bd. 1, Leipzig 1897, Bd. 2, 1. Abth., Leipzig 1897, Bd. 2, 2. Abth., Leipzig 1904 [Zitat: Bd. 2/2, S. 921].

Elisabeth Förster-Nietzsche: Nietzsche und der Krieg. In: *Der Tag*. Nr. 212, 10. September 1914.

Bierernst, prophetischer und kultischer Ernst

Houston Stewart Chamberlain: *Richard Wagner*. München 1896.

Dieter Borchmeyer: *Nietzsche, Cosima, Wagner. Porträt einer Freundschaft*. Frankfurt a. M. 2008 [Zitat: S. 186 f.].

Georg Lukács: *Die Zerstörung der Vernunft. Bd. 2: Irrationalismus und Imperialismus*. Darmstadt/Neuwied 1974 [Zitate: S. 12, 13 u. 36].

Christoph Steding: *Das Reich und die Krankheit der europäischen Kultur*. 4. Auflage, Hamburg 1942 [Zitat: S. 215].

Heinz Schlaffer: *Das entfesselte Wort. Nietzsches Stil und seine Folgen*. München 2007 [Zitate: S. 22 u. 186].

Maurizio Ferraris: *Nietzsches Gespenster. Ein menschliches und intellektuelles Abenteuer*. Aus dem Italienischen von Malte Osterloh. Frankfurt a. M. 2016.

Franz Mehring: [Über Nietzsche]. In: Ders.: *Philosophische Aufsätze = Gesammelte Schriften*. Hg. von Thomas Höhle, Hans Koch und Josef Schleifstein. Bd. 13. Berlin 1961, S. 173–183 [Zitat: S. 177].

O[scar] L[evy]: Unheilige Bemerkungen zu Shaw's »Heiliger Johanna«. In: *Das Tage-Buch*. Geleitet von Stefan Großmann und Leopold Schwarzschild. 5. Jahrgang/2. Halbjahr. Berlin 1924, S. 1686–1690 [Zitat: S. 1686].

Thomas Mann: *Nietzsches Philosophie im Lichte unserer Erfahrung* [1947]. In: Ders.: *Essays VI, 1945–1950*. Hg. und textkritisch durchgesehen von Herbert Lehnert = *Große kommentierte Frankfurter Ausgabe*. Bd. 19.1. Frankfurt a. M. 2009, S. 185–226 [Zitat: S. 193 f.].

Margarete Susman: Friedrich Nietzsche von heute aus gesehen [1943]. In: Dies.: *Gestalten und Kreise*. Stuttgart/Konstanz 1954, S. 110–135 [Zitat: S. 110].

[Eugen Wolff]: Gedichte und Sprüche von Friedrich Nietzsche.

In: *Der Hamburgische Correspondent.* Nr. 198, 24. April 1898.
Emil Gött: *Gesammelte Werke.* Hg. von Roman Woerner. Bd. 1: *Gedichte, Sprüche, Aphorismen.* Mit biographischer Einleitung und Bildnis. München 1911 [Zitat: S. XLI].
Emil Strauß: *Ludens. Erinnerungen und Versuche.* München 1955 [Zitat: S. 112].
Volker Schupp: *Emil Gött. Dokumente und Darstellungen zu Leben, Dichtung und früher Lebensreform. Mit Beiträgen von Meinhold Lurz und Barbara Noth.* Freiburg i. Br. 1992 [Zitate: S. 119 u. 118].
Otto Ernst: *Nietzsche der falsche Prophet.* Leipzig 1914.
Walter Flex: *Der Wanderer zwischen beiden Welten. Ein Kriegserlebnis.* In: Ders.: *Gesammelte Werke.* Bd. 1. München o. J. [1926], S. 65–145 [Zitate: S. 71, 73, 93, 94 u. 129].
Ludwig Stein: *Friedrich Nietzsche's Weltanschauung und ihre Gefahren. Ein kritischer Essay.* Berlin 1893 [Zitat: S. III].
Ferdinand Tönnies: *Der Nietzsche-Kultus. Eine Kritik.* Leipzig 1897.
Hubert Cancik/Hildegard Cancik-Lindemaier: *Philolog und Kultfigur. Friedrich Nietzsche und seine Antike in Deutschland.* Stuttgart/Weimar 1999 [Zitat Stiftungssatzung: S. 159 f.; Nietzsche im Herrgottswinkel: S. 155].
Ernst Horneffer: *Nietzsche-Vorträge. Erweiterte Ausgabe.* Leipzig 1908 [Zitat: S. 140].
Ernst Troeltsch: *Gesammelte Schriften.* Bd. 2: *Zur religiösen Lage, Religionsphilosophie und Ethik.* Tübingen 1913 [Zitat: S. 97 f.].
Martin Walser: *Nietzsche lebenslänglich. Eine Seminararbeit.* Hamburg 2010 [Zitat: S. 25].

Politischer Ernst

Heinrich Hoffmann (Hg.): *Hitler wie ihn keiner kennt. 100 Bild-Dokumente aus dem Leben des Führers.* Mit einem Geleitwort von Baldur von Schirach. Berlin 1932 [Zitat: S. 92].
Jörn Pestlin: Nietzsche im *Völkischen Beobachter.* Eine Bestandsaufnahme. In: *Nietzscheforschung.* Bd. 8 (2001), S. 235–248.
Albert Speer: *Spandauer Tagebücher.* Frankfurt a. M./Berlin/Wien 1975 [Zitat: S. 206].
Albert Speer: *Erinnerungen.* Frankfurt a. M./Berlin/Wien 1993 [Zitat: S. 77 f.].
Richard Oehler: *Friedrich Nietzsche und die deutsche Zukunft.* Leipzig 1935.
Harry Graf Kessler: *Das Tagebuch* (1880–1937). Bd. 9: *1926–1937.* Hg. von Sabine Gruber und Ulrich Ott, unter Mitarbeit von Christoph Hilse und Nadin Weiß. Stuttgart 2010 [Zitat: S. 484 f.].
Carl Albrecht Bernoulli: Nietzsche. Unter dem Eindruck des Werkes von Prof. Karl Jaspers. In: *Neue Schweizer Rundschau. Neue Folge.* Bd. 4 (1936), S. 184–190 [Zitate: S. 189 f.].

Thomas Mann: *Nietzsche's Philosophie im Lichte unserer Erfahrung*. In: Ders.: *Gesammelte Werke in dreizehn Bänden*. Bd. 9. Frankfurt a. M. 1974, S. 675–712 [Zitat: S. 702].

Joseph Goebbels: *Die Tagebücher*. Hg. von Elke Fröhlich. *Diktate 1941–1945. Bd. 7: Januar–März 1943*. München 1993 [Zitat: S. 181].

Rolf Hochhuth: *Nietzsches Spazierstock. Gedichte, Tragikomödie »Heil Hitler!«, Prosa*. Reinbek bei Hamburg 2004 [Zitat: S. 5].

Alfred Baeumler: *Nietzsche, der Philosoph und Politiker*. 3. Auflage. Leipzig [1931] [Zitate: S. 9, 15, 171 u. 172].

Wolfgang Venohr: *Stauffenberg. Symbol des Widerstandes. Eine politische Biographie*. München 2000 [Zitat: S. 305].

Josef Viktor Widmann: Nietzsche's gefährliches Buch. In: *Der Bund* (Bern). Jg. 37, Nr. 256–257, 16./17. September 1886.

Florian Henckel von Donnersmarck: Stauffenberg-Verfilmung. Deutschlands Hoffnung heißt Tom Cruise. In: *Frankfurter Allgemeine Zeitung*. Nr. 151, 3. Juli 2007, S. 33.

Thomas Meaney: The New Star of Germany's Far Right. Frauke Petry is a mother, a scientist, and the leader of the country's most successful nationalist phenomenon since the Second World War. In: *The New Yorker*. 3. Oktober 2016 (http://www.newyorker.com/magazine/2016/10/03/the-new-star-of-germanys-far-right, 29. 11. 2016).

Malte Henk: Wie ich auszog, die AfD zu verstehen. In: DIE ZEIT. Nr. 12/2016, 10. März 2016 (http://www.zeit.de/2016/12/alternative-fuer-deutschland-waehler-profil-afd-uwe-junge/komplettansicht, 31. 12. 2016).

Peter Wehner: The Theology of Donald Trump. In: *New York Times*. 5. Juli 2016 (http://www.nytimes.com/2016/07/05/opinion/campaign-stops/the-theology-of-donald-trump.html, 29. 11. 2016).

Julius Evola: *The Path of Cinnabar. An Intellecutal Autobiography*. Hg. von John B. Morgan. London 2009.

Lawrence Hatab: *A Nietzschean Defence of Democracy*. Chicago 1985.

Alan D. Schrift: Nietzsche ›for‹ Democracy? In: *Nietzsche-Studien*. Bd. 29 (2000), S. 220–233.

Peter Sloterdijk: *Regeln für den Menschenpark. Ein Antwortschreiben zu Heideggers Brief über den Humanismus*. Frankfurt a. M. 1999.

Stefan Lorenz Sorgner: Music, Posthumanism, and Nietzsche. In: The Agonist. Bd. 5 (Spring 2012 (http://www.nietzschecircle.com/AGONIST/Agonist-Spring2012/Posthumanism_Nietzsche.pdf, 30. 11. 2016).

Michel Houellebecq: *Soumission*. Paris 2015.

The Fitrah of Mankind and the Near-Extinction of the Western Woman. In: *Dabiq*. Heft 15 (1437 Schawwal) [= Juli 2016], S. 20–25 [Zitat: S. 20].

Kriegerischer Ernst, krimineller Ernst

Elisabeth Förster-Nietzsche: *Das Leben Friedrich Nietzsche's.* Bd. 2, 2. Abth., Leipzig 1904 [Zitat: S. 682 f.].

Ernst Jünger: *Das Wäldchen 125. Eine Chronik aus den Grabenkämpfen 1918.* Berlin 1925 [Zitate: S. 190 f., 154 u. 30].

Helmuth Kiesel: Nietzsche bei Ernst und Friedrich Georg Jünger. In: Barbara Neymeyr/Andreas Urs Sommer (Hg.): *Nietzsche als Philosoph der Moderne.* Heidelberg 2012, S. 253–270.

Ernst Jünger: *Kriegstagebuch 1914–1918.* Hg. von Helmuth Kiesel. Stuttgart 2010.

Friedrich Nietzsche: *Beyond Good and Evil. Prelude to a Philosophy of the Future.* Translated by Helen Zimmern. London/Edinburgh 1914.

[Alfred Richard Orage, unter dem Kürzel R. H. C.]: Readers and Writers, In: *The New Age. A Weekly Review of Politics, Literature, and Art.* Nr. 1161 = New Series. Bd. 16, Nr. 6, 10. Dezember 1914, S. 149–150.

Hanns Heinz Ewers: Etwas von Nietzsche. In: *New Yorker Staatszeitung*, ca. 1916–1918 [Privatarchiv Dr. Sven Brömsel].

Friedrich von Bernhardi: *Deutschland und der nächste Krieg.* 4. Auflage. Stuttgart/Berlin 1912.

[Theodor Fritsch unter dem Pseudonym:] Thomas Frey: Der Antisemitismus im Spiegel eines »Zukunfts-Philosophen«. In: *Antisemitische Correspondenz, und Sprechsaal für innere Partei-Angelegenheiten.* Nr. 19 f., November/Dezember 1887, S. 10–15.

Theodor Fritsch: Nietzsche und die Jugend. In: *Hammer. Blätter für deutschen Sinn.* Jg. 10, Nr. 29, 1. März 1911, S. 113–116.

Ernst Wagner: *»Auch einer«. Fragmente aus dem Tagebuch eines Massenmörders.* In: Bernd Neuzner/Horst Brandstätter: *Wagner. Lehrer, Dichter, Massenmörder.* Frankfurt a. M., S. 83–114 [Zitat: S. 91].

[Anders Behring Breivik unter dem Pseudonym:] Andrew Berwick: *2083: A European Declaration of Independence.* London 2011 [Zitate: S. 391 u. 397, Plagiat nach http://isupporttheresistance.blogspot.de/2009/06/from-titans-to-lemmings-suicide-of.html, 13. 6. 2013].

Jordan Mejias: Columbine-Massaker. Ich hasse euch, Leute. In: *Frankfurter Allgemeine Zeitung.* 31. Juli 2016 (http//www.faz.net/aktuell/feuilleton/columbine-massaker-ich-hasse-euch-leute-1354954.html, 6. 12. 2016).

Künstlerisches Ernst

https://www.facebook.com/NietzscheInternetDefenseForce/

Eberhard von Bodenhausen: *Ein Leben für Kunst und Wissenschaft.* Hg. von Dora Freifrau von Bodenhausen-Degener. Düsseldorf/Köln 1955 [Zitat: S. 117].

Oskar Schlemmer: *Idealist der Form. Briefe, Tagebücher, Schriften 1912–1943*. Hg. von Andreas Hüneke. Leipzig 1990 [Zitate: S. 17, 22 u. 58].
Gabriele D'Annunzio: *Il trionfo della morte*. Milano 1894.
Gabriele D'Annunzio: *Elettra*. Milano 1904. Darin: Per la morte di un distruttore (F. N. XXV agosto MCM) (https://it.wikisource.org/wiki/Elettra/Per_la_morte_di_un_distruttore_%28F._N._XXV_agosto_MCM%29, 14. 12. 2016).
Jürgen Krause: *»Märtyrer« und »Prophet«. Studien zum Nietzsche-Kult in der bildenden Kunst der Jahrhundertwende*. Berlin/New York 1984.
Wolfgang Ullrich: *Tiefer hängen. Über den Umgang mit der Kunst*. Berlin 2003.
Renate Reschke: Das Gerücht Friedrich N. Zu Innen- und massenmedialen Ansichten der Nietzsche-Rezeption in der DDR der achtziger Jahre. In: *Nietzscheforschung*. Bd. 3. Berlin 1996, S. 15–35.
Wolfgang Harich: »Revision des marxistischen Nietzschebildes?«. In: *Sinn und Form*. Jg. 39 Heft 5. Berlin 1987, S. 1018–1053 [Zitat: S. 1053].
Rudolf Augstein: Ein Nietzsche für Grüne und Alternative? In: *Der Spiegel*. Jg. 35, Nr. 24, 8. Juni 1981, S. 156–184.
Kirsten Claudia Voigt: *Joseph Beuys liest Friedrich Nietzsche. Das autopoietische Subjekt. von der Artistenmetaphysik zur Freiheitswissenschaft*. München 2016.
Jack Kerouac: *On the Road*. Text and Criticism edited by Scott Donaldson. New York 1979 [Zitat: S. 4].
Stephen Davis: *Jim Morrison. Life, Death, Legend*. London 2004 [Zitat: S. 20].
Jim Morrison/The Doors: Ode to Friedrich Nietzsche. 1. September 1968, Saratoga Performing Arts Center, Saratoga Springs, New York (https://www.youtube.com/watch?v=9p-HIfr29fk, 14. 12. 2016).
Christoph Brumme: *Ein Gruß von Friedrich Nietzsche*. München 2014.

Philosophischer und wissenschaftlicher Ernst

Lou Andreas-Salomé: *Friedrich Nietzsche in seinen Werken* [1894]. Mit Anmerkungen von Thomas Pfeiffer hg. von Ernst Pfeiffer. Frankfurt a. M./Leipzig 1994 [Zitate: S. 30, 24 f., 31, 29, 31 f.].
Alfred Baeumler: *Nietzsche der Philosoph und Politiker*. Leipzig 1931 [Zitate: S. 5, 6, 7, 9, 11, 10, 12, 13, 15, 5, 12].
Ernst Bertram: *Nietzsche. Versuch einer Mythologie* [1918]. 6. Auflage. Berlin 1922 [Zitate: S. 1, 2, 6, 7, 10, 8].
Eugen Fink: *Nietzsches Philosophie* [1960]. 6. Auflage. Stuttgart 1992 [Zitate: S. 7, 8, 9, 10, 13].
Martin Heidegger, *Nietzsche* [1961]. 2 Bde. 5. Auflage. Pfullingen 1989

[Zitate: Bd. 1, S. 9, 10, 13. Bd. 2, S. 10, 7].

Karl Jaspers: *Nietzsche. Einführung in das Verständnis seines Philosophierens* [1936]. 2., unveränderte Auflage. Berlin 1947 [Zitate: S. 5, 6, 9, 18, 12, 5, 16, 17].

Theodor Lessing: *Nietzsche* [1925]. Mit einem Nachwort von Rita Bischof. München 1985 [Zitate: S. 7, 8, 9].

Karl Löwith: *Nietzsches Philosophie von der ewigen Wiederkehr des Gleichen* [1935, verändert 1956]. In: Ders.: *Sämtliche Schriften*. Bd. 6. Stuttgart 1987, S. 101–384 [Zitate: S. 103, 105, 104, 106, 107, 108, 109, 104, 105, 106, 107].

Richard M. Meyer: *Nietzsche. Sein Leben und seine Werke*. München 1913 [Zitate: S. VII, 5, 1, 4, 3, 4].

Alois Riehl: *Friedrich Nietzsche. Der Künstler und der Denker. Ein Essay* [1897]. 2., durchgesehene Auflage. Stuttgart 1898 [Zitat: S. [5]].

Alois Riehl: *Friedrich Nietzsche. Der Künstler und der Denker* [1897]. 6. Auflage. Stuttgart 1920 [Zitat: S. VII].

Arthur C. Danto: *Nietzsche als Philosoph*. Aus dem Englischen von Burkhardt Wolf. München 1998.

Wort- und Ernstzerfall

Hugo von Hofmannsthal: Ein Brief. In: Ders.: *Sämtliche Werke. Kritische Ausgabe*. Bd. 31: *Erfundene Gespräche und Briefe*. Hg. von Ellen Ritter. Frankfurt a. M. 1991, S. 45–55.

Hugo von Hofmannsthal: *Tod des Tizian*. Berlin 1902 [Zitat: S. 14].

Franz Blei: *Das grosse Bestiarium der modernen Literatur*. Berlin 1922 [Zitate: S. 40, 20, 33, 47, 51–53].

Christian Benne: *Also sprach Confusius. Ein vergessenes Kapitel aus Nietzsches Wiener Frührezeption*. In: *Orbis Litterarum*. Bd. 57, Nr. 5. Kopenhagen 2002, S. 369–402.

Robert Neumann: Nietzsche und die Folgen. In: Ders.: *Mit fremden Federn. Ausgewählte Parodien*. Leipzig 1965, S. 211–225 [Zitate: S. 215, 211].

Alfred Kerr: Die Übermenschin. In: David Marc Hoffmann: *Zur Geschichte des Nietzsche-Archivs*. Berlin/New York 1991, S. 67 f.

Baby Face. Film von 1933 unter der Regie von Alfred E. Green, Drehbuch von Gene Markey und Darryl F. Zanuck. Die unterdrückte Nietzsche-Szene: https://www.youtube.com/watch?v=_NkcRllnmFo (29. 7. 2019).

Juan Filloy: *Op Oloop*. Roman [1934]. Aus dem Spanischen von Silke Kleemann, Frankfurt a. M. 2005 [Zitate: S. 28, 127].

Nonnescius Nemo [Pseudonym für Gerhard Funke]: *Physiologus alter. Bestiarium philosophicum*. Pictas effigies addidit Joannes Patinomolinarius. Bonn 1976 [Zitat: S. 164].

Friedrich Nietzsche: *My Sister and I*. Translated and Introduced by

Oscar Levy. 10th Printing. New York 1953.
Wilhelm Reich: *Selected Writings. An Introduction of Orgonomy.* New York 1973 [Zitat: S. 470].
Simon Lohmann: Siri. Die lustigsten Fragen und Easter Eggs. In: *Macwelt*. 14. Oktober 2016 (http://www.macwelt.de/news/Das-sind-Siris-beste-Antworten-9841635.html, 6. 1. 2017).

Ironie

John Russel: *Max Ernst. Leben und Werk*. Köln 1966 [Zitat: S. 20].
Harald Schmidt Show. Die Nietzsche-Clips: https://www.youtube.com/watch?v=rAFKGndco2k und https://www.youtube.com/watch?v=v5iSiaJHP90 (13. 1. 2017).
Wortfront Sandra Kreisler und Roger Stein: *Stirb bevors zu spät ist*. https://www.youtube.com/watch?v=oK37W-kpnkM (14. 1. 2017).
Wortfront Roger Stein: *Grillgedicht*. https://www.youtube.com/watch?v=5NdsCNYcEzY (15. 1. 2017).
Richard Rorty: *Contingency, Irony, and Solidarity*. Cambridge 1989 [Zitate S. 108, 28, 108 Fn.].
Thomas Mann: *Doktor Faustus. Das Leben des deutschen Tonsetzers Adrian Leverkühn erzählt von einem Freunde = Gesammelte Werke in dreizehn Bänden*. Bd. 6. Frankfurt a. M. 1974 [Zitate: S. 119, 666 f.].
Hans Wysling unter Mitwirkung von Marianne Fischer (Hg.): *Thomas Mann: Teil III: 1944–1955 = Dichter über ihre Dichtungen*. Bd. 14/III. Hg. von Rudolf Hirsch und Werner Vordtriede. Passau 1981 [Zitat: S. 130].
Ernst Bertram: *Nietzsche. Versuch einer Mythologie*. 6. Auflage. Berlin 1922 [Zitat: S. 62].
Carl Albrecht Bernoulli: *Franz Overbeck und Friedrich Nietzsche. Eine Freundschaft. Nach ungedruckten Dokumenten und im Zusammenhang mit der bisherigen Forschung dargestellt*. Jena 1908 [Zitat: Bd. 1, S. 326].

Heiterkeit

Gottfried Keller: *Briefe und Tagebücher 1856–1890 = Gesammelte Werke*. Eingeleitet von Emil Ermatinger. 2. Ergänzungsband. Zürich 1944 [Zitat: S. 158].
Carl Spitteler, *Gesammelte Werke*. Bd. 6. Zürich 1947 [Zitat: S. 497 f.].
Thomas Ziegler: *Die F. N.-Schlaufe. Ernstes und Heiteres aus dem Leben des fabelhaften Friedrich Nietzsche. Ein Bilderbuch*. Mit einem Vorwort von Andreas Urs Sommer. Naumburg 2016.

Stephan Rechlin: »Nietzsche« lockt die Rehe an. In: *Westfalen Blatt*. 23. Oktober 2017 (http://www.westfalen-blatt.de/OWL/Lokales/Kreis-Guetersloh/Guetersloh/3029554-Kuerbis-Pracht-auf-dem-Hof-von-Anke-46-und-Hendrik-Schulte-50-in-Isselhorst-Nietzsche-lockt-die-Rehe-an, 17. 4. 2019).

https://www.kcb-samen.ch/kuerbissamen/910274/Friedrich-Nietzsche (17. 4. 2019).

Jing Huang: Die gegenwärtige Nietzsche-Forschung in China. Die straussianische Lesart im Fokus. In: *Nietzsche-Studien*. Bd. 44 (2015), S. 516–531 [S. 516 zu Nicai – Nietzsche].

Helmut Koopmann: Schiller und die Folgen. Stuttgart 2016 [Zitat: S. 87].

[Anonym]: Nietzsche, Rée und Salomé. Freund des großen Philosophen wurde in Neu Bartelshagen geboren. In: *Ostsee-Zeitung (Stralsunder Zeitung)*. 22. Mai 2017 [zur Einweihung der Gedenktafel].

Ludger Lütkehaus: »Vergiss die Peitsche nicht!« Nietzsches Zarathustra scheint ein vergesslicher Mann zu sein. In: *Neue Zürcher Zeitung*. 10. Mai 2013 (https://www.nzz.ch/wer-steckt-hinter-dem-rat-in-nietzsches-zarathustra-beim-gang-zu-frauen-die-peitsche-nicht-zu-vergessen-1.18079205, 4. 12. 2018).

Ludger Lütkehaus: *Nietzsche, die Peitsche und das Weib*. Rangsdorf 2012.

Robert Walser: *Das Gesamtwerk*. Hg. von Jochen Greven. Bd. 2: *Kleine Dichtungen. Prosastücke. Kleine Prosa*. Frankfurt a. M. 1978 [Zitat: S. 336].

https://brand-history.com/zenith-swiss-watch-manufacture/zenith-swiss-watch-manufacture/zenith-swiss-watch-manufacture-friedrich-nietzsche-whatever-does-not-destroy-me-makes-me-stronger-sujet-defy-extreme-defy-classic (23. 4. 2019).

http://www.ebay.de/itm/SP96-Pubblicita-Advertising-2006-Zenith-Defy-testimonial-Friedrich-Nietzsche/390992102776?hash=item5b08f20578:g:t7wAAOSwS7hW~i4J (6. 10. 2016).

Pierre Maillard: Zenith, the Defy of the Defy. In: *Europa Star. Time. Business*. July 2007 (https://www.europastar.com/magazine/features/1003595810-zenith-44-the-defy-of-the-defy.html, 24. 4. 2019).

Geier Sturzflug: Geschüttelt, nicht gerührt, https://www.youtube.com/watch?v=4cgdQTDglKI, 24. 4. 2019.

Viktor E. Frankl: *Ärztliche Seelsorge. Grundlagen der Logotherapie und*

Existenzanalyse. Vom Autor durchgesehene und verbesserte Neuausgabe. München 1975 [S. 67 u. S. 246, Anm. 12]
Gerald Krieghofer: Zitatforschung, http://falschzitate.blogspot.com/2018/05/wer-ein-warum-hat-zu-leben-ertragt-fast.html (24. 4. 2019).
Verena Brunschweiger: *Kinderfrei statt kinderlos. Ein Manifest*. Marburg 2019.
Zu Elisabeth Förster-Nietzsche neuerdings grundlegend: Ulrich Sieg: *Die Macht des Willens. Elisabeth Förster-Nietzsche und ihre Welt*. Berlin 2019.
http://blog.zvab.com/2011/05/17/ein-buch-das-man-liebt-darf-man-nicht-leihen-sondern-muss-es-besitzen-friedrich-nietzsche/ (26. 4. 2019).
Elisabeth Förster-Nietzsche: Nietzsches Bibliothek, in: Berthold, Arthur (Hg.): *Bücher und Wege zu Büchern*. Berlin 1900, hier zitiert nach: Sander L. Gilman, Sander (Hg.) unter Mitwirkung von Ingeborg Reichenbach: *Begegnungen mit Nietzsche*. Nachdruck der zweiten Auflage. Bonn 1987 [Zitat: S. 380].
Gast, Peter [Pseudonym für Heinrich Köselitz]: Einführung in den Gedankenkreis von *Also sprach Zarathustra*. In: Nietzsche's *Werke*. Erste Abtheilung. Bd. VI: *Also sprach Zarathustra*. Leipzig 1899, S. 486–521 [Zitat: S. 496 f.].
Ralf Eichberg: *Freunde, Jünger und Herausgeber. Zur Geschichte der ersten Nietzsche-Editionen*. Frankfurt a. M./Berlin/Bern 2009 [zu Köselitz' zweifelhafter Zitierpraxis: S. 84].
Friedrich Nietzsche: *Schreibmaschinentexte. Vollständige Edition, Faksimiles und kritischer Kommentar*. Aus dem Nachlass hg. von Stephan Günzel und Rüdiger Schmidt-Grépály. Weimar 2002.
http://www.kunstzitate.de/bildendekunst/kunstimblickpunkt/nietzsche_friedrich.htm (30. 4. 2019).
https://de.wikipedia.org/wiki/Kunst_kommt_von_K%C3%B6nnen (30. 4. 2019).
https://www.wandspruch.de/Wandsprueche/Motivation/Ziele-nach-dem-Mond-Selbst-wenn-du-ihn-verfehlst-wirst-du-zwischen-den-Sternen-landen.html (30. 4. 2019).
https://www.howily.info/2016/11/zielen.html (30. 4. 2019).
https://www.stayinspired.de/produkt/postkarte-ziele-auf-den-mond/ (30. 4. 2019).
http://www.br.de/radio/bayern2/gesellschaft/tagesgespraech/tagesgespraech-utopien100.html (29. 3. 2017).
Heinzgeorg Oette/Ludwig Schumann: *Sachsen-Anhalt. Mit Magdeburg, Halle (Saale), Dessau, Lutherstadt Wittenberg, Naumburg und Ostharz*. 2. Auflage. Berlin 2019 [Zitat: S. 48].

Andreas Drosdek; *Die Liebe zur Weisheit. Kleine Philosophenschule für Manager*. Frankfurt a. M./ New York 2003 [Zitat: S. 164].

Leipziger Münzhandlung und Auktion Heidrun Höhn, Auktion 84, Nr. 1140, 23. Oktober 2015, https://www.acsearch.info/search.html?id=2693860 (2. 5. 2019).

Burkhard Müller: Warum reden die denn so komisch? Der italienische Philologe Nicola Gardini plädiert dafür, dass man Latein schon allein seiner Schönheit wegen lernen sollte. Aber dieses Argument reicht nicht aus. In: *Süddeutsche Zeitung*. 6. Februar 2018, Nr. 30, S. 12.

Burkhard Müller an den Verfasser, 7. Februar 2018, per E-Mail.

Thomas Hürlimann: Wir vom Club der Atheisten. In: DIE ZEIT. 31. März 2010, Nr. 14 (https://www.zeit.de/2010/14/Kirche-Huerlimann/komplettansicht?print, 4. 5. 2019).

Thomas Hürlimann: »Nach dem ersten Frühstück war ich aufgeklärt«. Während acht Jahren war der Schriftsteller Thomas Hürlimann Stiftsschüler im Kloster Einsiedeln. Interview von Peer Teuwsen. In: *Neue Zürcher Zeitung*. 7. Februar 2018 (https://www.nzz.ch/feuilleton/nach-dem-ersten-fruehstueck-war-ich-aufgeklaert-ld.1353556, 4. 5. 2019).

https://urknall-weltall-leben.de/index.php?option=com_kunena&view=topic&catid=45&id=1986&Itemid=881&limitstart=20 (4. 5. 2019).

Gottfried Benn: *Gesammelte Werke in acht Bänden*. Hg. von Dieter Wellershoff. Bd. 1: *Gedichte*. Wiesbaden 1960 [Zitat: S. 177].

Sebastian Kaufmann: Weltgenie – Psychiatrie. Gottfried Benns lyrisches Nietzsche-Porträt *Turin* (1935). In: Ralph Häfner/ Sebastian Kaufmann /Andreas Urs Sommer (Hg.): *Nietzsches Literaturen*. Berlin/Boston 2019.

Fahnenring, Stadtmuseums Kaufbeuren, Inventar-Nr. 6758.1.

Lisa Kügle an den Verfasser, 10. Oktober 2016, per E-Mail.

Georg May: *Der heilige Josef*. [Predigt vom] 29. Januar 1989, https://www.glaubenswahrheit.org/predigten/chrono/1989/19890129/ (4. 5. 2019).

Georg May: *Der Rufer in der Wüste*. [Predigt vom] 15. Dezember 2013, https://www.glaubenswahrheit.org/predigten/chrono/2013/20131215/ (4. 5. 2019).

Georg May: *Das Christentum, die Religion des Risikos und des Opfers*. [Predigt vom] 10. Juli 2016, https://www.glaubenswahrheit.org/predigten/chrono/2016/20160710/ (4. 5. 2019).

Friedemann Spicker/Jürgen Wilbert: Helden. Ein aphoristisch-literarischer Streifzug, Hattingen 2010 [Zitat: S. 6].

http://www.spiegel.de/fotostrecke/ewige-wahrheiten-fotostrecke-106826–26.html (5. 5. 2019).
Die Bühne. Zeitschrift für die Gestaltung des deutschen Theaters. Jahrgang 1936, 1. Dezemberheft [Zitat: S. 721].
Martin Havenstein: *Nietzsche als Erzieher*. Berlin 1922 [Zitat: S. 104].
Friedrich Rittelmeyer: Was ist Heldentum? In: LANDSTURM. Aalst (Belgien), 11. April 1916, Nr. 26, S. 1–2 [Zitat: S. 1] (http://aalst.courant.nu/issue/LST/1916–04-11/edition/0/page/1?query, 5. 5. 2019).
Friedrich Rittelmeyer: *Friedrich Nietzsche und das Erkenntnisproblem. Ein monographischer Versuch*. Leipzig 1903 [Zitat: S. 102 f.].
Sebastian Kaufmann: Nietzsche und die Neue Rechte. Auch eine Fortführung der Konservativen Revolution, in: Sebastian Kaufmann/Andreas Urs Sommer (Hg.): *Nietzsche und die Konservative Revolution*. Berlin/Boston 2018, S. 591–620 [Zitat: S. 604].
Götz Kubitschek: *Provokation*. Schnellroda 2007 [Zitat: S. 17 f.].
Hans-Magnus Enzensberger: *Aussichten auf den Bürgerkrieg*. Frankfurt a. M. 1993 [Zitat: S. 7].
https://www.ebay.de/itm/NIETZSCHE-ZITAT-EIN-POLITIKER-TEILT-AUFKLEBER-5er-Pack-PVC-TRANSPARENT-/271493022920?hash=item3f363ec4c8:g:7vUAAOxyIPNTdeIs (6. 5. 2019).
Pia Dahmen an den Verfasser, 19. April 2016, per E-Mail.
Gerald Krieghofer: Zitatforschung, http://falschzitate.blogspot.com/2017/11/wer-multikultur-will-der-hat-keine.html (7. 5. 2019).
http://www.leparisien.fr/politique/en-direct-mariage-gay-suivez-le-vote-de-l-assemblee-nationale-23–04-2013–2751773.php (8. 5. 2019).
https://www.dailymotion.com/video/xz95k1 (Nietzsche: Minute 4:13, 8. 5. 2019).
[Anonym]: Das Streiflicht. In: *Süddeutsche Zeitung*, 25. März 2017, S. 1.
Werner Stegmaier: *Europa im Geisterkrieg. Studien zu Nietzsche*. Hg. von Andrea Christian Bertino. Cambridge 2018 (S. 583–589 zur Funktion von »Nietzsches Scherzen«).

Nachbemerkung zur ersten Auflage

»Nietzsche lohnt sich nicht!« So beschied mir ein renommierter Philosophieprofessor während meines ersten Göttinger Studiensemesters. Seither versuche ich herauszufinden, ob er sich nicht doch lohnen könnte.

Dieses Buch geht auf eine Vorlesung zurück, die ich im Wintersemester 2016/17 an der Albert-Ludwigs-Universität Freiburg gehalten habe. Beim Verlag hat Franziska Remeika es aufmerksam und umsichtig betreut. Sie war mit dem Vorschlag, über Nietzsche und die Folgen nachzudenken, ursprünglich an mich herangetreten. Die Idee, die Abschattungen von Ernst und Heiterkeit zum Strukturprinzip des rezeptionsgeschichtlichen Teils zu machen, kam mir während eines einschlägigen Vortrages, den Armin Thomas Müller am Oßmannstedter Nietzsche-Colloquium 2016 gehalten hat. Sven Brömsel hat mich mit den Texten von Ewers und Susman versorgt, Ralf Eichberg und Jana Bergk vom Nietzsche-Dokumentationszentrum Naumburg (NDZ) mit digitalen und analogen Fundstücken der Populärkultur, Sebastian Kaufmann mit solchen zur alten und neuen Rechten. Er hat auch das ganze Manuskript kritisch gegengelesen und wichtige Verbesserungsvorschläge gemacht. Ebenso und nicht minder hilfreich verfuhr Hans-Peter Anschütz. Über

D'Annunzios Nietzsche aufgeklärt hat mich Henning Hufnagel; zu Hofmannsthal habe ich viel gelernt von Peter Philipp Riedl. Den Nietzsche-Gedenkring aus der Familie Schenk hat Olaf Schenk dem NDZ für eine Ausstellung zur Verfügung gestellt, Carmen Ziegler die Werke ihres Mannes Thomas Ziegler. Die Rechte zu den Abbildungen liegen beim NDZ bzw. bei Herrn Schenk und Frau Ziegler, die sie liebenswürdigerweise unentgeltlich zugänglich machten.

Falls sich Nietzsche doch lohnt, für wen und warum?

Broggingen, im März 2017
Andreas Urs Sommer

Nachbemerkung zur zweiten Auflage

Dass sich Nietzsche auch außerhalb von Gedenkjahren wie in dem seines 175. Geburtstages 2019 (aufmerksamkeits)-ökonomisch lohnen kann, ist nicht nur Buchverlagen klar. Alle, die Weisheiten ans Publikum bringen möchten, können diese ungleich besser verkaufen, wenn sie sie mit Nietzsches Namen schmücken. Deshalb ist dieser Neuausgabe ein Anhang beigegeben, der ein noch ganz unerforschtes Forschungsfeld zum ersten Mal abschreitet, nämlich das der falschen Nietzsche-Zitate. Zu danken habe ich den wagemutigen Rätselfindern und Rätselratern Pia Dahmen, Ralf Eichberg, Helmut Heit, Sebastian Kaufmann, Robert Krause, Lisa Kügle, Rudolf Michna, Guido Mosler, Manuela Mühlethaler, Burkhard Müller, Elise Prézelin, Gary Shapiro, Adolf Spreider. Falsche Zitate verraten über die Wahrnehmung eines Denkers oft noch mehr als echte. Daher will der Anhang »Fake Nietzsche« sie nicht nur sammeln, sondern ergründen, wer sie warum und zu welchen Zwecken in Kurs setzt und gebraucht. Nietzsche lohnt augenscheinlich nicht bloß als Kalenderspruchlieferant.

Broggingen, im Mai 2019
Andreas Urs Sommer

Personenregister

Ihr kostenloses eBook

Vielen Dank für den Kauf dieses Buches. Sie haben die Möglichkeit, das eBook zu diesem Titel kostenlos zu nutzen. Das eBook können Sie dauerhaft in Ihrem persönlichen, digitalen Bücherregal auf **springer.com** speichern, oder es auf Ihren PC/Tablet/eReader herunterladen.

1. Gehen Sie auf **www.springer.com** und loggen Sie sich ein. Falls Sie noch kein Kundenkonto haben, registrieren Sie sich bitte auf der Webseite.
2. Geben Sie die eISBN (siehe unten) in das Suchfeld ein und klicken Sie auf den angezeigten Titel. Legen Sie im nächsten Schritt das eBook über **eBook kaufen** in Ihren Warenkorb. Klicken Sie auf **Warenkorb und zur Kasse gehen**.
3. Geben Sie in das Feld **Coupon/Token** Ihren persönlichen Coupon ein, den Sie unten auf dieser Seite finden. Der Coupon wird vom System erkannt und der Preis auf 0,00 Euro reduziert.
4. Klicken Sie auf **Weiter zur Anmeldung**. Geben Sie Ihre Adressdaten ein und klicken Sie auf **Details speichern und fortfahren**.
5. Klicken Sie nun auf **kostenfrei bestellen**.
6. Sie können das eBook nun auf der Bestätigungsseite herunterladen und auf einem Gerät Ihrer Wahl lesen. Das eBook bleibt dauerhaft in Ihrem digitalen Bücherregal gespeichert. Zudem können Sie das eBook zu jedem späteren Zeitpunkt über Ihr Bücherregal herunterladen. Das Bücherregal erreichen Sie, wenn Sie im oberen Teil der Webseite auf Ihren Namen klicken und dort **Mein Bücherregal** auswählen.

EBOOK INSIDE

eISBN 978-3-476-04890-5

Ihr persönlicher Coupon q4pDygMQa4MWT6m

Sollte der Coupon fehlen oder nicht funktionieren, senden Sie uns bitte eine E-Mail mit dem Betreff: **eBook inside** an **customerservice@springer.com**.